# 通往立宪之路

## 告别晚清的近代史

【下册】

刘　刚
李冬君　著

ZHEJIANG UNIVERSITY PRESS
浙江大学出版社

# 七 国权与王权之争

# 71. 救灾背后的政治文化

光绪小皇帝，有点像哈姆雷特王子，是个悲剧性人物。

亲政伊始，他的父亲奕譞就病入膏肓，不久便呜呼哀哉。

婚礼之后，接着就办丧事，婚礼是政治，丧事也是政治。先要定称号，根据“父为士，子为大夫，葬以士，祭以大夫”的古义，求“尊亲两全”，乃定称号曰“皇帝本生考”。接着定祀典，新赐邸第，建醇贤亲王庙。《清史稿》“礼志五吉礼五醇贤亲王条”云：“祀仪、乐舞、祭器、祭品视天子礼”，规定“凡时飨以四仲月朔，袭王承祭。帝亲行，则袭王陪祀。诞辰、忌日，帝亲诣行礼”。

祸不单行，天人感应，直隶地区大雨狂风，通宵达旦，足足一星期，山水奔腾而下，漫溢永定河、南北运河、大清河，溃决堤防，百里之地，一片汪洋。接着又阴雨连绵，旬月不已，京畿一带，水势盛涨，右安门、永定门外数十村庄被淹，房山之水，冲入浑河，东安、武清、良乡、涿州等地，水深数尺，路断行人，灾民嗷嗷待哺，正是“水近高楼伤帝心，万方多难此登临”。

清廷命顺天府府尹潘祖荫，酌拨银两，雇募民船，速往救济。

又命直隶总督李鸿章于天津就地征粮，速运京师，平抑京师粮价。

然而天津，处九河下梢，地势低洼，号称“七十二沽”，是个浮在水面的城市，九条大河在天津汇流入海，只要降雨量一大，河水必在天津泛滥成灾。据当时《严修日记》记载，天津连日下雨，他家“居室十余楹，漏痕殆遍，春日读书之庐，变为沮洳矣”，故“忧心皇皇，如濒大难”。

奉太后懿旨，朝廷发内帑银五万两赈灾，于是，群臣都要上朝去感恩。感恩，是一种政治文化，群臣山呼万岁，以谢圣恩，慈禧老太太自然是风声、雨声、谢恩声，声声入耳。

可是，她没想到还有另一种声音，格外刺耳，令她恼羞成怒。

那不知天高地厚的御史吴兆泰，竟敢冒大不韪，跳将出来上奏折，说什么“畿辅奇灾，嗷鸿遍野，僵仆载涂，此正朝廷减膳彻乐之时，非土木兴作之日”，还“乞罢园工”，要她停修颐和园“以慰民望”，还将列祖列宗搬出来，要她效法。还在同治帝亲政时，她就想修圆明园，那时就有言官上疏劝阻，或曰：“使自来为人君者日朘削其民而无他患，则唐宋元明将至今存，大清何以有天下乎?”

后来，她将这笔账算到奕䜣头上。光绪四年，畿辅旱，言官何金寿以“汉代天灾策免三公”为言，请罢枢臣，以回天意。此折一上，越日，命下，恭亲王奕䜣等五人并褫职留任。

而这一回的水灾，居然把账算到太后头上了，到此为止，倒还罢了。不久前，紫禁城贞度门失火，延烧太和门及库房等处，太后以“遇灾知儆，修省宜先”，将颐和园工程，除佛宇及正路殿座外，其余都停了。可这一次，这位吴御史多说了几嘴，竟然说到海防了，这就触到了她的隐私。

本来修园子的费用，号称“悉出节省羡余，未动司农正款，亦属无伤国计”。可事实上，工程款动用了海军军费，伤了当时最大的“国计”——海防。颐和园工程，由海军衙门来“承修”，这难道还不足以说明问题？每一项工程，都由海军衙门包给商人，完工后，由海军衙门派员验收，然后移交颐和园管理大臣。修建经费，也由海军衙门“筹划”，不仅每年从海军经费中腾挪三十万两，拨给颐和园工程处，而且奕譞、李鸿章还以“备海军要需”的名义，由各省总督、巡抚认筹白银二百六十万两，于四年内分批解存天津生息，所得息银，全部用于颐和园工程建设。光绪十五年，朝廷开办海防新捐，“以常年通计，每年约收银一百七八十万两”，当颐和园工程需款时，“即由新海防捐输项下暂行挪垫”。

因有此隐情，故吴御史奏请“节省颐和园工程”，一提起海防，慈禧就急，以光绪名义发布上谕，对吴进行严厉申斥，斥其“冒昧已极”，“著交部严加议处”。“议处”的结果是，将吴打入死牢，亏了他老师张之洞联络各省督抚联名救他，使其免于一死，但永不叙用，真的变成“无御史”了。

吴御史触逆鳞，险遭灭顶，杜门谢客，戚友莫至。一日，有人来见，门者却之。固请，吴乃出见，不数语，便问朝廷如何处分你，吴言不敢知；问负债，吴答八百金。来者言，近日言官皆失语，唯君能直言，然揣上意，阁下恐必丢官，知君清苦，故为备资斧。吴愕然不敢受，来人道，此为公义，君不必固辞，且不应辞。因探怀，出六百金票相赠，第二天，又送四百金至，说还债外，可更以此为归田计。吴归故里，从此告别朝廷，永不为官，以持异论者讲宪政于书院，此真乃靠朝廷难以安身，入书院可以立命。

本来老太太花几万银子，打发一下灾民，虽然杯水车薪，也算是聊表寸心。可这吴御史却当真，竟得寸进尺，要停了老太太修园子，不教训一下怎么行！灾民遍野，又不是老太太一个人的事，不光是老太太在修园子，内阁学士张之万寿辰，京官们不也在福寿堂演戏公祝，弹冠相庆？

李鸿章因水灾严重，赈款难筹，请推广赈捐，下部议行。赈捐一行，各地赈银便陆续汇来。先是两江总督曾国荃电汇赈银九万两，汇给天津六万两，顺天三万两；湖广总督张之洞电汇天津、顺天赈银各一万两；安徽巡抚沈秉成筹解顺天、直隶赈银各二万两。清廷风闻待赈款实放，仅有发银七百抑或银二百，便命李鸿章严查侵冒克扣，立时惩办。又命户部拨部库及海关银三十万两，济永定河工。

水势渐渐平息，灾情慢慢缓解，流民安顿下来，一切又回到了原样，洪水没有带来思想。美国传教士明恩溥认为中国文化是自私的，应以基督教文化取而代之。国难当头，光绪帝为父修庙，虽然是祖制，但这制度的原则却是自私；老太太要修园子，当然就更是不折不扣的自私了。这还是登上了档次的自私，至于那些如蛆虫般蠕动的阴沟里见不得人的自私，就更是数不胜数防不胜防了。制度化的自私，如皇帝为祖宗修庙，那是要提倡的；权威性的自私，如老太太修园子，可以问一问，但问者多半要倒霉。至于那种鸡鸣狗盗的自私，如贪污中饱，克扣赈银等，则不妨揪出一两个来，杀鸡吓猴。

中国政治文化的奥妙是“窃国者侯，窃钩者诛”，上了规模与档次，强盗也能当皇帝。“窃国者”要诛“窃钩者”，对于像马铃薯一样自私的民众，则不妨用一个“大公无私”的袋子将他们都装进来，比如，让自私的民众自愿来救灾是不行的，可是用一个“赈捐”的袋子就把他们都装进来了。

儿皇帝也很忙，丧事要办，水灾要救，外交要管，洋务当然也不能停。据《清史稿》“礼志十宾礼外国公使觐见条”载，驻英使臣薛福成奏请“宜循同治十二年成案”，接见各国驻京公使，“若论礼节，可于召见先敕下所司，中礼西礼，假以便宜。如是，彼虽行西礼，仍于体制无损”。光绪帝接受建议，“自是遂为定例”。詹事府詹事志锐奏请出使美、俄、英、法、德五国大臣，每届酌带同文馆学生两名出洋，专习语言，方便之事，何乐不为？于是，光绪帝又准了。中兴名将曾国荃、彭玉麟等先后凋零，中兴时代也随之而去，留下一个李鸿章，“久忧不死，何苦也”！历史翻开了新的一页，变法的一页。

# 72. 抓军权："以昆明易勃海"

梁启超在《瓜分危言》一文中，谈到了慈禧修颐和园。

梁在文中这样写道："吾尝游颐和园，见其门栅内外皆大张海军衙门告示。同游之人，皆窃窃焉惊讶之，谓此内务府所管，与海军何与？而岂知其为经费所从出也。"

自从朝廷严惩吴御史后，再也没人跳出来反对慈禧修园子了。

老太太也就不再藏着掖着不敢示人，恰恰相反，她还要广而告之。

用海军的军费来修园子，世上竟有如此高招，它是怎样炮制出来的？

雷颐曾在《经济观察报》发表《太后修园之名与实》，文中说道，慈禧性喜享乐，几次想重修圆明园，终因花费太巨，被恭亲王奕䜣、醇亲王奕譞以及李鸿章等人联手阻止。

后来，奕䜣失势，奕譞日渐得宠，想找个理由为慈禧修园子，曾以在昆明湖边设机器局为名，重修原建于乾隆年间与圆明园一同被焚的清漪园，还是为人所阻，未能实现。

此后，奕譞一直惦记着为太后修园子，耿耿此心，将近十年。

光绪帝亲政时，慈禧借口即将还政，重提修园子，以"颐养天年"。

时为海军衙门总理大臣的奕譞，奉慈禧之命巡阅北洋海防，忽生一念，终于找到了为慈禧修园子的名分，赶忙奏请《复昆明湖水操旧制折》，原来，此法古已有之，拿来就是。

西汉时，滇池有昆明国，汉武伐之，先于长安掘一湖，操练水军，曰"昆明池"。乾隆以庆母寿和练水师为名，据汉武典故，扩建京城西北瓮山泊为"昆明湖"，于湖内设战船，仿福建、广东巡洋之制，由闽浙派员教演，按期水操，训练西山健锐营及外火器营弁兵。

故奕譞奏称："查健锐营、外火器营本有昆明湖水操之例，后经裁撤。相应请旨仍复旧制。改隶神机营，海军衙门会同经理。"此折一上，慈禧顿时"依议"，难得总理大臣奕譞在名分上如此有根有据，会办大臣李鸿章也只好"依议"。

《翁同龢日记》言："海军衙门会神机营奏，在昆明湖试小轮船，复乾隆水师之旧。"就这样，成立才一年的海军衙门，恢复了昆明湖"水操"旧制，名为"水操"，实则修园，大张旗鼓，设水师学堂于昆明湖。水师学堂，分水操内、外学堂。皇上和太后来观"水操"，设施岂能简陋？

奕譞又奏："因见沿湖一带殿宇亭台半就颓圮，若不稍加修葺，诚恐恭备阅操时难昭敬谨"，故"拟将万寿山及广润灵雨祠旧有殿宇台榭并沿湖各桥座、牌楼酌加保护修补，以供临幸"。

所需经费，自然要从海军出。光绪十二年（1886）十月二十四日，《翁同龢日记》云："庆邸（奕劻）晤朴庵（奕譞），深谈时局，嘱其转告吾辈，当谅其苦衷。盖以昆明易勃海，万寿山换滦阳也。""昆明"，即昆明湖，乃宫廷所辖，王权由来，"勃海"，即渤海，为北洋水师所在。以"昆明易勃海"，"易"非交易，而是"变易"，要把昆明湖变成渤海湾，要把北洋水师——李鸿章的子弟兵变成太后御林军。同时，向皇帝表明，她还政，只交政权，不交军权。为了显示对军队的权威，她动用了海军军费，以修园子插手海军，以调控军费来确保她对海军的支配。因此，修颐和园，看似告老宣言，实则要抓军权。

军队没有国家化，军权要想方设法去抓。皇上对于军队的所有权和统帅权虽为国家名分，但实权还得去抓，不抓，就有名无实了。没人教光绪帝去抓军权，没人告诉他名实之辨，没人劝他新政伊始便要自练新军，更没有人告诉他军队可以国家化，所以他的新政被抓军权的老太太颠覆了。

"昆明易勃海"，只是一个象征，离真正控制一支军队还差得很远。再说老太太也不是能带兵的人，她如此这般的意淫，并非要跟李鸿章争实权，而是要跟皇上争名分。她可以不听政，但皇上得去顾问，她可以不理财，但皇上要作安排。因为皇帝由她选，也为她所立，于是皇上发话了："此举为皇帝孝养所关，深宫未忍过拂，况工用所需，悉出节省羡余，未动司农正款，亦属无伤国计。"

这话说得还算漂亮。可怜太后，曾随先皇逃亡，逃到避暑山庄。如今她要颐养，以"万寿山换滦阳"（滦阳，指滦河以北避暑山庄），终于有了中兴气象。可劫后之地，如何颐，怎么养？眼看那些老地方遍体鳞伤，抚今追昔，难免悲伤。修一修园子，告别国耻；练一练水师，告慰先皇。就此而言，她怎么花钱，都无可厚非。问题是，其志非"颐和"，而是"风雨如晦，鸡鸣不已"，依然要司晨。本来"司"到顾问份儿上，问到为止也就罢了，可顾问又岂是那么好问的？有顾问在，你不顾不问那不行，你顾了问了她也说了，你若不听她指示就更不行。这就是王权退休的成本，不光是修园子颐养的利益成本，更是体制上被分割的权力成本，尤其用海军军费修园子，不光动了李鸿章的奶酪，还动了皇上的命根。

其后果，如众所知，抽走海军军费，搞垮了李鸿章的海军，这也就抑制了正在兴起的北洋"军事—工业复合体"亚政权，同时，导致北洋水师全军覆没于中日甲午战争。从此，李鸿章失势，由太后亲信荣禄取而代之，重练新军，她终于掌握军权，有了一支属于自己的军队，后来她就用这支军队发动政变，搞垮了光绪皇帝的新政。试问，如果李鸿章执掌直隶，她能用北洋水师发动政变？

从 1886 年到 1894 年，一直在修园，究竟花了多少钱？王道成《圆明园与海军衙门》根据档案记载，有一个大致的估算，他以乾隆修建清漪园为例，历时十五年，共用银四百四十万二千八百五十一两九钱五分三厘。颐和园仅修复了清漪园的前山、前湖部分，历时八年。颐和园的修建经费，虽然没有像清漪园那样的完整的记录，但是，根据样式雷家藏资料，颐和园五十六项工程，共用银三百一十六万六千六百九十九两八钱三分三厘。这五十六项工程，占颐和园工程的一半以上。由此推算，颐和园的修建经费当在五百至六百万两之间。过去流传的二千万两、三千万两、五千万两、六千万两、八千万两诸说，都是事出有因，查无实据的。我们认为，其实这是两笔款，一笔是工程款，或如王所言，约在五六百万两之间，另一笔是占用海军军费的祝寿款，或在二千万两以上，如此插手海军军费，如果曾国藩在，她敢？

只要在渤海湾搞那么一个小动作，一个比“刺马”小得多的动作，例如，借口海军军费问题搞一次小小的哗变，只要海军在沿海一带放一两炮，稍稍刺激一下朝廷的神经末梢，就没人敢过问了。可李鸿章的表现很窝囊，他不敢用“诚”，而是自欺欺人，用“瞒”和“骗”为朝廷做糊裱匠，本来内里已百孔千疮，外表却被他糊得溜光，本来是一头笨驴，他偏要糊裱成老虎模样，让自己骑虎难下，不得不用这纸老虎来打，也亏了他的糊裱功夫，以至于直到甲午海战前，中外舆论几乎一致认定他会赢。总之，他没有守住老师教给他的那个“诚”，也许他的修身功夫还不够过硬，有“心中贼”被朝廷捉住了。

太后懿旨：办理六旬庆典，一切从简，内外臣工例贡免进献。特颁内帑赈顺、直灾区，嗣后着每年发银二万两，普给贫民。老太太花甲万寿莅临，先表个态以体恤臣民，表示以民为本，臣民感恩戴德，自然肝脑涂地以相报。先是醇亲王奕譞挪用海军军费祝寿，究竟挪用了多少，有多少被他借机中饱私囊，那是没法估计的，接着便是举国上下为祝寿募捐，究竟要多少银子，才能博老太太一笑？从一千万两到三千万两，这一估计不算太离谱。唐德刚的《晚清七十年》算了一笔账：此时，老太太私房钱约有纹银二万万两，她一天的生活费要花国库纹银四万两，一年总计也要花掉国库纹银一千万两以上。

就在祝寿工程铺天盖地，近朱者都在盘算如何分一杯羹时，小日本却在盘算中国。日本明治皇后为购买军舰“吉野”，将自己仅有的首饰都捐了出来，与老太太的自私形成了鲜明对比。为了孝敬老太太，疲惫的帝国强打起劲头来祝寿，刚好《盛世危言》问世，以一个“危”字为寿喜破了题。

# 73. 皇榻之下"去李鸿章化"

康有为来京城应试，一到京城，就给即将亲政的光绪帝上书，说：

"日伺吉林于东，英启藏卫而窥川滇于西，俄筑铁路于北而迫盛京，法煽乱民于南以取滇粤。"

好像皇帝接的不是一个蒸蒸日上的中兴的盘子，而是一个危机四伏的烂摊子。大喜临门时，他那张乌鸦嘴，竟发出不祥之音，长吟一句"治安一策知难上，只是江湖心未灰"，便拂袖而去。

尤其"俄筑铁路于北而迫盛京"一句，道出了铁路对于国防和地缘政治的重要性。

其先，淮将刘铭传入觐，亦曾有疏言："俄日为中国心腹之忧。俄地横亘东西北，与中国接壤，自欧洲起造铁路，渐近浩罕，又将由海参崴开路以达珲春，以铁路未成，故引而不发，不出十年，祸且不测。日本一弹丸国耳，师西人之长技，恃有铁路，亦遇事与我为难。不修铁路，自强恐无及矣。"

又言："自强之道，练兵造器，固宜次第举行，然其关键所在，则在于急造铁路。"

故极言"铁路之利"，"于漕务、赈务、商务、矿务、厘捐、行旅者"，都有说不尽的好处，"于用兵尤不可缓"，因为"中国幅员辽阔"，国防是个大问题，"北边绵亘万里，毗连俄界"，不仅要考虑陆防，而且"通商各海口，又与各国共之"，更要考虑海防。如不修铁路，则难言国防。

"画疆而守"，而无铁路连通，如此国防，可谓"防不胜防"。中国十八省，兵非不多，饷非不足，然此疆彼界，各具一心，遇有兵端，自顾不暇，征饷调兵，疲于奔命，国越大而国防越差，兵越多而越用不上。若铁路一开，各地贯通，将士赴命，朝发夕至，"视敌所趋，相机策应，虽万里之遥，数日可至，百万之众，一呼而集"，"驻防之兵即可为游击之旅，十八省合为一气，一兵可抵十数兵之用”，故“裁兵节饷，反成劲旅”，边防海防，由国家全面部署，中央统一调度，“将来兵权饷权，俱在朝廷，内重外轻，不为疆臣所牵制”。话都说到这份儿上了，可“军队国家化”五个字却说不出来。

以为修铁路就能从根本上解决国防问题，那真是彻头彻尾的唯物主义。修铁路是“车同轨”，搞中央集权少不了“车同轨”，“车同轨”虽然有助于国防，但毕竟不等于国防，专注于国防的物质层面，而忽略其制度方面，是晚清富国强兵运动的一个特点，以国防来说事，只说到物质层面，既可以回避制度问题，又能大把大把地花钱，真不愧为一代名将，能把修铁路说到国家安全和中央集权的高度上。可修铁路毕竟要花钱，不是花一点钱一些钱，而是要花很多很多的钱，“方今国计绌于边防，民生困于厘卡”，钱从哪里来？这就更要修铁路，而不能去买军舰了，唯有修铁路，能以路养路，以路养兵。

这也就无怪乎李鸿章要放下海军来修铁路了。明明是老太太把海军军费拿去修园子和祝寿了，可他偏要说修铁路比建海军更重要——“裕国便民，无逾于此”。话说得多漂亮！真是个治国平天下的糊裱匠，以为糊得严实，裱得漂亮，就国泰民安了。以铁路枢纽国防，不过解决国防的后勤问题，可真正国家意义上的国防，首先要在制度上解决军队国家化问题。只要军队国家化问题没解决，就会有人去抓军权。或拥兵自居，作为称霸一方的敲门砖；或觊觎王权，伺机发动政变。如果军队国家化了，老太太凭什么去抓军权？凭什么发动政变？甲午战败和戊戌变法失败一样，其根源都在于军队没有国家化。

我们看中国历史，发现，所谓“盛世”，就是名副其实的君主专制，其标志之一，便是朝廷上下很少出现“抓军权”的事。有人要抓军权，那一定是“名分”出了问题，“名不正则言不顺，言不顺则事不成”，名分靠不住了，就用军队来执行，搞行政，没有军权可不行。你看那洋务运动中人，有哪一个不办兵工厂不建军校不练新军？就连清流出身的张之洞，不也投入到“军事—工业复合体”的建设中来了？而这样的“军事—工业复合体”，不正是建构新政权的原型？甲午战败后，北洋水师解体，老太太派荣禄执掌直隶练北洋新军，从“以昆明易渤海”到练北洋新军，老太太终于亲手抓了一支军队。

太后抓军权，果如赵烈文预言，“抽心一烂，从中央开始”。对此，曾国藩似乎也有预感，他见过老太太多次，并无所谓好感，他曾说过，如果皇上有难，他可以把皇上接来江南。赵以为行不通，因为清初开国，在江南杀戮太重。历史没有假设，但我们不妨假设一下，假如戊戌政变发生时，曾氏还在，他真的会将皇上接去江南？或许还有另一种可能，那就是，他在就不会有政变。退一步说，假如李鸿章的海军还在，太后能用这支海军搞政变？正是李鸿章及其海军都垮了，她才能自练一军搞政变。

老太太抓军权，“去李鸿章化”是关键，要在北洋“去李鸿章化”，首先就要掏空北洋水师。因此，她修园子、办寿庆，折腾了八九年，一直折腾到中日甲午战争前，折腾得北洋水师不进则退，落在了小日本的后面，整整八九年，李鸿章没钱建海军，军费决定军权，他只好去修铁路。

可铁路修得怎样呢？就在太后归政皇帝亲政那一年，粤商陈承德，请接造天津至通州铁路，以“现造铁路，其所入不敷养路之用。如接造此路，既可抽还造路借本，并可报效海军经费”来说服李鸿章。此议一出，举朝骇然，尚书翁同龢，学士徐会沣，御史余联沅、洪良品、屠仁守等交章谏阻，其理由，大抵有三，不外资敌、扰民、失业。李鸿章对此，以“岂有资敌之虑？可无扰民之事，更鲜失业之虞”，一一加以驳斥后，专门强调了“津通之路”的国防价值：“非为富国，亦非利商，外助海军相辅之需，内备征兵入卫之用”，而且一再声明：“臣等创修铁路本意，不在效外洋之到处皆设，而专主利于用兵”，此外，对于“海防河运，裨益实多”，于“通货物、销矿产、利行旅、便工役、速邮递”等，“利之所兴，难以枚举”，因“事属创办，不厌求详”，故建议“请下沿江沿海各将军督抚，各抒所见”。

粤督张之洞上疏，先以外贸言，以为“今日铁路之用，以开通土货为急”。他算了一笔账：“进口外货，岁逾出口土货二千万两”，这样下去，以后万不可支，唯有多销土货以济之，可没有铁路，内地物产，难以出口。次以国防言，以为“沿江沿海、辽东三省、秦陇沿边，强邻窥伺，防不胜防”，若无铁路应援赴敌，国防就成了大问题，所以，必修铁路。但津通铁路，以其至为重要，故不宜先修。而“翁同龢请试行于边地以便运兵，徐会沣等请改设于德州、济宁以便运漕”也不合适，因为“边地偏远，无裨全局，效亦难见，且非商贾辐辏之所，铁路费无所出，不足以自存”，徐会沣等言“德济一路”，由于“黄河岸阔沙松，工费太巨”亦不宜，他主张“宜自京城外之卢沟桥起，经河南达于湖北汉口镇”。

豫、鄂居天下之腹，为中原枢纽，于此地修一干路，可控八九省冲要，将来汴洛、荆襄、济东、淮泗四通八达，人货辐辏，贸易必旺，其收益，岂止养路？实可裕无穷之饷源。更何况，言中国矿利，无非煤铁，煤铁最旺，多在太行以北，铁路一通，可“大开三晋之利源，永塞中华之漏卮”。再说，近畿有事，电檄一传，不过二日，三楚两淮之兵便齐集都下，征兵之事，莫便于此。若沿海有战事起，漕运易被劫持，那时，就可以卢汉线代替，东南漕米百余万石，便可经由镇江，以轮船溯江而上，抵汉口，转卢汉线，达卢沟桥，由卢沟桥运赴京仓，路程与通县相等，以此可备河海之患，以防不测之事。

若虑费钜难成，则不妨分段建设，以“北京至正定为首段，次至黄河北岸，又次至信阳州为二三段，次至汉口为末段”，张之洞以“每里不过五六千金”计，预算每段铁路约需资金四百万左右，“合计四段之工，须八年造成，款亦八年分筹”，以“中国之大，每年筹二百万之款，似尚不至无策”，而“筹款之法，除由铁路公司照常招股外，应酌择各省口岸较盛、盐课较旺之地，由籓运两司、关道转发印票股单，设法劝集”，所谓“印票股单”，犹如今日股票、债券之类的东西，此因未有国家银行，而不得不由政府出面，搞社会集资。民间虽有钱庄、票号，但亦无力承受如此长期的建设资金，所以，尽管说了“藏富在民”，可实际上还得官办，自从胡雪岩倒了，朝廷再也找不到能承办大事业的商人了。

张之洞奏上，下海军衙门复议，议曰：各国兴办铁路，以干路为经，以枝路为纬，有事则以路征兵，无事则以商养路。津通，畿东南一正干也，水路受沿海七省之委输，陆路通关东三省之命脉；豫鄂则畿西南一正干也，控荆襄，达关陇，以一道扼七八省之冲。初意，先以津沽便海防，继以津通扩商利，今采纳张之洞建议，以事关创始，当择善而从，故缓办津通，先办卢汉，改以汉口至信阳为首段，由南而北，于卢沟、汉口分投试办，预算约三千万两，于商股、官帑外，另举洋债，诏允之。

终于有了“诏允”，李鸿章立即书一函给张之洞书，请他宜速开办，免生枝节。然其心情，难免复杂，何以他要修路，便群起反对，受到打压，而张之洞调停其间，就大受欢迎？十几年来，他一直主张修铁路，几乎每一次提议，都是反对者众，而支持者寡，唯独这一次，从上到下都有人支持他，可他的风头还是被人抢了。对于张之洞修卢汉路一说，他在公开场合，不便反对，唯有支持，私下里则不以为然，卢汉路长达三千里，费银约三千万两，修起来谈何容易！所以，他说张之洞“大言无实”，最后“恐难交卷，终要泻底”。

未几，俄加速修筑西伯利亚大铁路，朝廷以东三省边事亟，听取李鸿章建议，命移卢汉路款先办关东铁路，拟由古冶林西造干路，出山海关至沈阳达吉林，另由沈阳造枝路以至牛庄、营口，计二千三百二十三里，年拨银二百万两为关东造路专款，命李鸿章为督办大臣，卢汉路工因之延缓。

可关东铁路的命运又如何呢？1891 年 6 月，李鸿章设北洋官铁路局，始修关东铁路，才两年功夫，户部就以给太后祝寿的名义，向海军衙门“商借”关东铁路经费二百万两，把筑路专款都拿走了，还修什么铁路？1894 年，津唐铁路已延伸至关外，他在关内关外，共修了约四百里的关东铁路就这样停建了。这年 8 月，中日甲午战争爆发，日军打进来，一连储存在旅顺材料厂的六千吨钢轨都拿走了。

朝廷这么做，究竟要干吗？无他，铁了心要在北洋“去李鸿章化”。北洋是朝廷的“卧榻”，卧榻之下，岂容他人将地盘驻扎？李鸿章啊李鸿章，你何不改姓为“让”？来要海军经费，你让，让了海军去修铁路，来要铁路经费，你还是让，一让再让，岂不窝囊？如此窝囊，你怎么能打胜仗！何如曾氏了结“刺马”，或学丁宝桢该出手时就出手，将慈禧的宝贝太监斩杀，要么你就等着“去李鸿章化”……

## 74. 以上海为起点画一个圈

历史上，所有朝廷都反对一官独大，喜欢搞分化，分而治之。

有人说，民主制不也搞“三权分立”？不也在“分”上做文章吗？

但“分”有彼此，此“分”，乃王权主义的“分”，不光瓜分民权，还要限制官权，而李鸿章其人，尤须限制，其北洋系，已俨然成一“军事—工业复合体”，具有亚政权性质。

把“军事—工业复合体”，搁在官僚体制里，怎么看都不宜。这工业文明的尤物，同朝廷似乎总有点格格不入，不错，朝廷不得不靠它来支撑，可朝廷依靠它时，总是有如芒刺。

李鸿章身上，就有着这样的芒刺，他在官僚体制里，有意无意地扩张工业文明的芒刺，向朝廷喋喋不休地展示其“军事—工业复合体”的牙齿，他成了朝廷的肉中刺而不自知。

除了他部下，朝廷上下都想“去李鸿章化”。可撼山易，撼李难，何出此言？只因有他，多少还能代表国家。清无国防，惟其“军事—工业复合体”，看上去，还有点国防模样，如荷兰东印度公司，要船有船，要炮有炮，要工业有工业，要军校有军校，要外交有外交，要外贸有外贸……李鸿章对于近代化的贡献，就在于他的北洋“军事—工业复合体”，形成了国防体系和国民经济一体化模式。

以此模式，若无毁于甲午战争，它能否超越晚清，成为共和国体的原型？有可能。但我们还是觉得它缺了点什么，究竟缺了什么？也许缺了一种思想。什么思想？一种关于枪杆子的思想，不是拿起枪杆子的“枪杆子里面出政权”的思想，而是放下枪杆子的“军队国家化”思想。也许还缺一点力量，什么力量？不是关于民的被道德驱动的革命化力量，而是关于人的被欲望驱使的制度化力量。

欲望，一度被曾国藩当做“心中贼”而被捉拿，后来，曾氏从思想上受了王船山启发，懂得天理就是人欲，是人欲的制度化依据，而论功行赏，便是将人欲在制度里坐实。李鸿章没有灭过“心中贼”，无须以天理即人欲来解放思想，天理人欲，在他那里，原本就是一团混沌未开的“痞子腔”。

“痞子腔”，便是以人欲立言，其好处，在以人欲做实事，其不足在用术。以修铁路而论，张之洞以清流之姿，挟朝廷扶持之力，抢了他的风头，他便跟张之洞打“痞子腔”，让张栽了跟头。

为修卢汉路，之洞移鄂，欲展宏图，令他不快。因卢汉路跨直隶湖广两地，分南北两段开工，之洞请他出马，北段从卢沟桥到正定府，由他问责，南段从汉口到信阳，张自领衔。张还想开矿、办厂、炼铁、炼钢，当然还要练新军，在中原腹地，再造一个湖广“军事—工业复合体”。本为同道，却非同党，理应道高于党，可他反而打“痞子腔”，一面“自愧年衰力薄”，自称“难睹其成”，私下又说张言过了，“恐难交卷，终要泻底”。然而，张未“泻底”，他来抽薪了，以俄修东方铁路觊觎关外为由，将卢汉路专款抽走，去修关东路，结果呢，此款经他手，又转去给老太太祝寿，关东路亦因此而未修成。怪不得慈禧寿诞之日，要破格赏他“三眼花翎”，连以“奴才”自居的满大人才有的待遇，他都享受了。

这究竟是受宠，还是受辱？在我们看来，这“宠”和“辱”都是一回事，亏他还能宠辱不惊。左宗棠死了，左氏集团也垮了，朝廷不能眼看他一股独大，若没人制衡他，制度就会垮，可谁来制衡他？朝廷有了新的安排，左宗棠倒下了，张之洞站起来，朝廷扶上马，送一程，把个清流后生张之洞，当做左的接班人来培养了。不知有意无意，左死后，朝廷谥以文襄，后来，张去世，亦被谥以文襄。曾、左、李的地盘，都是自己打下来的，任其发展，朝廷如坐针毡，总有不安。而张的势力，是朝廷培养起来的，其根基，在上不在下，当然会听朝廷的话，如根基在下，似曾、左、李，就难免要下克上了。

要牵制李，把张放到哪儿去？放在两广太远，够不着，放在两江太近，那不是互相牵制，而是相互拼刺刀呢，这对朝廷也不利。从地缘政治上来讲，最好搁在湖广。湖广在长江中游，两江在长江中下游，顺流而下，便以上海为门户，江宁为玄关了。坐在湖广，不仅可以长江为纽带，拽住李“条条”的尾巴，还能脚踏两湖，看守着湘军的老家，当年朝廷安排官文在此牵制曾氏，等于是扣压了湘军家属作人质，这是彼此心照不宣的。从两江反观湖广，则以湖广为内地，有了轮船招商局，便利了李的势力沿长江而登堂入室，将内地煤、铁输入两江，去发展李的“军事—工业复合体”，使上海不仅与天津还与武汉连成一体。

朝廷有朝廷的安排，李亦自有打算，朝廷想在李身后，再造一个官办而非官督商办的“军事—工业复合体”，来制衡李的战略布局。李一念初起时，虽反感，但，稍思，便知其为机遇，为他的“军事—工业复合体”，从沿海向内地发展提供了机遇。朝廷知其一，只知再造一新兴势力来制衡李，而不知新兴势力的崛起，反而要靠李来支持。也就是说，在武汉造一个“军事—工业复合体”，需要上海为它提供人才、资金、技术以及企业运营和进出口贸易方面的支持，而支持的过程，便是上海模式向内地发展的过程，同时也是李的“首长所有制”和“首长发展战略”向内地深化的过程。张也知道，他修卢汉铁路离不开李，所以坚持南段归他，北段归李，而造一个“军事—工业复合体”，就更需要李支持。

因此，两人先要相生，然后，才谈得上相克。所谓“相生”，实为双赢。以修卢汉路言之，张本以局外人进言，被朝廷采纳，成了赢家。李退而求其次，放下“清通路”初议，来修卢汉路北段，看似不得已，实则欲以卢汉路由北而南，以火车贯通两河流域，以轮船连江海为一体，入其彀中矣。

观其始议“清通路”，用意太露骨，不仅招来反对修铁路，即便主张修铁路的，也多半反对修“清通路”，因为修“清通路”明显是在发展淮军地盘，“清”指清江，即今之淮安，“通”指通州，把清江与通州连起来，如此海、陆并行，两手抓，这也太“李合肥”了！所以，朝议大都倾向于修从卢沟桥到武汉的铁路。而李来搞卢汉路，从表面上来看是由于清通路受阻，实际上，其欲以卢汉路拓展战略部署，这就等于他在规划中原，以江运、海运和铁路画了一个圈，将直隶、湖广、两江都圈起来了。

他俩画的这个圈圈，后来，竟然成为新中国的起点。什么叫“相反相成”？什么叫“相克相生”？由此可见。五德终始，五行运之，可以说，此圈圈画成之日，便是清王朝寿终之时。君不见，此圈圈之交点——武汉，岂非辛亥革命的原点？观其与南京互动，于万里江山开出共和国的局面，岂为偶然？履霜坚冰至，冰冻三尺，原非一日之寒，不要忘了曾有那么一位老人以上海为起点画了这么个圈。

## 75. 慈禧拆了“同治”局

《尚书》曰“牝鸡司晨，惟家之索”，验之于史，还真是颠扑不破。

自从老太太躲在幕后抓军权，大清朝就开始如赵烈文所言“抽心一烂”了。

她把海军衙门设在她的园子里，“以昆明易勃海”，用修园子来抽国防的血。她为什么要这么做？腐败或许有之，但她毕竟还是个负责任的统治者，苦撑了大清朝那么多年，还不至于因为自己的腐败而将国防搞垮。那她这样做究竟是为什么？难道是老糊涂了？这么说，那可是小瞧她了。

她非但不糊涂，而且过分清楚，有点像《红楼梦》里说的，“聪明反被聪明误”。

作为家天下的统治者，她心里时时揣着朝与国，老要掂量它们孰轻孰重。朝廷强大，君王敢说“朕即国家”，朝廷衰弱了，就会害怕国家强大，用王朝史观培养的君臣，谁不会唱“尾大不掉”、“外重内轻”这一套中央集权的老调？唱了两千多年，习惯了，她自己不唱，也有人在她耳边唱，因为在大清朝的制度安排里，总有人来唱这样的老调，提醒朝廷关注谁的“尾巴”大了，该向谁下手。

“尾巴”不能太大，大了会转化，转化成龙蛇，下手就来不及了。想当年，孔子问学生，我的道太大，这世界放不下，怎么办？子贡说，那就将道修改一下，颜渊说，要改的不是道，而是这世界。如果不是道太大，而是“尾巴”太大，朝廷放不下，怎么办？她会告诉你，那就“割尾巴”，朝廷有朝廷的标准，制度有制度的尺寸，按标准割，割到一个合适的尺寸，像割太监一样，是她的拿手好戏。

左宗棠不可一世，“尾巴”有多长？从东南通西北，从上海到新疆，比长城还要长，怎么样？还不是被她割了！第一刀割在浙江，借

"杨乃武、小白菜"案开刀，翁同龢揪出"左尾巴"，被她小试了一下。第二刀捅向上海，李鸿章揪住那"西征借款"的"左尾巴"，又被她趁机一刀割下。两刀子割下去，加上法国人当头一炮，"左大尾巴"才被干掉，终于，被朝廷谥以一个"文襄"便送终了。

曾国藩死后，给朝廷留下两条"尾巴"，说得好听点，就叫做"龙城"吧。两条龙城，都与国防有关，一条是海防，以李鸿章为龙头，以北洋水师为主体，包括南洋、福建和粤水师，都从湘军水师发展而来；另一条是塞防，以左宗棠为龙头，以老湘军为主体，兼有湖广、陕甘，号"楚军"。

这两条龙城，是汉家江山的龙城，还是大清天下的龙城？华夷可以不辨，满汉不能不分，江山称"满"还是姓"汉"？彼此心照不宣，不是说一句"满汉一家"就能解决的。从国防上来看，它们都是龙城，尤其左氏，岂止"不教胡马度阴山"，他将国防大大拓展，拓展到"不教胡马度天山"了。可是，从中央集权来看，他们都尾大不掉，都是朝廷放不下的大尾巴，若从满汉来看，就更是如此。

当年，左大尾巴以"鼎之轻重，似可问也"，托胡林翼转致曾氏，曾氏改一字，以"鼎之轻重，未可问也"答复，胡一看，就说，你们"一似一未"，我也就无话可说了。彭玉麟亦以密函呈曾氏，曰"东南半壁无主，老帅岂有意乎"？曾氏阅而变色，忙说：雪琴还如此试我，可恶，可恶！祺祥政变后，肃顺门下湖湘名士王闿运投奔曾氏，劝曾氏自立，曾氏不语，低头书写"妄"、"谬"二字，王遂离去。或曰，湘军陷天京，国荃曾萌异志，曾氏劝之曰："人家待我们还好，何忍出此？"其后人亦言"李秀成劝文正公称帝，文正公不敢"，孟森为北大影印曾氏刻本《李秀成自供》作序，还提到了这个传说。曾氏作书屋"思云馆"，湘俗构新屋必诵上梁文，世所传《上梁文》，工匠乃以湘乡土音为之颂曰"两江总督太细哩，要到南京做皇帝"，貌似俚言，实为民意，船山以帝王学开出湖湘帝王气，从此流行矣。

有人说，曾氏不敢做皇帝，是因为没把握，但是，如果他有野心呢？敢不敢称帝，要问有没有野心，而不要问有没有把握。因为，除了生在帝王家，生来就要做皇帝，谁敢说自己有把握做皇帝？曾氏有没有野心，朝廷都要把他作为假想敌，谁要他拥有军队，且具备了颠覆朝廷的能力？这不光出于君主专制的制度性考虑，更出于王权主义的本能性恐惧。曾氏裁军，可以表白自己，但难以打消朝廷顾虑。他本有一条大道，那就是军队国家化。可军队国家化，就不能搞家天下，一方不能交出军权，一方不愿交出天下，那就只好在原来的体制内磨合了。曾氏生前，以湘军布了一个国防的局，为汉人收复国权，那是既对内也对外的。左、李二人，把局越做越大，自以为龙城，不料自己已成为朝廷的“大尾巴”了。

晚清政局，说起来，就是个“内忧外患”之局。朝廷御患，自有左、李；何以解忧？唯我慈禧！或曰，曾氏平粤匪，左、李定捻回，岂非解忧？以国家本位言，堪称解忧，以朝廷言，则为除患。立场不同，内外有别，立于朝廷，则朝为内，国为外，立于国家，则朝与国，均为内。慈禧立于朝，其内忧在朝，而粤、捻、回在朝之外，这便是外患。“同治”一朝，两宫同治，她以东宫为忧；叔嫂同治，她以恭王为忧；满汉同治，她以曾、左、李为忧。曾、左、李立于国，视粤、捻、回之乱为内忧，而以列强为外患，彼等于朝与国之分野，实未有慈禧所见深刻，此因当朝者专在王权与国权此消彼长此进彼退之分野处下工夫。曾、左、李均未当朝，朝廷也没让他们执掌军机处，彼等已握国权，而军机处为王权所在。

曾、左、李以国权进取，进入王权陌生领域，故王权避之，凡涉国防、外交、通商等有关国家主权事宜，均由曾、左、李来办理。或问，朝廷不是有了“总理各国事务衙门”？事实上，“总理”不过代王权来过问，更何况，王权过问洋务，多属不得已，事到临头，无不樾头的，终归还得由拿实权的当事人——“总督”去办理。所以，洋人有事找总督不找总理。慈禧也如此，有了总督李鸿章，何须总理恭亲王？凡事皆“督”办，叔嫂同治，叔可休矣！李无同治名，而有其实，还是洋人有眼力，甲午之后，李游欧，被洋人礼以“副国王”待遇。东南有事问中堂，西北有事找左相，此乃曾氏布局，而慈禧拆之。

左氏凯旋，朝廷如何安置？理应入朝拜相，执掌军机，可朝廷却派他到两江去。一山岂容二虎？两江重地，辖于湘系，而李执湘军牛耳久矣，湘系已惟其马首是瞻矣。以沈宝桢为例，沈督两江，多从李，朝廷要办海军，还要拿走海军军费，拿得只剩下区区四百万两银子，还要分南洋和北洋，这时，沈便对李讲，海防不分南洋和北洋，南洋那一半，你也拿去吧，李便当仁不让。李的轮船招商局要收购美国旗昌轮船公司，李以函告，沈便以官款垫资一百万两银子，帮助轮船招商局收购美国旗昌轮船公司。左氏督两江能如此？别说让了，争都来不及，办铁路要争，办轮船也要争，办电报局还要争……因不同政见争，还可以道不同不相为谋，各自为政，为不同利益争，还同在一地，就难免你争我夺，你死我活。

左、李酣争时，朝廷忽然调走左氏，让左氏进京去办军机，可谓调虎离山，正其时矣。左一进京，李就在上海下手，揪出胡雪岩，予以致命一击，左如泥足巨人，应声而倒，其势分崩离析，左因之辞职，愤然而死。本来龙城虎将，国之重彝，可老虎尾巴翘起来了，你让朝廷搁哪里？再说，老虎屁股大，朝廷放不下，也就摸不得了。就像上一次，朝廷派人来摸曾氏，摸一下，就摸出了个“刺马”。曾、左如虎啊！独坐江山如虎踞，枪杆子里养精神，此为曾氏；时来我不先开口，运去哪个敢做声？更似左公。二人皆有虎气，将老虎屁股坐落在湖湘文化里，把国家主义的老虎尾巴高高翘起，不入朝廷满汉同治之局。李居江淮，而似狐狸，一手抓住江南，一屁股坐在渤海湾，其欲与慈禧同治，而共朝廷“合肥”矣。

当朝廷赐李三眼顶戴花翎时，李便悄然一变，成为帝王家的同治了。花翎分一眼、二眼、三眼，三眼最尊贵。“眼”，指孔雀翎上眼状的圆，一圆为一眼。清初，施琅降清，被赐籍汉军镶黄旗，平台后，辞靖海侯，而求以内大臣享戴花翎，不居功臣，愿为家臣，对此，朝廷当然欢迎。收复台湾，这么大的功绩，只换来个单眼花翎，可见花翎何等身份。本来王公大臣无须顶戴花翎，后来也来争要了，因为花翎不光是身份标示，还是荣誉标志，为了荣誉，王公们都来争戴三眼花翎，而李居然就有这么一顶。

李与慈禧同治，一主内政以专王权，一抓外交以握国权，两人联手，不仅改变了朝廷原来的“同治”格局，而且破了曾氏做的国家主义的局。人言李误国，多责以甲午战事，其实甲午战败，乃李与慈禧同治所致，是慈禧先误了李，李才误国的，李固难辞其咎，但根本还在慈禧。可一举推倒左氏，则是李与慈禧合力，而主动权握在李手里，掂量轻重，拿捏分寸，予夺生死，皆出于李的手筋和手笔。

李下狠手，不留余地，或以为，能赢家通吃。他这样想，并不稀奇，因为胜利使人弱智。赢家眼里唯有战利，忘了对手存在是自己的前提，打倒了对手，就等于取消自己存在的依据。因此，高手过招，理应妥协大于对立。对立双方，同生共存于一个大局里，妥协方能维持，其势不两立，则大局危矣！孤阴不生，独阳不长，灭了对手，也就坏了大局。大局坏了，哪还有什么赢家？都要完蛋，早晚而已。

所以说，要识大体，顾大局。大局，不光是一对矛盾，更是一种生态，顾全大局，就是既要解决矛盾，也要保护生态。所谓胜负，不过是在同一个大局里，此消彼长，一进一退，大局一坏，即无所谓成败，同在一条船上，船都要沉了，还争什么成王败寇？可怜曾氏立下个复兴之局，撑起汉家江山，哪曾想到就这样被左、李之争加上慈禧推波助澜给破了。破了曾氏的复兴之局，李转而与慈禧“同治”。可慈禧乃“拆女”，拆是她的拿手好戏，一旦擅权，怎肯与人同治？在朝廷，她先拆了咸丰帝的遗局，开了叔嫂同治的局，接着，又拆了叔嫂同治的局，而去与李联手。下一步拆谁？当然是李，拆到临头而李不知。

为了拆李，慈禧在他身后布了一个局，利用“翁李之隙”，让翁同龢从中央下手，摁他头——“以昆明易勃海”，还利用“清浊之争”，让张之洞从湖广下手，拽他后腿，战事一起，便顺流而下，去两江署理，李亦无奈，谁要他推倒左氏，破了两江之局？翁、张言必主战，战则李首当其冲，赢了言者有功，输了败军之将不足言勇，从此就灭了威风。让法国人收拾左宗棠，让日本人收拾李鸿章，翁、张主战，当无此用意，可难保慈禧不作此想，或曰，此乃汉奸思想，然彼本非汉人，又何必责以汉奸思想？

# 76. 曾氏父子议立国防与国权

自曾氏兴兵以来，中国就隐然已成二分之局。

一分依旧，还是一天天烂下去的晚清衰败之局。

一分维新，乃以富国强兵运动造就的汉家复兴之局。

曾氏一手挽救衰败，一手推动复兴，左、李继之，而成复兴之局，晚清之衰，亦因之忽而一振。然此二分之局，看似一体，实则有异，运用之妙亦在心知其异而能左右之。

能左右者，莫过于曾氏与慈禧。孰轻孰重？他们是各有一本账的。慈禧坐在衰败之局里，屁股决定脑袋，当然要维持她的衰局，而其维持之道，无非来抽复兴的血，注入衰败之躯。曾氏于江南造就汉家复兴之局，且欲以此渐进而拓展至长城内外、大河上下，以挽回衰败之局。

然而，曾氏布局，高举先帝旗帜，以先帝为先知，以布局为先帝遗志。

金息侯《四朝佚闻》谈起咸丰帝，其言帝与太平军相始终，颇有几分天命意味。最奇者，以咸丰帝生于基福堂，堂内悬有洪范五福匾额，故监侍流言称洪福堂若预为洪氏先兆者，已奇矣。帝方即位，洪即起事金田，咸丰改元，洪亦建号太平天国。及文宗崩而洪亦旋殁，遂复江南，抑何其巧奇哉。天生洪氏，就像故意与文宗为难。然非文宗之才识亦不克平乱，其时外患内忧交迫而至，洪军连占至十数省，英法联兵，南北并忧。文宗用人不疑，当机立断，屡濒绝灭，卒挽危亡。若天假帝年，中兴立致，后来隐患，何自起哉！帝临终时，两后以军事为忧，帝曰：“大乱即平矣，忧不在此。”闻者愕然，帝实有先见也。曾氏以上《陈圣德疏》，为帝所特别知遇，谕祁寯藻云“敢言必能负重”，后遂倚曾氏以平乱，无所谓掷折加罪云云。

咸丰末年，曾氏密奏统筹平乱及长围江宁之策，帝别取舆图，于江宁四围画一朱圈，又连江浙皖赣等省，加一大圈，复于鲁豫等省，画一圈，川黔等省，画一圈，陕甘等省，画一圈，然后就全图四边，再勾一大圈，包全国矣。交肃顺密寄曾氏，肃请明示，帝曰“彼必能解之”。曾氏得图，召集亲信，密议于室，曰：“江宁之圈，意在长围，不俟言矣。江皖之圈，防外援而绝内窜，亦属要计。鲁、川各圈，意必分贼势。唯全国大圈，不知何意。”曾氏以此奏复，奉朱批称是，并云：“大圈，指国防也。”曾氏遂以江宁属国荃，江浙属左、李，鲁、豫、川、陕各加筹调，不数年，遂收全效。而不知此后平捻坚壁清野，实用鲁豫之圈，剿抚回番，实用陕甘之圈，而石达开被擒，实用川黔之圈，一一皆验，亦奇矣哉。帝言“国防”，曾以“先平内乱，姑缓之”嘱托，待内乱收定，曾氏乃统筹国防，李鸿章任海防，以左宗棠任陆防。而左、李皆急近功，无远志，廿载经营，徒付一掷，此非曾氏能预料，而先帝在天之灵不能冥也。

金息侯为满人，晚清末代进士，他说“圈图事，文文忠公曾与吾父言之”，看来有根有据。“文文忠公”即文祥，乃满人中有国家思想者，其临终前一年，曾上《密陈大计疏》，以为民主制，乃“理之所在，势所必至”，“势有难行，而义可采取”，遂奏请开议院，行宪政，立国体，这在中国，还是头一次。其言先帝先知，且以曾氏为知己，似有惜乎两哲已逝，叹新局难开，而怀时不再来之深长意味。文祥作为执掌军机的当朝者之一，如是言先帝与曾氏，正是顺着曾氏本人的调子，一切胜利都归功于先帝，所有伟大、光荣、正确的桂冠都献给先帝，但先帝画的圆圈，却须由他来诠释，先帝所想，亦唯有他能干。

他这样定位，可以说是给足了朝廷的面子，而且不露形迹。先帝画了几个圈，其实，那都是心中的疑团，寄给曾氏，是要向他寻求答案，同时，也是对曾氏的一份考卷。曾氏捧卷，领了他的一班高参，来参这帝王学的禅，就像面对“河图洛书”那样，去体贴君臣之间的“圆”，领悟那圆里的“愿”。圆圈里面是空的，但先帝在其中许了愿，这还用说吗？“天何言哉！四时行焉，万物育焉”……对于帝王愿景，你可不能娱乐化为猜猜看，要毕恭毕敬，奉为“最高指示”，“参天地”一样地参，就像今天还在体制内流行的“认真学习，深刻领会，反复讨论，全面落实”，曾氏等人终于交出了一份令先帝满意的答卷——他的战略部署，将那几个小圆圈一一填满，先帝看了，信心满满，底气很足，面对忧问，敢说“大乱即平矣，忧不在此”。可曾氏留了那个最大的圈没填，没填就对了，说明他没有野心，那个大一统的圈，本来就该帝王填，曾氏若填了，先帝岂能安眠？先帝填下“国防”二字，可“全面落实”，还要靠曾氏。

金息侯说，这份地图就在他手里，上有朱笔“付曾国藩”四小字，乃先帝手批。朱笔例应缴进，故仍存在内廷也。他是眼见清朝倒下而无能为力的满人，回头来反省历史，已知清朝于文宗和文正时，便有一个中兴之局——文宗定局，文正布局，可惜了这个好局，竟然被慈禧那个拆女给拆了。所以，他说“晚清穆、德二宗，皆以扼于那拉后，国卒以斩”。对于同、光二帝，他的评价是“材皆中下”，光绪帝“愿奢而才不足以副之”，同治帝则“更无论矣”。抚今追昔，难免怀旧，割舍不下，斯有神话。神化先帝，想念曾氏，江山也要伟人扶，谁来做大清朝的救世主？作为清末进士，他本有希望成为末代状元，因为在卷子里写了一些山河破碎、痛哭流涕之类的话，据说触了慈禧喜庆的霉头而被拿下。后来，他追随溥仪，成为近臣，还企图复辟，可溥仪搞满洲国，又将他甩了。晚年，他反思历史，对于曾氏那一段，还留了美好回忆，但他拾掇碎片，拼凑历史，不为考据，而为怀旧心理，所以，难免掺用想象的黏合剂。

曾氏办国防，出于国权思想，而非王权主义。现在这么一说，很容易，可当时，要分清王权、国权，谈何容易！黄濬《花随人圣庵摭忆》言曾氏父子有国家意识，而旧日官僚，皆以忠于朝廷或效忠皇上为言，而罕言国家，是因为帝王家天下，讳于君之外言国。又以大一统自居，不知中国之外尚有他国也。明末梨洲、船山诸儒，因救亡，而知王权与国权有别，故稍申君与国之辨，然清网一密，文字狱起，国家意识匿矣。晚清，曾氏起湘军，非为一姓效忠而战，而为复兴汉家江山战，国家意识遂亦因之而萌，虽曰潜龙勿用，未行于世，但以之自守，则未入朝廷“同治”之局，无以“奴才”自居，故其筹办国防，尤能于汉人收复国权念念不忘，其所以不拥兵自居为帝王，乃因其有国家思想，而无帝王思想。

其子劼刚即曾纪泽，甚得乃翁心法，议论已转向国家本位，不复囿于“圣清”、“我皇上”等陈词，而以“吾华”代之。观劼刚复友人书，即以“吾华永无自强之日”言之，其《中国先睡后醒论》所言三事，一为中国绝对保护外人生命财产，各国亦宜平等保护华侨，二为中国对于各属地边境有绝对之治权及宗主权，三为废除不平等条约。此三事，均以国权立言，而未以王权立言，其国家意识，可谓昭然。再观其《伦敦再致李傅相函》，谓“西藏与蒙古同，乃中国之属地，非属国也”，对于“属地”，中国拥有治权，对于“属国”，则有宗主权，它们都属于国家主权，然而在王权里鼾睡的国人，有几人能区分它们？

对此，被劼刚作为中国“醒”来标志的代表性人物恭亲王和李鸿章，也未必能拎得清，中法、中日战事缘起，都在这两个概念上起争执，争清楚了，或可妥协，如《中俄伊犁条约》，争不清楚就打，打赢了，签个无赔偿和约，如《中法天津条约》，打输了呢？就得割地赔款，如《中日马关条约》，可当时谁也没想到会输得这么惨，将国家赔了个底朝天去。战争起因很多，有人说李鸿章健忘，应该算一个。王伯恭《蜷庐随笔》中，记光绪甲申朝鲜政变始末，其中第十四节云：“中国人之健忘，有极可笑叹，而贻祸君国，几召灭亡，尤可骇痛。”所谓“中国人”，乃从国民性上泛言之，而其所举事例，则专指李。

中日战事，虽不能说因李健忘引起，但其健忘，的确助长了战事。甲申朝鲜之乱，本来中日有约，同时撤防，如须出兵，应彼此知照，共同进兵，不得单边行动，背约用兵。可李每次向朝鲜出兵，都忘了还有这个约定，都没通知日本。第一次出兵，是因为袁世凯电告朝鲜暗降俄罗斯，请李速派海军往朝鲜问罪。李电告丁汝昌，命其率舰前往，而丁之舰队还在长崎，其士兵正与日警相争，未能奉令即往，故出兵未成。韩人风闻，即遣使奉表来京，辩无其事，从此，韩人与袁氏相诘，不买袁氏的账。并遣使来华，以求撤袁。而李又忘了与朝鲜有“互派通商委员，如有不合，彼此知照立即撤回”之约，仍以朝鲜之事托付袁氏。至甲午夏，袁氏又电告朝鲜内乱，请速派兵往平定，李仍忘前约，再次单边发兵，中日两国遂起战事。

李失足于朝鲜，说到底，还是未能分清属国和属地，李之健忘，根源在此。李之于朝鲜，以之签约，则为属国，其欲监理，则为属地，还不懂得在国际法的框架内如何行使宗主国的权力。在天下观里，属地与属国的关系，事实上是以远近来分的，离得远，朝廷任其自治，便是属国，能派人去治理，便是属地，二者是没有从法权上来区分的。因此，朝鲜自治时，还是属国，一旦兵临朝鲜，且以袁氏监理，则欲使其成为属地，而原定之约，就会被李有意无意地忘记，所谓“健忘”，也是事出有因的。

# 77. 李不下地狱谁下地狱

前面说到，慈禧要拆曾氏的国防，先拆了陆防，接着要来拆海防了。

上一次，她利用“左李之争”，让李鸿章拆了左宗棠，这一回，她要利用“翁李之隙”，用翁同龢来拆李鸿章。因此，她在李后面又布了一个局，这是个什么局？叫做“昆明易勃海”。这个局的始作者是醇亲王，他先上了一道恢复昆明湖练水师的奏折，在颐和园里立了局，接下来便是“易”。

谁来“易”？怎么“易”？都是个问题。阎敬铭那厮，是个不识抬举的，请他入局，他非但不入，而且反对，让他执掌户部，太后还修什么园子？更何况他还是个铁头，那是出了名的。

想当年，阎与官文同事，官文手下强抢民女，民女哭骂不从，竟被乱刀砍死。死者父母告状，无人敢问之，他闻知此事，直奔总督府，向官文要凶犯，官文以病推诿，拒不见他，他便向随从传话：去把我的被子拿来，我就住在这里，总督病不好，我阎敬铭不回去！他说到做到，真住下来了。三天过去，官文被困府中，实在无法，只得请人来劝他，来人劝说无效，他立誓，不杀凶犯，我不回去。

官文无奈，只得出来相见，求他给个面子，他提出条件：立即交出凶犯，当众剥夺官职，押回原籍，不许逗留片时。官文只得接受条件，把凶犯交出。他一见凶犯，立呼衙役将其捆拿，剥去衣服，重杖四十，杖毕发落，立即执行。就这么个硬邦邦的铁头，太后“每索款，辄靳之”，也不怕碰钉子。不过，他虽不识抬举，倒还算识时务，自己辞了职回老家去。太后算是松了一口气，他若不走，就无法布局。

阎走了，请谁入局？那要看谁能倒李，常熟翁同龢！两人之间发生了什么？

那一段恩怨，起于三十年前的发（太平天国）、捻之乱。翁兄同书，时任皖抚，被发、捻夹击在皖东定远，他左顾右盼，结果却“待援不至，待饷不来”，只好放弃定远。定远乃“九省通衢”，定远一失，发、捻便连成一片。他逃到寿县，又被发、捻军追至，靠了在城内办团练的员外郎孙家泰和蒙时中率众抗战，才得以人在城在。但孙、蒙二人因与团练首领苗沛霖有隙，故苗练常来骚扰，朝廷亦以苗练势大，且向来反复无常，恐其反叛，密令翁同书设法搞定。同书抚苗，但苗提出要孙和蒙的项上人头，同书听后，竟然照办了，孙闻言自杀，蒙被同书抓来杀掉，可他没想到，苗拿到两颗首级后，反而入寿县城内，将孙家泰全家十五口，大到七十多岁的老父、小到才三岁的孩子以及孙氏族人百余口老小，全部杀掉，一手做下“寿州擅杀案”。

徐一士《凌霄一士随笔》提到，曾国藩对翁同书定远之逃早有不满，又见酿成寿州惨案，忍无可忍，故欲奏劾。但念其父翁心存曾尊为穆宗帝师，圣眷甚隆，门生弟子布满朝列，投鼠忌器，如何下笔？初稿拟就，不甚惬意，欲亲自动手，亦颇费踌躇，恰好李鸿章来，听罢老师的难题，略加思索，便一挥而就。览奏折，曾氏拍案叫绝：“臣职分所在，例应纠参，不敢因翁同书门第鼎盛，瞻顾迁就。”一士谓，此言一出，无人敢施援手，欲说项者，无不结舌，待其稿入奏，旋即革职拿问，拟斩监候，因父病笃，暂释，侍父汤药，父卒，服丧百日，仍入狱，改戍新疆，留甘肃军营效力。李一击而成，曾氏叹曰：“少荃天资于公牍最近。所拟奏咨函批，皆大过人处，将来建树非凡，或竟青出于蓝，亦未可知。”李从此发迹，来接曾氏的班了。

也有人认为，一士说的靠不住。理由有二，一是李也出自翁门。因为李的房师孙锵鸣，是翁心存的学生，李也就成了翁的学生的学生。夏敬观《学山诗话》说，翁让孙带学生来见，一见李鸿章，就惊呼：“此人功业在我辈之上！”又看沈葆桢，也赞道：“当为名臣！”翁对孙说：“你有了这两个学生，还有什么可遗憾！”于是，有人以此断定，那篇奏折不可能出于李之手。另一说，出自《翁同龢日记》，疑为合肥文人徐毅甫，翁氏于同治九年七月二十二日的日记中写道：

“得徐毅甫诗集，读之，必传之作。毅甫名子苓，乙未举人，合肥人，能古文。集中有指斥寿春旧事……弹章疑出其手，集中有裂帛贻湘乡之作也。”其时，徐也在曾氏幕中，很可能参与了奏稿起草，那篇奏折本来就拟了多稿，最后，是由李来定稿的。

曾氏让李来定稿是大有讲究的，对于翁同书的处理，是一块试金石，曾氏可以用它来试一试李，也试一试自己在朝廷的实力。作为皖抚，翁同书本应听从曾氏调度，但皖地颇特殊，清军据皖北以剿捻匪，湘军居皖南以平发乱，翁同书在清军与湘军之间，追随清军。当时，清军有两支马队在皖北活动，一支胜保马队，一支僧格林沁马队，名曰剿捻，实乃驰马江淮，遥指江南，控引金陵战局，颇有“螳螂捕蝉，黄雀在后”之态势，居于“鹬蚌相争，渔翁得利”之格局。翁欲背靠“黄雀”，紧跟“渔翁”，且欲收编苗练为己用，做朝廷马前卒，做清军跟屁虫，结果，清军误他而弃定远，苗练误他而屠寿州。

正是在两军博弈的背景下，曾氏让李来取舍，要他在两个师门选择，李跟曾氏走，他那一篇奏折，恰似投名状，要取翁家一颗人头。翁同龢不怨曾氏，因为曾氏这么做，他没有选择。而李可以选择，他可做可不做，做了就是踩着翁家往上爬，将师道尊严踩在了脚底下，是可忍孰不可忍！李在这场博弈中，不仅迈过了祖师爷，还眼看着左宗棠整了自己的老师孙锵鸣，而横竖不说一句话，直到左去世以后，他才出来说公道话，在《蕖田师七十寿序》里说：“先生之去官，鸿章方治兵，力能白其事。当其时，朝廷诏书屡以调和责诸路将帅。鸿章于先生既有师弟子明党之嫌，又惧涉于岐梁洛蜀交争之迹，不能执公论以明天下之是非，至今思之，愧负明义！”他还是没说实话，分明是两条路线斗争，还论什么是非？

曾氏路线胜利了，他挽救了朝廷，朝廷也就认同了他，但两条路线的斗争结束了吗？显然没有。翁氏是认人不认线的，对于曾氏路线上的仁人义士、英雄豪杰，如左宗棠等，他是由衷钦佩的，对于曾氏子纪泽，翁氏欲举荐其入军机，惜其英年早逝。总之，他还是一腔子书生意气，满脑子帝王意识，而没有政治家的大局观的。作为帝师，而且是两代帝师，父为同治帝师，他本人是同、光两朝帝师，这样一个以帝师为业的家族，会异化的，尤其他本人，为幼帝师，亦师亦父，把幼帝带大，在潜意识里，会不会搞错了家天下，而自居于帝王家呢？对他而言，不管你什么线，只有皇上，才是他的生命线。忠于儿子一样的皇上，与孝顺自己的父亲，在他的精神结构里拧成一个深情的中国结，如此这般子承父业，亲亲尊尊难免错位，师父角色与臣子身份交叉，理智虽能分辨，可情感老在拧，拧啊拧，拧出这样异化的人！

清朝二百余年，帝师多矣，可谁像他那样，搞出一个帝党来收场？不过，话又说回来，谁家像他家那样，父子一气，连为帝师？那么小的皇帝，曾就依偎在他怀里，那种亲密，你就甭提！如同父子生死相依。就在他身旁，他眼看小皇帝成长，长过了自己的肩膀，长成了他的皇上。那么有朝气，那么有活力，犹如朝阳，发出热量，放出光芒，那样一双清纯的眸子，放射出美丽的渴望，那是一种建功立业的渴望，是一种为国为民的渴望，终于亲政了！皇上要大干一场。可皇上怎知，有多少阴谋飞短流长，围绕在自己身旁，有多少欲望的暗礁纷至沓来，像螃蟹一样在脚下布防，暗礁中最大的暗礁是北洋，螃蟹中最大的螃蟹是李鸿章。当年他就敢欺师灭祖，而今，他更是一副如梁鼎芬所说的“俨如帝制”的模样。

连梁鼎芬那样的初出茅庐者，都说李“罪恶昭彰，有六可杀”，翁当然就更清楚是怎么回事了。李出手逼死了祖师爷，可他逢人便说“二铭”师，说得连王闿运都真以为他将“二铭”师抬到曾氏头上去了，王闿运始终就没搞懂，何以李鸿章越是称赞“二铭”师，翁就越是处处跟李作对。翁自认为，他有着充分的理由跟李作对，于君于父，他都该这么做。于君，他要未雨绸缪，为皇上清除“亚政权”的暗礁；于父，他也要复仇。可他在日记里，不是说了奏劾翁同书可能另有其人吗？另有其人也许是不错的，但他并没有说李与此无关。事实上，他的日记修改过，因为清朝人写日记，是要拿给人看的。曾氏修身日记，就拿给倭仁看过，郭嵩焘海上日记，那本《使西纪程》，便是拿给朝廷看的，惹出了日记风波。翁氏日记，是准备拿来给人看的，甲午战争和戊戌事变后，翁氏为了避祸，将自己的日记作了一些删改。

最早发现这一点的，据孔祥吉《金梁其人与〈近世人物志〉》所言，是金梁即前面我们提到过的金息侯。金梁以各家日记互读的方式，而发现了翁氏日记删改的蛛丝马迹，例如，叶昌炽光绪二十年十二月十八日记“唁越缦先生之丧”，而翁氏于光绪二十一年闰五月初九日却记有：“李莼客来长谈，此君举世目为狂生，自余观之，盖策士也。”李慈铭已死，怎可能再去登门访问翁氏？金梁对此颇有疑问，于《近世人物志》中略谓：“翁记似有重缮改易处，如李莼客卒于甲午十一月二十四日，而翁次年闰五月初九日尚记李莼客来，初颇不解其故，继思翁自戊戌罢归，不无顾忌，甲乙数年，正直枢要，凡所记载，尤虑触讳，自取删缮，亦属常情，甲午之事，误入乙未，盖一时疏忽耳。”孔祥吉在参考翁氏后人翁万戈提供的日记原稿本后，对稿本与刊本作了比较，发现“李慈铭”三字是挖补的，原名当为“康有为”。

稍晚于金梁的黄濬，对翁氏日记，也有过怀疑，其《花随人圣庵摭忆》中，有关“《蜷庐随笔》记甲午翁同龢主战”一节，就以为翁氏丙戌十月二十二日日记里说的“庆邸晤朴庵，深谈时局，嘱其转告吾辈，当谅其苦衷，有‘昆明易勃海，万寿山换滦阳’之语”，或其自言，而“托于庆、醇，亦未可知”。“文恭”，即翁氏，谥文恭，“庆邸”，即庆王，“朴庵”，即醇王，庆、醇二王晤谈后，醇王请庆王转告翁等云云，看样子，一脸苦衷，而其用意，显然在为自己开脱。其实，我们也怀疑，这么大的主意，岂是醇王能拿的？他那一篇恢复昆明湖练水师的折子，非深谙于史者所不能为，或由翁氏捉刀亦未可知。以修园子为名，将大局导向以“昆明易勃海”，如此“军机”，原非醇王所能创拟，慈禧虽有此心，却难尽此意，能知其心，而尽其意，且以“军机”行之者，唯翁氏一人而已，所以，庆、醇二王，要请他入局。

果然，他收拾李鸿章很卖力，连他的学生都看不下去，说甲午战败，他要负主要责任。王伯恭是他的学生，在《蜷庐随笔》中，就说翁氏专门与李鸿章对着干，李要建海军，翁氏便奏定，十五年之内不得添置一枪一炮。他明知海军军费都挪去修园子了，可边衅一起，他就主战。王伯恭从天津跑到北京来劝老师，翁也很不以为然，还笑他学生胆小。学生说，这不是胆大胆小的问题，是知彼知己的问题，明知打不赢，为什么还要打？翁氏一笑，说：他李鸿章不是治军数十年，屡战屡胜吗？如今，他办的北洋海陆两军，不是如火如荼像他说的那样吗？是骡子是马，拉出来遛遛不就知道了，怎会不堪一战呢？

近人胡思敬，撰《国闻备乘》，其中有“名流误国”一条，提到了翁和李的一段对话，那是清廷被日本人打急了，慈禧害怕，问责于翁，翁虽主战，但战到临头，却无主张，慈禧命翁驰赴天津，求策于李。翁见李，先问北洋兵舰，李瞪眼看他，半天说不出一句话，待平静下来，才掉过头去，缓缓曰：“师傅总理度支，平时请款辄驳诘，临事而问兵舰，兵舰果可恃乎?”翁曰：“计臣以樽节为尽职，事诚急，何不复请?”李曰：“政府疑我跋扈，台谏参我贪婪，我再哓哓不已，今日尚有李鸿章乎?”翁语塞。

李去世后，有鸣不平者，谓甲午之战，突如其来，如同乞丐恶讨，予之食，欢然而去，不予，纠缠不休，群情汹汹，而老团头钓鱼，不愁上钩。盖乞丐者，倭也；群情者，英、法、美也；而老团头者，舍俄其谁也？陷阱已深，强我逆来顺受，凡属血气未干者，得不放声大哭邪？可怜衰李，风涛饱历，外有陷阱，内起危局，虎狼扑来，蛇蝎随之，一国求其败，举世皆言战，曰：李不下地狱谁下地狱！

## 78. 从“甲申易枢”到“戊戌政变”

慈禧是个“拆女”，很有一点“破罐子破摔”的魄力。

打破坛坛罐罐，是她拿手好戏，她身上有股子流氓无产者习气。

谁让她当年颠沛流离？现在，她要把流离带进政局。她有一句名言：谁让我一天不舒服，我就让谁一辈子不舒服。谁知她早年有多少不舒服，也不知该把这笔账算到谁头上。

总之，谁让她不舒服了，她就把这笔账算到谁头上，反正她要算账。

历史上，爱新觉罗氏和叶赫那拉氏两个家族的老账，她还要算吗？尽管有人说，两个家族的恩怨，在她身上潜移默化，命运在冥冥中驱使她，让她来把爱新觉罗氏一家搞垮。

中国人写历史，就喜欢这么说，说女人复仇的因果，不说是福，而说是祸，站在王朝的立场上写史，都这么说，不去说叶赫那拉氏有福，只说爱新觉罗氏有祸，可不是嘛，自从慈禧垂帘听政，他亲政爱新觉罗氏家的皇帝就丧失了生育能力，同治、光绪、宣统，一个接一个，谁能生育？最要命的是，正是这位叶赫那拉氏后裔，摧毁了爱新觉罗氏家的最后一点英雄主义，是她毁了光绪皇帝。

可惜光绪帝生不逢时，若他亲政在奕䜣执掌军机，曾、左、李三足鼎立时，他也许就抓住了历史的契机。可历史已然如斯，英雄辈出时，偏偏有个寻花问柳死于梅毒的皇帝，而满怀壮志的皇帝，却无英雄辅弼。还在皇帝亲政以前，那英雄时代就被慈禧用清流终结了。那些清流，被慈禧用来引发政变，清史上，把那场政变叫做“甲申易枢”——换了军机处，不是换恭亲王奕䜣一人，而是换了全部。

慈禧敢这么做，光有这么做的资格是不够的，还要有舆论支持；光有清流造舆论是不够的，还要有实力，而实力派人物，非李鸿章莫属。没有李鸿章支持，谁敢这么做？当年同治帝就做过一次，将恭亲王一撸到底，结果，两宫太后还是收回了圣旨，不然，国有外事可问谁？果然，恭王一退，外事就来了，还得请他来同治。可有李鸿章支持，那就不一样，所以，醇王一改原来反洋务立场，转而支持李鸿章。

恭王与李鸿章，本是好搭档，朝廷要拆了这搭档，李难免感到唇寒。可恭王当朝，李的北洋势力就难入枢要，尽管他以文华殿大学士，贵为首辅，人称“合肥相国”，但他一直在直隶，并未入主枢府，一如《清史稿》所言“国家旧制，相权在枢府。鸿章与国籓为相，皆总督兼官，非真相”。

李与曾氏，都坐镇一方，都不想离了领地，入朝为相。但李是勿为虚名，而务求其实的，不能身膺其职，亦要遥执其权。刘体仁《异辞录》谓李“隐持国柄”云：“李文忠坐镇北洋，遥执朝政，凡内政外交，枢府常倚为主，在汉臣中，权势为最巨。”此话没错，可时间，要在易枢以后。此前，恭王以李为外势，“要在中央”则自持。易枢后，李未入枢，然其亲信已执枢府，从此“枢府常倚为主”。



易枢的赢家，首为慈禧，她把恭王权力三分了，礼王执掌军机处，庆王把持总理衙门，又增设一处海军衙门抓国防和国防建设，把军权从军机处分出来，由醇王来管，交李鸿章办。再也没有人跟她分庭抗礼了，从此，“军国大计，罔不总揽”的军机处，变得内向了，内向的就像是内务府。

我们知道，内务府的职能是替皇上管家，内务化了的军机处呢？人称“军机轿班”，专门为皇上抬那奏折轿子。军机领班如轿头“洋洋得意”，以其有专奏权而独得面子，人称“军机面”；跟班三人，二班备顾问，犹如轿二“不敢放屁”，紧闭嘴，无问不说，有问则答，人称“军机嘴”；三班执笔，如轿三“浑天黑地”，脑子多余，无思无虑，唯听指示，人称“军机手”；四班“趋炎附势”，跟着走，不知方向，不问路，如轿四“不知哪里”，人称“军机腿”，专门跑腿，仅供驱使，如此而已。

说军机处衰落了，那是跟恭王时相比，并非军机处总有那么大的权力，恭王之前的军机处，境遇比军机轿班也好不到哪里，因为叔嫂同治，才提升了军机处权力，加上执掌总理衙门，恭王那架势，虽不像鳌拜那样有熏天权势，但也不像通常王爷仅享有相应权力，作为皇叔和慈禧的合伙人，他倒颇有几分特殊，看上去，居然像个责任内阁制总理。如果恭王强势，与李携手，就此一步步走下去，将同治合法化了，或许也能开出个立宪的格局。我们今日来看晚清之衰，有如一场世界牌局，晚清入局，当局者摸，虽然也摸到过好牌，却始终未能凑成一副能赢的牌。为什么？因为在中国，一手牌，要同时应付两个牌局，除了世界牌局，还有晚清牌局，世界牌局里的好牌，未必对晚清有利，所以，好牌来了留不住。

本来，洋务运动中兴起的“军事—工业复合体”，是一张近代化的好牌，在没有军队国家化的前提下，在没有国民经济的基础上，有这么个复合体存在，多少还能代表那时的国防和国民经济，总还算得上世界牌局里的一张牌。可将它搁在晚清，还真是放不下，也留不住，就像翁同龢说北洋水师那样，是骡子是马，总要拉出来遛遛。这并非翁个人的看法，应该说，整个大清朝，都这么认为。唯有李鸿章自己知道，这仅是一张好牌，远非一副能赢的牌，可他这么一说，谁听，谁信？举国上下，都想看看是骡子是马，都要他拉出来遛遛。如果只是皇帝催促，他可以向皇上解释，如果还有同僚不满，他可以进行抗争。可如果是民意呢，民心所向，他跟谁解释，同谁抗争？所有媒体都在吹，中国必胜，就他不敢出战。

朝廷终于将他这张牌打出去了，真是痛快淋漓，一泻千里，而结果，当然是失败。不是一般的败，而是前所未有的败，历次割地赔款，以此为最，故责难扑天抢地而来。黄濬《花随人圣庵摭忆》里说，甲午战争后，陈宝箴责以不当战而战，明知不堪一战，而不以死生争，上迫于毒后仇外之淫威，下劫于书生贪功之高调，忍以国家为孤注，用塞群昏之口。黄以为，虽今起合肥于九泉，亦无以自解也。而我们认为，陈义宁之责，固然高调，面对朝廷，不妨如其所言，以死生争，可面对民意，你怎么争？对朝廷以死生争，尚不失为忠臣，对民意以死生争，其敢为人民公敌耶？中国传统文化，有忠臣文化，没有人民公敌文化，以反人民而死，死了还不如一堆狗屎，所以，不如一战而死，为此，李在马关以死相争。

到了戊戌变法时，康、梁才知道，要立宪，光有皇帝一张牌不行，还要有军队，要有支持变法的军队，而李鸿章是支持变法的。据孙宝瑄《日益斋日记》，戊戌政变后，慈禧对李说，人说你是康党。她没想到，李居然认了：我就是康党。“若旧法能富强，中国之强久矣，何待今日？主张变法者即指为康党，臣无可逃，实是康党。”维新一开始，李便告知康氏，荣禄、刚毅欲加害他，要康氏“养壮士，住深室，简出游以避之”。帝命康氏出京，李还派人护送。康有为“上粤督李鸿章书”，其中就提到“荣禄相攻，则入室告；八月出走，则遣人慰行”。李曾宴请日本前首相伊藤博文等人，席间，言及引渡康、梁，被日方以政治犯不能引渡为由拒绝。还说，你“行新法”有年，而功未竟者，即因缺了康、梁这样的帮手，所以，与其拿办，不如培植，让康、梁来完成你的未竟之业。对此，李回答说，如君言，康日后可大有作为，不过，目下尚欠火候。但他还是托伊藤等人，捎信给康、梁，以国士相与，寄予厚望。梁回信，对他“不避嫌疑，不忘故旧，于万里投荒一生九死之人，猥加存问，至再至三”，由衷表示感激。回头来看，如果皇帝没有在翁同龢的怂恿下打掉李鸿章那张牌，如果李鸿章的北洋水师还在，谁敢搞政变？

立宪若要成功，当有三张牌同时在手：一是皇帝这张牌，立宪要由皇帝来发动——“大誓群臣，诏告天下”；二是军队这张牌，要使军队国家化，方能走出家天下，确保国家主义的立宪；三要保留原来同治格局，按照分权的原则，对其改造，并使之合法化。三牌合一，才是一副能赢的牌，可天不佑华，偏让牝鸡司晨，引亢家天下，乱了中华。有慈禧这拆女在，就别想在朝廷上凑成一副立宪的牌。她先是拉拢李鸿章，使中央易枢，排挤恭亲王，又支持李鸿章，排挤左宗棠，再用翁同龢，专与李作对，发动清流，广造民意，以舆论围剿之，驱李而战矣。故甲午战败，李犹有可恕，其当责者，在甲申政变。

慈禧一生，搞了三次政变，祺祥政变、甲申政变、戊戌政变，通过政变，她走向权力的顶点。初以祺祥政变，叔嫂同治，继以甲申政变废之，欲行独治，故与李联手，致恭王退，左公死。到了戊戌政变时，可怜朝廷，英雄俱疲，国势日衰，甲午战败后，剩下李一人，亦为一失败之人，戴罪之身，“运去英雄不自由”，但听发落而已，唯慈禧得逞于国难，三次政变，逆势而升，升为“老佛爷”了。

## 79. 慈禧抢了“佛爷”名头

“老佛爷”是什么意思？为什么慈禧要让人称她为“老佛爷”？

查了一下，“佛爷”在满语里，初称“满柱”，乃满族头领名称，为佛号“曼殊”转音，汉译为“佛爷”，原本是皇上的特称，由皇上专用，慈禧主政，皇上年幼，她就拿来用了。

她不敢称皇上，就让人叫她“老佛爷”，抢了儿皇帝的“佛爷”名头。

然其由来，官方还没有给一种正式的说法，所以，民间有很多种说法。小横香室主人撰《清朝野史大观》云，慈禧政暇，自扮观音，以李莲英为善财，李姊为龙女，照一极大相片，挂在寝殿，宫人均呼以“老佛爷”。而蔡东藩于《慈禧太后演义》，则说是慈禧寿庆时，“自加徽号”。

称慈禧为“老佛爷”，无明文规定，因此，有很多种说法，都说是李莲英带头喊出来的，有两种说法流传较广，一是“求雨”说，一是“双佛出世”说，都说李莲英是始作俑者。

慈禧有信仰，信佛，念经供佛，从未断过。某年，京畿天旱，华北少雨，五谷受害。依惯例，凡遇旱情，朝廷便要求雨，一直求到雨来为止。慈禧求佛，只三天，雨就来了，李莲英遂惊呼慈禧很灵，有求即应，一如佛爷本身。从此，“老佛爷”就上了口，他每次奏话，都这么称呼。

一个太监，敢这么喊，要冒多大的风险？也许他在私下场合，试了多少遍，大概慈禧很受用，他才敢这么公然的一喊，因为大清朝的制度安排里，没有称太后为“老佛爷”这一条，但亦未禁止，所以，还能争取，大凡制度里没安排的，多以民意来争取，李莲英带头喊，天天喊，月月喊，年复一年地喊，除了自己喊，还发动群众喊，你喊我喊，就这样喊下来，终于把慈禧喊成“老佛爷”了。

关于这个说法，还有另一套，可见太监李莲英如何搞神道设教。据说，李莲英令人按慈禧模样塑了一尊佛像，安坐在万寿寺大雄宝殿后面，然后，禀告慈禧，说万寿寺有双佛呈祥，请太后驾临。慈禧来，一瞧，那观音像，岂非就是自己模样？忽闻李莲英一喊："老佛爷到！"闻者当即跪呼："恭迎老佛爷！"慈禧见状，问道："是哪一位老佛爷呀？"异口同声："就是您老佛爷呀！是救苦救难的菩萨啊！"

同治时代，招摇过市的安德海，都被砍了脑袋，如今，李莲英又来玩神汉把戏，居然玩得圆融，看来时代真是变了，同治时代终于结束，光绪时代已经开始。那"光绪"是什么意思？是曙光。还记得当年曾文正公在岳麓书院看日出，像朱熹那样，冲着太阳，喊了"赫曦"那么一嗓子吗？那便是对"光绪"的预言和期待，后来，皇帝那惊天地、泣鬼神的新政，真的堪称"赫曦"呀！可在李莲英看来，带来"光绪"的，还有另一条光源，那源头，并非来自理学，而是来自佛教，就那么一点"东方红，太阳升"的意思，也没有应在皇帝头上，而应在佛爷头上，慈禧向儿皇帝下手，将"佛爷"拿走了。

子曰"唯器与名不可以借人"，这是从王权上来说的，从慈禧那一面来说，她要训政，也要有器与名可循。其"器"何也？非朝廷也，乃朝廷之本体萨满化之庙堂也；其"名"何也？非皇帝也，乃皇帝之别名"老佛爷"是也。清末宫女谈往，言慈禧最信萨满神，我们来看"老佛爷"这称呼，它就是个萨满化了的佛祖。清朝祭祀，国祭以坛庙，而有天坛、地坛之用，家祭以萨满，而设"堂子"。皇帝家祭，有内外两处，内有坤宁宫，外有"堂子"。宫祭以萨满太太，为皇家之女性，而堂子里的男萨满，亦须皇族。满人信萨满，拜堂子，开国后，神权为皇家独有，非皇家堂子，都被取缔了，这有点"绝地天通"的意思。皇帝作为神的代表，取消民祀，统一神权，终结了信仰自由状态，而"定于一"了。

王朝之制，本来家国一体，虽说是"家天下"，但那"家"是天下化的，是"天下为家"的"家"，"家"也要被体制化。可清朝有所不同，它在国家体制外，保留了一个极为私密的家族信仰的内核，魏源《圣武记》卷十二说，堂子是满洲旧俗，是"祭天、祭神、祭佛之公所"，"公所"一说，说明作为汉人的魏源对于萨满的性质以及堂子祭祀那一套完全不懂，可以说，有清一代二百余年，没有一个汉人知道堂子里面究竟是怎么回事。萨满，是满人治国平天下的秘密武器，最核心的军国大事，例如，出征和废立，往往不是在朝廷上议定的，而是在"堂子"里决定的，得由自家人请示自家神，让神来指引。起初，这叫做"谒庙"，乾隆时，改称为"谒堂子"，总之，这就是庙堂了。庙堂才是政体，决定政权本质，而朝廷，只不过是政权的形式，要体现庙堂意志。这就是为什么慈禧要从皇帝身上拿走"老佛爷"名头，有了"老佛爷"名头，她才是庙堂代表，皇帝来向"老佛爷"请示，就如同"谒庙"、"谒堂子"。

还有人说，"堂子"如古代明堂，清人昭梿《啸亭杂录·堂子》就这么讲："名曰堂子，实与古明堂会祀群神之制相符，犹沿古礼也。"不过，天子坐明堂，一副"治国平天下"模样，而皇帝进堂子，是以萨满"修身齐家"。同样以宗法制搞家天下，儒教有一套搞法，萨满教有一套搞法，清朝两套并用——"阳儒阴萨"。用儒教那一套立朝廷坐明堂，用萨满教那一套开堂子以神道设教。同样以神道设教，儒教"率民以事神"，神具有全民性，而萨满教则以家族为单元，用家族化的信仰建筑庙堂，如同军队被私有化一样，神也被私有化了。清朝有两面，正面是朝廷，掌握政权，背面是庙堂，拥有军权和神权。本来，皇帝既是朝廷之君，也是庙堂之主，军政合一，政教合一，可慈禧一称"老佛爷"，就将二者分开了。

这样一分，就分出个执政与训政来，如此局面，慈禧并非始作俑者，乾隆爷早就这么干过，我们读韩健《孙中山训政思想溯源》一文，发现韩文指出了在我们看来是很重要的一点，即孙的训政思想的来源，认为孙没有必要舍近求远，跑到三代之时的伊尹、周公那里去找根据，根据就在眼前，那就是慈禧，再看远一点，还有那位乾隆爷，"乾隆—慈禧"式训政，并没有被孙的"驱逐鞑虏"驱逐掉，反而以历史的惯性而被延续下来，保留在孙的革命方略和建国大纲里，孙不提它们，不等于它们就不存在。

慈禧训政是以乾隆爷为榜样的，她不光学乾隆爷在昆明湖里玩水师，还学乾隆爷以“老佛爷”的名义坐堂子搞训政。她把皇权分为两半，在朝廷执政，那是皇帝本分，以庙堂训政，则是她分内的事情。她退居二线，坐堂子训政，在她治下，家法大于王法，治家比治国还严，她用家法治皇上，有她这么一治，那些对皇帝不满的人都跑她那里去了。就这么跑来跑去，终于跑出个帝党、后党来了。帝党是执政党，很牛，康有为就牛气冲天，见了后党头目荣禄，开口就言杀，说杀一两人，法就变了。可后党训政，更牛！他们老是质问皇上“权大还是法大”？那法便是祖宗之法。清朝有清朝的宪法，祖宗之法就是宪法，康有为改制，改的是祖宗之制，康有为变法，变的是祖宗之法，康有为立宪，是要立皇帝新宪法。



光绪皇帝要在慈禧的训政下来搞新政，其难可想而知，更何况，他虽然汉化、西化的程度都很高，却不懂萨满那一套，不知其权力来源的合法性都以萨满为根底，不晓得大清朝的制度安排其实是“阳儒阴萨”的。慈禧则不然，就信仰而言，她信佛，也是萨满化的，“老佛爷”的“佛”从佛教来，可一“爷”，就被萨满化了，在萨满教里，来看观音菩萨，便宛如萨满太太，再来看慈禧本人的人格，也有萨满太太的习气打底子。萨满太太，皇宫里就有，跟汉人说的巫女有所不同，巫女事神具有公共属性，而萨满太太只为本家族服务，皇上有事，除了在朝廷上跟大臣商议，还要在深宫里向神请示，尤其是皇上的心事，有的不便在朝廷上公开，却可以通过萨满太太向神敞开，求得神佑神启。因此，萨满太太虽然不在王权体制内，却是满人家天下里最核心的一环，其权力最有私密性质，满人再怎么汉化，唯此不化矣。

慈禧退帘以后，与大臣议事少了，经由萨满太太与神沟通多了，退帘不是退休，她还要升华，在王权的位置上，她已被圣化为“圣母皇太后”，再升华一下，那便是神化了。她在密室里，安置了一尊观世音像，那像就是以她自己的尊容为原型的，她还让李莲英扮作韦驮做她的护法。她退居二线，可没有休闲，虽然修了颐和园，但她并未颐养天年，而是以园子为大本营，一手抓军权，一手抓神权。

抓神权，她用李莲英，抓军权，还用李莲英。金易夫妇在《宫女谈往录》里，记录了一个叫“荣儿”的宫女所谈的往事，其中就谈到光绪十四年（1888），慈禧钦命醇亲王奕譞视察北洋海军，让李莲英陪同一事。在大清朝，这还是第一次，按祖制，太监不许过问政治，李莲英了解这一点，行前，他将二品顶戴换成四品，为什么要换呢？因为祖制规定，太监最高不得过四品。在军舰上，他不住豪华舱舍，住在王爷的套间里，不和任何官员接触，白天在王爷面前站班伺候，拿着王爷的长杆烟袋，提着大烟袋荷包，往侧面一站，低眉敛目，自认为是太后钦派来伺候王爷的。晚上，预备好热水，伺候王爷洗脚。说：我平日没机会伺候王爷，现在请赏脸让我尽点孝心，感动得王爷连连地拱手。一趟差事回来，李莲英给老太后露了脸，争了气，王爷、李鸿章争着向太后称赞，赞得老太后喜滋滋的，连说：“没白心疼他。”

就这样，慈禧把手伸到北洋水师里，想试一试应手，没想到李鸿章对太监视军并无反感，对李莲英的表现更是赞不绝口，慈禧本着军权与神权两手抓的原则，让李莲英来做老佛爷的佛手了。

# 八 立宪：皇帝的救赎

# 80. 通往自由另有一个出口

我们看中国，不光要看制度，还要看文化，文化是基础。

看制度，三千年来，中国只有王朝和天子，难免令人鄙视。

鄙视到何种程度呢？孟德斯鸠以专制谴责，黑格尔断言非历史。

黑格尔说中国没有历史，他这样说，看似很离奇，其实有道理，他以自由为依据，把历史看做自由精神的显现，没有自由，当然也就没有历史。然而，试想一下，一个从远古走来在适者生存的民族斗争中起码存在了三千多年的民族，一种形成了环太平洋文化圈而放光芒于东方的文明，一座从马可·波罗到哥伦布都在追求的盛产丝瓷茶的美丽而富饶的江山，一道奔流不息充满了诗书画流淌着“逝者如斯夫”的历史长河……难道会没有自由？所以，还要去看文化，一看文化，伏尔泰就服了。

从专制去寻找自由，犹如鸡蛋里面挑骨头，中国人的自由精神埋伏在文化的江山里，是重整河山的原动力，再造了一代又一代王朝，可惜的是，中国人的自由精神，在政治上，只通往一个出口，那就是“革命”，此为激进如火山爆发的出口——火山口，没有走向另一个温泉似的出口——“立宪”，革命如火山爆发，一动起来，便要换代了，立宪如温泉出水，可以慢慢调，让制度满足人需要。

中国人的自由精神，居然还可以有另外一个出口，而且这个出口，被君主专制幽闭了两千多年后，终于在“三千年未遇之大变”中，被宁死不做“亡国之君”的光绪帝打开了，恰如《水浒传》里的魔穴“遇洪而开”放走了“天罡地煞”，光绪帝在两千年来号称“天不变道亦不变”的君主制里，放了一干“我自横刀向天笑”的自由化的人物出来变法了。然而，即便是皇帝，一旦以个人去面对体制，也处于弱势。现在流行一语，叫做“弱势群体”，许多高官都跟在农民后面这样称呼自己，这就使人起疑，高官手握权力，怎为“弱势群体”？何况农民历来就能改朝换代，帝王多从农民出，如此“群体”，何“弱”之有？弱的是个体，作为个体，不光农民，就连皇帝，都无足轻重，如果没有帝制，还说什么皇帝？

康梁之流幼稚就在这里，本来是变法，偏要说改制，变法可以依靠皇帝权力，一说要改制，皇帝就靠不住了，因为皇帝权力都由体制赋予，若无体制支持，作为个体，皇帝哪有权力？变法是在体制内解决问题，而改制则针对体制本身，不是通过体制去解决问题，而是把体制当做要解决的问题。本来张之洞、翁同龢都是变法的支持者，一获悉康的改制意图，即与之划清界限，成为坚决反对者。

可怜皇帝，竟与体制对立，变法伊始，即开经济特科，矛头对准科举制，欲改之。须知，科举制乃官僚的命根子，一改制，便要触及。或曰科举各朝有异，历代修葺，岂非改之？但那都在科举制以内损益，仍以科举制本身为目的而完善之。而开经济特科，则于科举制旁另起一新炉灶矣。

戊戌维新有两条路线，一条是变法路线，一条是改制路线。变法路线，由陈宝箴行之于湖湘，沿着郭嵩焘以来的洋务思想前进，从造枪炮到办外交，从办外交转向改革内政，这一转向，实以郭氏倡导，而由陈宝箴发为新政。改制路线，则由康梁等人发动，欲以君主专制“定国是”而行之于中央，结果是，为改制而专制，等于自己将自己连根拔起，如斯而已，敢问所专何制？又有何制可专？

仅仅是变法，慈禧并不反对，事实上，有关变法事宜，光绪都向她请示，她并无异议。说变法，除了顽固派，都不会出来反对，多半还会表示支持，袁世凯加入强学会，张之洞与康梁合作，翁同龢向皇帝推荐康有为，他们这么做，都是对变法的认可，一提改制，则无不反对。不光翁同龢在皇帝跟前与康有为划清界限，就连那时正在变法的湖南巡抚陈宝箴，也上了一道《厘正学术造就人才折》，奏请皇上谕饬康氏，将《孔子改制考》自行毁版，以正误息争，知非进德，维持风教。

为什么他们都反对改制？除了看不惯康氏以孔子自居而不可一世外，主要是对于康氏下手处，人人自危，恨得切齿。改制首当其冲为慈禧。康氏欲以“光绪帝+孔子”来改制，就要搞皇帝极权主义，可慈禧还在，皇帝不光每天要向她请安，还要向她请示，皇帝搞专制，搞搞名义的，当然还可以，因为政体本来就如此，如果真要搞，那就该问问她是否同意。《明定国是诏》她已经批了，但她批的是变法，而非改制。荣禄问康氏，改制要不要改祖宗之制，康氏回答当然要改，又问改不动咋办，答道杀两个一品大员就行。所谓祖宗之制，其实就是家天下，光绪可以为了救国而不顾家，慈禧则不然，必要时，她会卖国以救家天下，“量中华之物力，结与国之欢心”并非失言，而是守着家天下的底线。连家天下都要改，那家天下里的政府——“六部”当然也要改，李鸿章问，改制要不要改六部，康答要改，再加上改科举……

这样改制，分明在搞无政府主义，谁还会支持？空想的幽灵，从《大同书》里跑出来，徘徊于京城，盘桓在皇上头顶，皇帝多么青春，何等单纯！为了救国，他愿意放弃帝制，不做皇帝；为了救民，他可以放弃家天下，还权于民。可这是“三千年来一巨变”啊，他怎能想干就干？更何况祖宗之制亘古如斯，岂能说变就变？莫怪慈禧发狠，女人本来就是家的守护神，而她是太后，理应成为家天下的守护神，毁了她的家天下，岂非不肖子孙？所以，慈禧要人称她“老祖宗”，由她来代表祖宗之制。

李鸿章曾为李提摩太译《泰西新史揽要》作序，序文大谈“民主”，说：我邦三代以前，以天下为公，嬴秦而降，以天下为私，以天下为公则民主之，以天下为私则君主之。自夏以来，从三代开始，天下由公而私，天要中国大一统，其势浸淫二千余年，而今一变。如今中外畅通，看来是要恢复中国三代以前天下为公的局面了。康有为向光绪帝推荐了这本书，李提摩太《在华四十五年》里说到这本书，不仅皇上爱读，恭亲王也称赞，而俄使却对恭王说，这本书是讲民权的，如果四万万汉人都来讲民权，你们六百万满人就只好回老家了。这话是对恭王说的，会不会传到老佛爷的耳朵呢？老佛爷心知肚明。

在政治思想上，意识形态上，谈一谈“天下为公”是可以的，但制度上还应该是家天下。可皇帝居然就这么糊涂，听洋人忽悠，被汉人劝说，就想把天下交出去，搞什么立宪。为此，还设了个变法顾问团，请伊藤博文来当首席顾问，本来家丑不可外扬，她和皇帝争，再怎么争，也是一家人在争，到头来，还要唇齿相依。可皇帝竟把洋人引来，是可忍孰不可忍！这样的皇帝还要他作甚？严复说，最是皇帝不自由。可就这么个最不自由的人，竟然拼将一死，也要打开通往自由的另一个出口——立宪。

# 81. 重整河山定国是：立宪

“立宪”之于中国，同“革命”一样，源远流长。

“革命”起于三代，“立宪”始于黄帝“欲立宪以垂万世”。

何启、胡礼垣《新政真诠》前总序言，中国民权之理于古最明，伏羲、神农、黄帝，或以制器利用，或以医法疗人，或以经国体野……民悦之，然后为君，以此引申民权。

把“立宪”放在文明之初，则一切文明无不从“立宪”开始。因其权力合法性来源于天，所以，又称“天宪”。不幸的是，“立宪”一旦被君主“专制化”了，一不小心，权力还会落到太监手里，司马光《资治通鉴》卷五十三就说“当今中官近习窃持国柄，手握王爵，口衔天宪”。

“天宪”是王法，“口衔天宪”，是说“刑戮出于其口”，而施之于人也。

到了近代，对于立宪，就要问其权力合法性来源，除了问向头顶上那一片天空，更要追问现实，问一问它究竟来源于王权还是民权。中世纪的民本主义，以王权代表民权，虽然在制度上遮蔽了民权，但也在体制外，给民权留下了道德批判和武器批判的空间，如果王权破了底线，人民还有“革命”权。君不见，历史上，那一座座火山爆发，一顶顶皇冠落地，无不印证了人民的“革命”权。

然而，两千年来，中国民权只会“革命”，不会“立宪”，革掉了一代又一代王朝，民权也没有在制度上有所显现，但它却以道义执行力，守住了国之为国的底线，以武器的批判，捍卫了人民自己的尊严，所以说啊，“天地革而四时成，汤武革命顺乎天而应乎人，革之时，大矣哉”！

新朝开基，改元更始，还是王权“立宪”，民权旁观，其实，民权不仅被王权代表，还被王权解构，人民非组织化，成了一盘散沙，何权之有？但你要是以为它不存在那就错了，因为在理论上，它依然被提得很高，严复在《宪法大义》中说："问古今之倡民权者，有重于'民为重，社稷次之，君为轻'之二语者乎？殆无有也。"理论归理论，实际归实际，我们当问的是，民权究竟在哪里？

若问西方人，民权在哪里？他会告诉你，在国会，在民选，在多党制，一人一票权的民权，就握在自己手里。而严复说了一大堆的民权，说来说去，还在古人的说法里，说到现实，倒很能体谅皇帝："吾国自唐虞三代以来，人主岂尽自由？历代法律，岂尽凭其喜怒？且至本朝祖宗家法，尤为隆重。蚤朝晏罢，名为至尊，谓之最不自由之人可也。"皇帝"最不自由"，人民难道就自由了吗？这只能证明，在专制制度下，没有一个人是自由的。皇帝一旦自由，非昏即暴，要被当做"一夫"来诛伐的。

就此而言，中国的君主专制制度倒是绝对平等，其平等在于，它否定并取缔了每一个个人的权力和自由，这其中，当然也包括了皇帝的个人权力和自由。在这样的制度安排里，没有天赋人权，只有"天生民而作之君"，一切权力，并非与生俱来，而是被制度安排，皇帝也不例外。因此，严复的说法，不能改变我们对于君主专制的看法，但它却可以用来纠正黑格尔的一个偏差。黑格尔在他的《历史哲学》里说过，中国只有一个人有自由，那个人就是皇帝。而事实则是，中国没有一个人有自由，连皇帝也没有。

失败了的光绪帝就更没有。失败的缘由，究其根本，就因为他要自由，不光为自己要，还要给制度以自由。爱新觉罗氏家族为中国历史贡献了两位好皇帝，一位是开国皇帝康熙，另一位便是末代皇帝光绪，康熙不用说了，清朝没有他，开不出帝国之花，而光绪呢？他为两千年帝制增光了。

谁能想到农牧文化融合的爱新觉罗氏，会出了这么一位高贵的王子？他居然要在中世纪的帝制的朽木上，开出近代宪政之花，要从王权主义转向国家主义，从君主专制走向民主政治。

能出这么一位王子，说明爱新觉罗氏还有活力，不是一般活力，而是创造历史的活力。有人会说，不是有位末代皇帝，名叫溥仪？哈哈，那也能算皇帝！狗尾续貂，不妨用“……”号矣。感谢爱新觉罗氏，在三千年未遇的政局里，他们还能尽其所能，为中华民族贡献如此优秀的儿子。

有了光绪，爱新觉罗氏才无愧于历史，正是这位皇帝，以维新，以受难，以“我不下地狱谁下地狱”，尽了他对爱新觉罗氏的救赎。家族的罪和历史的恶，压住他脆弱的双肩，他忍受了，突然有一天，他站起来说“我不能做亡国之君”，便走出王权洞穴，去领略普世阳光，看世界的真相。

走出去，意味着拿自己去救赎。走出家天下，走向民天下，像匹夫那样以“天下为己任”，是对爱新觉罗氏的民本主义救赎；走出帝制，走向民主制，把皇帝搁在宪法里，是对帝制的民主主义救赎。可他凭什么来救？用什么来赎？就凭项上那颗大好头颅！那是一颗朝气蓬勃青春焕发的头颅，那是一颗如日东升光芒四射的思想之颅。英雄进当铺，用头颅作抵押，不是押在天命，而是押给真理。

他是家天下的逆子，却是中国人民的儿子，他是帝制的叛徒，却是祖国的忠仆。秦始皇开创了帝制，历史学里，称之为“千古一帝”，然而，在我们看来，要终结帝制的皇帝，才是真正的“千古一帝”。历朝历代，不乏雄才大略的皇帝，可帝制终结者只有一位，那就是光绪。从大一统的帝制里，居然会产生帝制终结者，在老子那里，这叫做“反者道之动”，而近人马克思，则以为是“异化”。

“反动”也好，“异化”也罢，皆非帝制自发，而是在某种程度上被“西化”，光绪欲以宪政救赎帝制，一如其欲以维新救赎朝廷，海风吹来宪政的花粉，少年天子还真有些过敏。政变后，逃往日本的王照，在《方家园杂咏纪事》里说慈禧“但知权利，绝无政见”。话说得不错，但以此看轻了慈禧，就大错特错。须知政客，本就无所谓政见，一有政见，反倒授人以柄，被人把持；亦不必要远识，一旦高瞻远瞩，便看不到自己的脚跟处，而危险多半就在那里。脚跟，在荷马史诗里，叫做“阿基里斯之踵”，那里有致命的弱点，汉语自谦，称人尊为“足下”，不忘提醒人的脚跟。可没人这么称皇帝，称皇帝为陛下，陛下是台阶，表示权力等级，皇帝惯听人称陛下，罔闻足下之音，要站稳了脚跟做皇帝，实在不容易。

权利，是政治的脚跟。慈禧“但知权利”，就是紧盯着自己的脚跟，以免露出致命的“阿基里斯之踵”，“绝无政见”，乃专注于此，绝不旁骛。而皇帝则相反，多有政见，而不知权利，究其根底，还是一位青春王子，梁启超的“少年中国说”里，便有着青春王子的身影。青春王子让理想飞，让政见飞，不设防的他，被人击中了自己的“阿基里斯之踵”，而轰然倒地。可他并不在意，因为，他已经出手了！千年等一回，生来就为这一天，这一天终于到来，他竟然打开了通往立宪的王权之路，谁曾料想他有这般伟力？有清一朝二百余年，最光辉的那些日子，王朝中国两千余年，最有意义的那时刻，都在这短短百日。

百日维新——华虽旧邦，其命维新，都三千年了，也该变一变了！面对历史的转折，皇帝作了最正确的选择——立宪，就在那如雷如电前无古人的时刻，慈禧万万没有想到，被她训了多年，训得比哈姆雷特还要忧郁的王子，居然挣脱了她安排的枷锁，冲决了她设置的网罗，愤然与体制决裂，而为“千古一帝”之举。为什么皇帝与康有为只见一面，就让康感念一生？须知康是何等眼界如何自负之人！

有人说，康是个骗子，要扛着皇帝的招牌去骗人，放在清末，这样说说，未尝不可，可为什么，到了民国，皇帝早已成了历史的包袱，康还一直背着，至死不渝？《新学伪经考》和《孔子改制考》问世后，惊世骇俗，如火山喷发，攻之者几如枪林弹雨，唯皇帝不动如山，何也？众人皆以阅历读之，无不洞悉康之用心，知其狡计及贪欲。皇帝单纯，纯以良知读之，但求真理，不问居心；唯以良能行之，但求当行，不问可行，更勿论成败矣。俗语曰“智可及而愚不可及”，众人皆智，唯帝愚也，此所谓愚者，非蠢蠢欲动之谓，乃单纯之极也。唯其单纯，当下即行，如佛曰“我下地狱”，耶稣以死为人类救赎也。

同为立宪，谁及载湉？慈禧多疑，孙文多虑。慈禧之于立宪，立与不立，但问于己利与不利，而不问民意，不顾国体。庚子事变后，非立宪不能“结与国之欢心”，她就接着皇帝立下去，而立了对她未必有利，所以，她把立宪搁在“预备”里，正所谓“立又不立，不立又立，又立又不立”也。据恽毓鼎《澄斋日记》宣统三年十月初一日记，慈禧临终前，忽叹曰：“不当允彼等立宪。”少顷，又曰：“误矣！毕竟不当立宪。”何“误”之有？她若不说立宪，怎能训政到这一天？我们观此言，益见其“但知权利，绝无政见”，死到临头，才说立宪误国，这笔误国的账，当然要算到皇帝头上，皇帝先她一天死去，岂偶然也？

孙文之于立宪，也是说了没做，理论上，提得最高，三民主义，五权宪法……而行动上，却排在最后，依次为军政、训政、宪政。从军政到宪政，每一次转型，都是否定，都要打，拿人头来换。读一部民国史，我们早已了然于此，故难免要问，何以孙文，终其一生，都未立宪？究其思想之根源，可见其“知难行易”的哲学尚有缺陷。我们今日来看他的“三政”说，于理上虽可“知”，于事上却难“行”，说起来通，做起来不通，例如，军政导致军阀混战，训政导致国共相争，只是打来打去，而宪政依然遥远。近代以来，重整河山定国是，无非以“立宪”二字。今欲行之，当回到光绪帝，以无量之单纯，以无限之勇气，从头做起，然而，血的教训提醒我们，一要军队国家化，二要权力个体化，无此，不足以言立宪矣！

## 82. 皇帝悲苦为中国而哭

慈禧采纳荣禄建议，先立后废，以溥俊为大阿哥。

又欲废光绪帝，改元“保庆”，此举，史称“己亥立储”。

对此，督抚们装聋作哑，却有一商人拍案而起，此人即经元善。

经氏闻讯，致电盛宣怀，盛氏复电云：“大厦将倾，非一木能支。”

他不听，遂发动上海商绅，由他领衔，联名通电，公然反对立储，电曰：“昨日卑局奉到二十四日电旨，沪上人心沸腾，探闻各国有调兵干预之说，务求王爷、中堂大人公忠体国，奏请皇上力疾临御，忽存退位之思，上以慰皇太后之忧勤，下以弭中外之反侧。宗社幸甚，天下幸甚。”

此电一出，各界群起响应，各地反立储的通电、公告纷飞北京。

废立之事遂废矣。慈禧以亏款潜逃通缉经氏，而经氏已避难至澳门。

李鸿章游历欧美归来，以大学士入阁办事，那时，闲居贤良寺，门可罗雀。一日，门外骑从煊赫，有宾客过访，荣禄来也，屏退左右，荣言废立，李问，你有几颗脑袋，敢行此事？你这样做了，万分危险，各国使臣，首先抗议，各省疆臣，仗义声讨，无端动天下之兵，为害大了。

荣禄一听，便请李探外使口风，李言，此系内政，先询人，有失国体。如必询，当授我以两广总督，我先在《泰晤士报》披露，届时外宾必来贺我，问我以国事，我可就而探之。

荣喜，报太后，乃命李督两广。外宾来贺，问起废立之事，李转询之，皆曰此为中国内政，各国无理干涉，只有国书，原来都致光绪帝，如易帝位，是否还承认，尚须请示本国。

此言此事，于陈夔龙《梦蕉亭杂记》、章华《语林》等书，均有记载。

驻京各国公使，亦闻风而动，来总理衙门询问，叩问皇帝病情及病由。

《字林西报》发布消息，怀疑光绪帝已被谋害，认为各国公使有权知道真相，他们都是被派到中国皇帝的宫廷中充当代表的，而不是被派遣到一个窃居中国宫廷的僭篡摄政那里的。

清廷对外宣称，光绪帝还健在，对此，英国公使窦纳乐说，要消除外界疑虑，最有效的办法，便是找一位外国医生为光绪帝看病，并签署一份光绪帝的健康证明书，清廷表示同意。

于是，请法国医生给皇帝看病，并证明病况，结论是皇帝“病势无大碍”。当时，《知新报》载《路透电音》云：“某亲王已预遣其子入宫，以便陟位，后有大臣谓恐外人干预，遂止。”

又电询疆臣，刘坤一复电称“君臣名分已定，中外之口宜防”，内禅之议顿息。

但是，清廷于帝党、后党外，围绕废立之事，以“大阿哥”为中心，以清廷贵族为主体，又起一新党，曰“大阿哥”党，清末满汉之争，遂以大阿哥党与帝党之争显现，导致辛丑之变。

戊戌时，皇帝深恶八旗所为，颇思黜满人，倚汉人，又欲革旧习，冠汉姓，融洽无间，为子孙久远计，而满人多怨之，改制方百日，怨言日闻，激起政变，新政尽废，皇帝几蹈不测祸。

满人废了新政还不够，还要废皇帝，询之疆臣，疆臣多汉人，皆有保帝之心，而后党则在满汉大臣之间，在帝党和大阿哥党之间，反复权衡，荣禄来探李鸿章的口气，李鸿章开口就说，你有几颗脑袋？敢做这种事！说得斩钉截铁，态度毫不含糊，对后党来说，此不啻于当头棒喝。

历经甲午战败，李放下一己生死荣辱，精神变得格外强大起来，戊戌政变后，敢于自称康党，废立之时，敢问荣禄有几颗脑袋，一个不再乡愿的李鸿章，开始变得像老师曾国藩一样。

从李鸿章、刘坤一那里，荣禄摸清了帝党的底，从此，不再言废立之事。

《方家园杂咏纪事》说，徐桐和崇绮拟了废立的奏稿，慈禧阅后，要他们先同荣禄商量。两人去见荣禄，荣禄一看奏稿，提裤急出，如厕而去，良久始归。其时，天正严寒，二人围炉，荣禄回来，竟将奏稿往火炉里一塞，徐桐怒曰："懿旨命尔阅看，何敢如此?"荣禄说："我不敢看啦!"

荣禄态度如此，意味着军队中立，大阿哥党没有军队支持，转而寻求民意。华北闹拳民，大阿哥党即以神功可恃，拳民可用，放进京来，光涿州一路，就来了几万红衣人，他们高举火把，跳舞请神，呼人叩拜，还扬言，愿得"一龙二虎头"，"一龙"即皇上，"二虎"为奕劻、李鸿章。

拳民进京来放火，右安门内，放火烧教民，老幼妇女皆杀之；宣武门内，火烧教堂；正阳门外四千余家，亦焚之，火光烛天，三日不灭。火光中，朝廷一连开了好几天御前会议。

头一天，皇帝问何不弹压拳乱?太常卿袁昶说："乱民不可依，邪术不可恃。"慈禧喝道："法术不可恃，人心也不可恃?"朱祖谋问："信乱民，敌西洋，不知倚何人主此大事?"慈禧说："我恃董福祥。"朱朗声说："董福祥就第一不可恃。"慈禧问："你是何人?"对曰："翰林学士朱祖谋。"

第二天开会，载漪先言："义民赴国难，万死不辞，先除义民，人心难维系。"

光绪说："乱民乌合之众，人心亦是空谈，主战危险。"议了两天，和战未定。

第三天，慈禧泣曰："洋人照会，要代收各省钱粮，代掌兵权，指定皇帝居住……国亡已在目前，接受洋人条件，也是亡国，与其不战而亡，宁肯玉碎了。"说得群臣顿首曰："愿效死力。"照会原系载漪伪造，借荣禄手转呈慈禧，慈禧见有让自己退位一条，便发作起来，不顾一切地要主战了。

第四天，慈禧言战，载漪欲攻使馆，慈禧同意，大阿哥党遂"造反有理"。他们不光造皇帝的反，还要造洋人的反，要以"神拳+民心"，打一场萨满化的人民战争，把洋人都赶出去。

内阁学士联元叩曰：“若与各国宣战，异日洋兵入京，恐无孑遗。”皇帝对许景澄说：“汝出洋多年，外间情势，汝尽知晓，能战与否，汝当明白告朕。”许景澄说：“闹教堂、伤教士之交涉，向来皆有办，如若伤使臣、灭使馆，则情节异常重大，国际交涉中罕有此成案，不可不格外审慎。”

皇帝深知其害，不禁悲从心来，“执景澄手而泣之”，袁昶也走上前去，朝堂之上，廷议之时，君臣三人竟围在一起，在众人面前哭了起来。许景澄、袁昶乃泣请勿宣战，勿倚赖拳民，皇帝泣曰：“朕一人死不足惜，如天下生灵何?”读史至此，能不感极？可慈禧竟怒喝：“成何体统!”

次日，慈禧命许景澄等通知各国使臣，即日离京，护送出境。联元跪曰：宣战只对一国，怎能对十余国？光绪拉了许景澄的手说：“请再商量一下。”慈禧喝道：“皇上放手，不要误事。”

## 83. 老佛爷跳大神搞“大民主”

后经荣禄查明，慈禧已知照会造假，可她为什么还要宣战？

也许她痛恨洋人，常怀复仇之心，像萨满太太一样，灵魂出窍了？

总之，老脸已经撕破，她一不做二不休了。“舍得一身剐，敢把皇帝拉下马！”从深宫里，她请出萨满神，用萨满教，将满人都发动起来了，一夜之间，满人几乎都成了义和团。

不光满人，还有那些拳民，那些从白莲教来，本来“反清灭洋”的拳民，突然间，也都转变了，转向“扶清灭洋”，都来响应“老佛爷”的政治动员，而成为大阿哥党的党卫军了。

清廷招抚拳民，以团为单位，将他们组织起来，成为团民，又恐各团游散，故设统率义和团大臣，命载勋主持，载澜、刚毅、英年佐之，于庄王府立总坛，凡五城散团及新从匪者，皆令赴王府报名注册，凡不在注册之列的义和团，都是伪团，照土匪惩办，注册了，即倾公帑赡养之。

大阿哥党终于建立了一支自己的武装力量，几万束红头巾、系红腰带、戴红袖章的红衣人，供其驱使，并派往各衙门把守站岗，把各级政府，都抓在他们手上。

慈禧的政治动员，是萨满化而非体制化的，不靠朝廷靠民心，她要向皇帝展示民心，给那些疆臣那些死不改悔的“保皇派”上一堂“民主”课，让他们真正懂得什么是“天听自我民听”。

她要让他们知道，不是她要打倒皇上，而是民意要打倒皇上，废立乃民心所向。顺便，也向洋人展示一下“民主”，让洋人看一看有大清朝特色的“民主”，那种全民跳大神的“大民主”。

这样的“民主”，谁说靠不住？这样的“民众”，谁说是乌合之众？当然是皇帝说的。皇帝这样说了，便可见他不懂“民主”，也成不了“民之主”。能为“民之主”者，非老佛爷莫属。

对于慈禧来说，能直接号召民心，便穿透了体制，体制被穿透，也就成了多余。本来政教合一，用政权调动体制，以神权调动民意，可皇帝老实，明于改制，而陋知民意，人性有善恶，民意亦如此，慈禧得其善，而用其恶矣。皇帝改制，还是在制度上考虑，而慈禧则品味民心，把玩民意。

她把神权放在民心上，让民心发出掀天揭地的力量，她要用这力量，去打倒皇上。

可这力量如野兽，搞不好，亦会反噬，吴永《庚子西狩丛谈》卷四上说，宣战后，大阿哥党要废立，与慈禧争吵起来，慈禧后来回忆说，那时，太监们连着护卫的兵士，都同义和团混在一起了，连载澜等一班人，也都学了他们的装束，载澜有一次，居然同我抬杠，险些儿把御案都掀翻过来……

不过，这时她已有了一支自己的军队，那便是荣禄的拜把子兄弟董福祥统领的甘军，戊戌政变时，荣禄调来董军，皇帝说是董卓进京。御前会议上，当慈禧脱口而出“我恃董福祥”时，她对董军有了连荣禄也始料不及的信任，连荣禄都不知道“老佛爷”究竟用什么手段改造了董军，董军居然与义和团打成一片，以军队支持拳民造反，成了一支“萨满子弟兵”，而慈禧则以此掌握并监控数万拳民。

董军为什么会有这样的转变？我们先来看董本人的出身，以及义和团的来源。

董父为哥老会一方头领，由白莲教入甘的一支发展而来，董以“反清灭洋”号召教众，投入陕甘回民起义，兵败后，被左宗棠招安，转向“扶清灭洋”，由此可见，其与拳民来路相同，都从白莲教来，转向亦同，都从“反清灭洋”转向“扶清灭洋”，故董本人，即为拳民榜样，有号召的力量。

引起“庚子事变”，有三种力量：一是游民，被萨满教发动起来；二是满人，被老佛爷发动起来，跟皇帝拼命；三是董军，从游民起义中来，回游民运动中去，如鱼得水，所以，老佛爷说“我恃董福祥”，而不说“我靠荣禄”，她知道，体制内要靠荣禄，搞群众运动，要靠从群众中来的董福祥。

慈禧不怕破罐子破摔，更不惜摔出个无政府状态，任由大阿哥党一伙去折腾。

运动一开始，还开了几天御前会议，有个朝廷的样子，帝党、后党各持已见。对于拳民，皇帝要剿，而慈禧却说神功可恃，民心可用；对洋人，皇帝要和，而慈禧要战，虽明知归政照会系载漪伪造，也不改其欲战之初衷。此时，打与不打，战与不战，已非军事考量，而是政治画线。打是爱国主义路线，不打是卖国贼路线，老佛爷喊打，是爱国主义的代表，皇上不打，就是卖国贼的代表。

爱国，还是卖国？要用神功一查就知道，皇上原来是“毛子”。大阿哥党要取“一龙二虎”头，那“龙头”就是皇上。除了皇上，还有李鸿章，谁要他自称“康党”？老佛爷要他“召集义民成团”，他说“无拳会之党可招”；要他“暂行停还洋款”，他说洋款若停，牵动厘金，“京饷及北上诸军饷无从接济”；要他来勤王，他迁延观望。如果他赶来，落在大阿哥党手上，还不要将他当“毛子”砍了？

义和团将打击对象分作“十毛子”，就像划阶级成分一样，要划出个地、富、反、坏、右……来，予以相应打击。“一毛子”是洋人，见一个杀一个，“二毛子”是教民，也要杀，皇帝和李鸿章卖国，难逃“毛子”，不能不杀……所以，一宣战，载漪就率众进宫，“大有弑君之意”，被慈禧呵止。

# 84. 护国权：半壁江山谁做主

造反派的力量，已经控制了中央，保皇派的力量在地方。

慈禧宣战后，通电全国，要各地筹款调兵，勤王抗敌，共渡难关。

时任电报局督办的盛宣怀，因职务之便，竟然扣押了老佛爷的电报。

随后，速电李鸿章，乞裁示，请老师“速定办法”，电文内容如下：

“千万秘密！朝廷已勒限各使出京，各国都来责问。中国以一敌众，理屈势穷。俄已据榆关，日本万余人已出广岛，英法德亦必发兵。瓦解即在目前，已无挽救之法。眼下，朝政皆为拳匪把持，文告恐有非两宫所出者，将来，朝廷必如咸丰十一年故事，各国军队入北京，方能了事。今为疆臣计，各省集义团御侮，必同归于尽。欲全东南以保国家，各督抚应联手，以定各国之心，而守疆土。”

李鸿章接到电报后，立即复电，曰：“此乱命也，粤不奉诏。”于是，盛以此电并廷寄电告各省。李电奏云：“拳不可恃，衅不可开，北望觚棱，日夜痛哭。”刚毅见而大骂：“谓此等媚外汉奸，非尸诸市朝不可。”此前，总税务司赫德亦曾以电告急，略言京中乱事，李曾致电荣禄，言外衅不可开，拳党不可信，颇忤荣意，自此京电遂绝，可他每天都要接到袁世凯从山东来电，告诉他京城消息。而且他还代表南方各省致电朝廷：“众议非自清内匪，事无转机”，要朝廷“先定内乱，再弭外侮”。

可电报到达北京的时候，德国公使克林德已经横尸在北京街头了。

“乱命”一语出，此乃李鸿章的新觉悟，可惜这觉悟，晚来了一步，早如是，他何至于受制于朝廷，而毁了海军？何至于被朝廷驱使，而有甲午之战？今以“不奉诏”捍卫国权。

非帝之命，即为乱命。为保皇上，他与康、梁内外相倚，遥相呼应。庚子之乱起，慈禧追杀帝党，派人处死了陈宝箴和张荫桓，还要任两广总督的李鸿章掘康、梁祖坟，被李拒绝了。从《马关条约》里起死回生，从欧美各国游历归来，李鸿章如《国闻备乘》卷一所言，尽显其“英雄本色”。

洋人之于李鸿章，如湖湘子弟之于曾国藩，不乏欲其为帝者。伊犁之役，戈登远至，李欣逢旧雨，劝戈登再助朝廷西征，戈登许诺。为此，俄人抗议，戈登表示，愿脱英军籍。遍观淮军，戈登更喜欢“盛军”一支，便说：“率此以往，足以御敌矣。”当时，王公大臣十余人对此举都没主见，唯视恭王言行为进退，恭王一启口，则群声相应，但唯唯诺诺之间，未置可否，无一语得其要领。戈登怒归，对李鸿章曰：“速予兵五千，先入京清君侧，再议西征。”见李氏并无帝欲，戈登竟不欢而去。同治帝逝，无嗣子，法使热福理也曾说：“不如李某为帝。”八国联军至京，欲立新帝，有言立曲阜衍圣公为主者，有言立明朝之后者，瓦德西至，使德璀琳对李鸿章说：“各国军舰百余艘拥公为帝，可乎？”李笑谢之而罢。

唐德刚《袁氏当国》提到，慈禧挟帝西逃时，消息杳然，东南无主，当地督抚便曾有意自组美国式的共和政府，选李鸿章为总统，李亦有意担任，后因两宫又在西安出现，乃作罢。然而，首倡以李鸿章为总统者，竟是朝廷专门安排的李的反方——湖广总督张之洞。张以一旦北京不保，两宫罹难，即推李为中国“总统”，主持大局。读史至此，我们才懂得陈寅恪先生为何那么推崇张南皮：“当日英贤谁北斗？南皮太保方迂叟”；为何自认为“思想囿于咸丰同治之世，议论近乎湘乡南皮之间”了。

后来，孙中山到武汉，对张的评价是“不言革命之大革命家”。孙如此评价，乃基于武昌起义，张治湖广二十年，兴学校，办实业，练新军，客观上为革命作了准备。原其所欲，虽不离忠君爱国，观其所行，亦不过变法改良，但他已与传统有别，因为他已经有了立宪思想。何以见得？此由陈宝箴能雷厉风行推新政于湖南可知也，若非张之洞支持，陈难有那一番新政成就；更由其倡导东南互保于国难时可知也，阻废立，保皇上，他不及刘坤一，也不如李鸿章，可捍卫国权，深思远虑，他当仁不让。

他以李鸿章为总统，在东南互保的背后，布了一个东南共和的局。历史上，唯西周有过周召共和，他要在清末，与李鸿章联手，再造一次共和。其时，不光张之洞，连孙中山都对李寄以希望。还有章太炎，早就说过“今世足以定天下者，无过相国”，这一回，他再次上书李鸿章，请以两广独立，为东南各省表率，极力鼓吹：“某等所望于公者，则明绝伪诏，更建政府，养贤致民，以全半壁。”

李本人也很自负，《清史获野录》云：庚子六月，李奉命入都议和，人言：“公已调补北洋矣。诸领事今晨已得电，皆额手相庆也。”李忽拈髯自语曰：“当今之世，舍我其谁!”观其口气如孟子，然于此时言之，乃伤心人扶危定倾，欲以“我不下地狱谁下地狱”为之也。已而又曰：“百足之虫死而不僵，京师难作，根本虽已摇动，然慰亭蜒柱山东，香涛、岘庄皆有定识，必联络保全，不致一蹶不振。”其中“慰亭、香涛、岘庄”，乃指袁世凯、张之洞、刘坤一等，诸公尚在，能同心协力，国家还不至于颠扑。

此行，他已抱定了“死而后已”，人问：“万一都城不守，公入京当如何办法?”他说：“必有三大问题：剿拳匪以示威，惩罪魁以泄愤，先以此二者要我，而后注重兵费偿款，此势所必至也。兵费赔款之数目多寡，此时尚不能豫料，唯有极力磋磨展缓年份，尚不知做得到否？我已笃老，尚能活几年，总之当一日和尚撞一日钟，钟不鸣了，和尚亦死了。”此刻，他像老师当年一样，有了想死的心。

# 85. 庚子之春醒来的良心

1900 年春，一个寒冷的清晨，赛金花乘火车前往北京。

火车开到马家堡就进站了，她下了火车，去乘有线电车。

津卢铁路虽然早已通车了，可赛金花在京津两地走动时，并未乘火车，因为，在马家堡下了火车，要进城还很不方便，直到 1899 年，德国西门子公司承建了马家堡至永定门的有轨电车线路之后，从津卢铁路进京才方便起来，这是她第一次由津卢路乘火车转换有轨电车进京。

这条铁路，是刘坤一提出来修的，本来，李鸿章要修津通路，从天津到通州，由通州进京，光绪帝已批复“依议”。可山西道监察御使屠守仁却上了“请毋建津通铁路疏”。

接着，又有近五十位官员，纷纷上疏——“仰恳宸断，既行禁止”。

修路遂成僵局，张之洞提出改修卢汉路，自卢沟桥起，经行河南，达于汉口，千余里，纵贯三省，全线分为四段，逐段完成，成一段通车一段，以路养路。于是，皇帝谕曰：“即可毅然兴办，毋庸筑室道谋。”修路遂为国策。张之洞也被调往武昌，改任湖广，与李鸿章一道，修卢汉路。

可卢汉路还是没有解决从天津到北京的问题，所以，刘坤一又提出修津卢路，将线路由京东通州改为京西卢沟桥，避开了东陵的风水问题，铁路修到丰台，还建了丰台火车站。

而次年，卢汉铁路才开工，马家堡火车站也动工了，与丰台站接轨。以马家堡为枢纽，津卢路与卢汉路也接轨了，当时的马家堡车站由英国人监造，按客货混用功能设计。

当拳民由山东、河北向京津一带蔓延时，从天津的老龙头车站到北京的马家堡车站，沿津卢路一线，混混摇身一变，成了义和团，如屎壳郎滚球，越滚越大，迅速集结起来。

赛金花一进京，马上去见约她来的立山大人。立山，本是老佛爷的人。当年修颐和园时，他便是内务府的郎官，发了财。一步一步爬上来，爬到户部尚书和内务府总管的位置。

他的职务，包揽了朝廷财政和宫廷后勤。为国理财，他没什么本事，可将银子从朝廷挪到宫廷，却颇有神通，靠了这本领，他不停地将银子从朝廷往宫廷里搬运，深得老佛爷信任。

赛金花来了，向立山谈了她一路的见闻，告诉立山，义和团涌入京城。

这些义和团，都是从哪里来的呢？她不清楚，只知道从天津到北京，义和团川流不息地进城，京津一带，几乎就成了义和团的天下，她问立山，立山告诉她，太后派人调查去了。

还说，义和团进京，载漪那家伙最起劲，当初给他封王就搞错了，太后想栽培他，将他过继给了瑞敏郡王，可述旨时，将“瑞”念成了“端”，将错就错，那家伙居然错成了端王。

当年封王就封错了，太后还要将他的儿子封为大阿哥，就更是铸成大错。

自从他那宝贝儿子被封为大阿哥，他就更是来劲了，专门与皇上作对，设法找皇上的碴儿，看我管着朝廷的钱财，他的小手就恬不知耻地伸来。他以大阿哥的名义花钱，花得纸醉金迷，可皇帝那么苦，连我都收敛了，哪能让他乱花钱？我去找了老佛爷，说花钱要有规矩，老佛爷同意。

从此大阿哥花钱，都要先将单子报给老佛爷，没有老佛爷谕旨，对不起，一分钱不给。是我一时意气，也许我还有那么一点正气，我得罪了载漪。可这家伙，哪能得罪的起？连李莲英都陪小心，而我却把他顶了回去。要是他儿子做了皇帝，肯定要将我打入地狱，即使老佛爷信任我，可她百年之后呢，我靠谁去？落在他手里，我生不如死，还不如现在就跟着皇帝。老佛爷要将权力收回去，我们没意见，因为皇帝是她所立，是她带大，权力也是她赐予。可她要把权力给了大阿哥，谁也不会同意。

别说我了，你去问问老臣李鸿章，问问庆亲王奕劻，他们谁会同意？

这个大阿哥，从小就顽劣无比，你让他读圣贤书，他说，还不如玩泥。

他的老师崇绮见了他就头疼，就唉声叹气，说他成日里跟着太监玩泥，用泥捏了许多小人，给这些小泥人起一连串的名字：李鸿章、奕劻……然后命太监用绳子将它们统统绑起来，砍头去。这还不是他老子教的？连没得罪他老子的李鸿章、奕劻都要被砍头去，何况得罪了他老子的我呢？

我给皇上糊了一下窗纸，连李莲英都没说什么，可他老子就连忙去告密，唯恐皇帝不死，迫不及待要给我打击，我知道，我早晚要死在他们手里。载漪的弟弟载澜，不是还打过你的主意？他就更不是个什么东西，嫖妓的时候他是天王老子，掏钱的时候就装孙子，他的相好跟我了，就妒忌。

这一家人对义和团最感兴趣，因为官僚机器他们玩不转，想借义和团来浑水摸鱼。他们摸透了太后的心理，知道太后要强，咽不下废立那口气。经元善不是以民意阻止太后废立吗？他们就鼓动她，说废立不能靠官僚机器，而要以民意，用民意将皇帝拉下马去。可民意在哪里？义和团来了。

义和团要“扶清灭洋”，这还不是民意？“扶清”不是扶皇帝，而是扶我大清朝的祖宗之法、老规矩；而“灭洋”，不光灭洋人，还要灭洋玩意儿。皇帝要搞的报纸、学校、议会、民主，都是洋玩意儿，统统要灭，正好一箭双雕，把皇帝和洋人都灭了。说得老佛爷半信半疑，就派人调查去。

这回，我铁定了要跟皇帝站在一起，不怕死，大不了跟六君子去！

## 86. 立山愿为皇帝而死

在御前会议上，立山变了，变得毫无保留地支持皇帝。

立山的转变，出乎太后意料，奴才背叛了主子，他就得死。

可立山却很自豪，他不怕死！过去他掌握财政，从未意识到自己是大臣，他自认为是太后的奴才，直到临死前才觉醒，做了一回大臣。生死关头，他终于跟皇帝站在一起了。

与其做奴才活下去，毋宁做大臣去死。那一回，他给皇帝糊窗户纸，被太后责罚，让太监来掌嘴，他连忙自己打自己，打得很重，一边打一边叫该死，这是今日之我打昨日之我。

事后，他说，我不能让阉人掌嘴，昨日之我已死，今日之我方生。

今日之我已非太后奴才，而是皇帝的大臣。开了四天御前会议，他都支持皇帝，从此他理解了皇帝变法，除了为国家的命运，还出自高贵人性，一旦人性觉醒，人就有了自尊。

可专制者哪里懂得自尊？在太后眼里，只有两种人，主子和奴才。她是大清朝最高的主子，连皇帝都是她的奴才，她不理解人性，更无法容忍自尊。一个男人的自尊，其价值甚于他的生命，他不怕砍头，但再也不能被掌嘴，太后无法容忍他的转变，就像她当年无法容忍皇帝变法一样。

载漪熟悉太后脾气，摸透了她心思，不待她下旨，就带了义和团将立山捉去。

还请了义和团师兄用神功来查他是不是“毛子”，一查，还真不是。不过，却发现了立山家用“地道”接济教堂，于是，抄家！抄了立山的家，载漪去请旨，太后哼一声，便听之任之。

可怜立山，死都不明白，为谁积累家产，这些年来，把他养肥，就为这一天。

当年，乾隆抄和珅，道光抄琦善，就因为朝廷要花钱，现在载漪抄立山，朝廷却没控制局面，抄来钱财，还没进朝廷，就被分光了。还有载漪一家私吞，太后闭着眼睛都能见，哼！

有人为立山奔走，去劝说太后，万一太后改变了主意，放了立山出来，别说政治上的平反了，光他家的钱财，就没法交代，因为太后没见到银子，可能会改变主意，要趁热打铁，将立山处死。他向太后请旨——同意！太后没问他银子，对于奴才来说，这就是德比天高，恩比海深了。

这一天终于来了——死！立山放下了一切，包括他的家，还有他自己。

可他心里却放不下皇帝，皇帝还好吗？是皇帝，使我人性觉醒，有了自尊。

还有她——赛金花，我也放不下。有了她，我才懂得什么是爱情，才理解了皇帝对珍妃坚贞不渝之心。她在哪里？我走了，靠谁去？六君子先走了一步，五大臣接踵而来，走向菜市口。

菜市口啊，菜市口，这里的冤魂你还嫌少？我来了！我来了！六君子之死，惊天地，泣鬼神，我看见了他们的忠魂，高蹈云端，向我呼唤，还有袁昶、许景澄，他们死得那么安详，谈笑风生，连老态龙钟的徐用仪都焕发了青春，更有我的满人兄弟联元啊，与我携手，愿为皇帝而死。

为皇帝而死，死得其所，死得其所啊！这是皇帝的魅力，太后啊，你不懂，也没有这样的真正的人的魅力。高尚是高尚者的墓志铭，卑鄙是卑鄙者的通行证，六君子，五大臣，我们宁为皇帝墓志铭，不要奴才通行证。我要在自己的墓志铭里，写上一句话：立山啊，你是一个高尚的人。

哈哈，有人在为我喝彩，那不是我的兄弟盖叫天吗？感谢你啊！

好兄弟，来为我送行啦，让我也吼一嗓子吧，听啊！那穿云裂石的一吼，啊……

# 九 女子与小人的故事

# 87. 假打与真打的辩证法

联军破城前，传教士和各国使馆人员，惶惶不安。

他们躲在东交民巷使馆区和西什库教堂，照会清政府。

照会没有答复，德国公使克林德便坐轿前往总理衙门。

行至东单牌楼，遇清兵巡街，克林德一怒，先发一枪，没有伤人。

清兵还击，轿夫逃命，克林德被击毙，德军赶来时，清兵已无踪影。

德皇闻讯，震怒，次日，即调海军远征，并亲自送行，来中国复仇。

而清军也开始配合义和团围攻使馆。慈禧赐义和团粳米两万石，银十万两，十几万人攻打使馆两个月，没攻下只有几百人防守的使馆区。战争开始了，载漪风光满面，而荣禄却不动声色。荣禄手下一军官，架起开花大炮，远远瞄准了使馆区，正欲放炮，忽然灵机一动，请示荣禄。

荣禄亦灵机一动，说，你只管开炮，让老佛爷听听就行了。

军官得令，调转炮口，大放空炮。老佛爷声声入耳，心花怒放。

荣禄识大体，他知道太后心虚，不能不“打”，又不敢真“打”，还不能去请示打还是不打。“打”是讲政治，以打画线，画出两条路线。“打”是太后路线，“不打”是皇帝路线，“打”与“不打”是路线问题，而“真打”“假打”，则是策略问题。路线要坚持，策略可权宜。

打使馆是清君侧，逼皇帝，不是军事，而是政治。军事在天津，天津守住了，使馆还不是如釜底游鱼？可天津守不住，使馆敢真打？万一破城……关键在天津，天津要真打。

可谁能真打呢？聂士成！聂士成能战，但不讲政治，他要镇压义和团。

聂的曾孙聂先遂先生说，他的曾祖战死后，洋人肃然起敬，而朝廷反而看轻，入殓时，仅有二十几个清兵系白带送丧，官员无一人临唁。当直隶总督裕禄请赐抚恤时，慈禧旨曰：“误国丧身，实堪痛恨，姑念前功，准予恤典。”为什么一个为国血战捐躯的将军会成为罪人？

聂阵亡那天，裕禄召见了他，将一份电报塞入他手中，电报是上谕，说他“擅杀爱国分子，着即正法”。裕禄安慰他：出战吧，如战胜，保你不死！可他怕死吗？一点也不怕。

回去穿上黄马褂，横刀立马，在炮火中分外耀眼，如同一尊战神。

他不光与联军战，还与义和团战，在政治上，他既非帝党，亦非后党，只是一位职业军人。可朝廷要用义和团，是义和团要杀聂士成。联军也要杀他，不杀他，就不能进北京。

聂镇守天津，仅有十营兵，他“三分其军”，一部驻守芦台，一部守护京津铁路，亲率一部进攻紫竹林。联军反扑，聂军退守八里台，无援军。他大呼：“此吾致命之所也，逾此一步非丈夫矣！”

话音未落，炮弹就炸开了，弹片击中他的腹部，肠子流出来了。

紧接着，“一弹由口穿入”，“一弹洞穿太阳穴”，“最后一弹伤胸膛”。

聂士成一死，没过多久，联军就攻破了天津城，裕禄兵败自杀了。

而太后却下令停止攻打使馆和教堂，看来，还是荣禄有先见之明。

联军破城时，义和团以为洋人炮火是邪术，将便桶、裹脚带及其他污秽物，挂满在城上，悬了一日，没听见枪声响，就说洋人的枪炮都破了。其实，洋人看见北京城上挂满了飘扬的白布带，还以为是降旗呢，又见挂着一个个圆东西，正不知是何物，便去探听，原来是马桶，轰！

洋人搞不懂老佛爷的辩证法，打又不打，不打又打；也搞不懂义和团的战法，此法，看似荒唐，却出自兵法，号称兵阴阳家。管它什么兵法、辩证法，一炮打过去，洋人进城了。

一进城来，又看不懂啦，城楼上坐着一位道士，双手合卜，闭目打坐，洋兵进来，他一概不理，可能自以为“枪炮不入”吧。洋兵也愣了，怕枪子打过去会弹回来把自己打死。

结果来抓阄，被德国兵抓着了，咬住头皮开枪，道士死了。联军进了城，就以为德国公使克林德复仇的名义，逢着男人便杀，逢着女人便奸，逢着人家就抢，抢完就放火……

# 88. 是友谊当然还有战利

八国联军已攻占天津，在市中心的鼓楼上架起大炮，开炮。

自鼓楼迄北门外水阁，积尸数里，西门死者无数，海河漂尸。

城内官署、钱庄、商店、工厂、仓库、民宅均遭抢劫。仅长芦盐务署一处，被抢劫的银两，就可以堆成一座高三十英尺、宽三十英尺的银山。还有造币厂，几百吨存银也被抢光了。

天津人都在往外逃，赛金花也逃，雇了一辆马车，沿小路，向杨村方向逃。

一路上，她看见有很多老百姓都逃往通州，一打听，才知道，人们听说通州是“太平州”，有神灵保佑，所以来投，赛金花也没有别的主意，跟着逃往通州。到了通州，找了一家客栈，包租了一个跨院，可刚住下来，就见通州有钱人家，也都纷纷出逃，看来，这“太平州”也不太平了。

于是，继续往北走，到北京去，好在通州离北京已不远了。出了通州南门，没走多远，就见有十几个官兵在前面抢劫行人，车夫害怕了，说给多少钱也换不来他这条命，不肯走了。

赛金花无奈，改走水路，向运河方向走去，走到八里桥，停下来歇息一下。

不料，来了十来个散兵，躲不成，便与他们说话，他们自称是直隶总督裕禄手下的人，裕禄大人兵败自杀，他们护送灵柩回京。谈了没几句，就来翻行李，拿了一些东西，扬长而去。

赛金花找到一条船，从运河进入北京。在安定门一家剃头棚子里小憩一下，就过来许多人问沿途情形，听了都摇头，看来，北京也是乱纷纷，她听说，刚杀了五大臣，其中就有立山。

这可如何是好？立山死了，她无依无靠。住了没几天，北京城就被攻破了。

一天晚上，她住家附近，有一宅院起了大火，原来是一位官员全家自焚。

据说，当时像这样自杀的清朝官员就有两千余人，这究竟是一种什么精神？

她去立山府上，看立山的家人还有没有幸存，一进门，正赶上联军抢劫，赶紧跑了出来。一路上，她看到洋人追杀老百姓，就跑回家，插好门。此时，慈禧太后正在作逃跑的准备。

1900 年，两个女人，一个逃难，逃到北京；一个要逃跑，逃往西安。

赛金花去南城找房子，南城被德军占领，街上站满了德国兵，端着枪，盘查来往行人。她硬着头皮前去，一路上，被多次拦问。亏她曾随洪钧出使德国，会说德语，就用德语回答他们。

终于在南城安顿下来。刚要好好休息一下，就有人来敲门，她一听，是德国兵。

她起身，开了门，用德语，对威猛的德国兵说：“我是你们德国皇帝威廉二世和皇后维多利亚的好朋友，跟你们俾斯麦首相也是老相识。”说着，转身就从柜子里，翻出了一张老照片。

那是她当年同德国皇后维多利亚在皇家花园里的合影。维多利亚雍容华贵地坐在一张藤椅上，赛金花站在她身旁。德国人认出了皇后，立刻向照片和赛金花行举手礼，毕恭毕敬。

临走时，还对她说，他们一回去，就要向统帅报告，让她在家里等好消息。

第二天一早，那几个德国人坐一辆大马车，真的来接她了。轿车驶入中南海西苑，直往仪鸾殿方向去。她从未进过皇宫，也不知是谁邀请了她，跟着德国人就进来了，瓦德西在等她。

她第一眼，就认出了这位年近七旬的老军官，原来就是瓦德西！

一身戎装，还有一撮绅士胡，他怎么跑到中国来了？他们可是老相识了。

她在德国宫廷里，见过俾斯麦，俾斯麦和她握手时，这位红面银须、目光炯炯的老人，用洪亮的声音，当面赞了她一句：“美丽。”后来，《赛金花自述》说道：“有名的俾斯麦宰相我也见过，是一位精神矍铄的老翁，长长的胡子，讲起话来声音极洪亮。”瓦德西呢，她见过吗？

当然见过，至于她说瓦德西与洪先生常来常往，这倒很难说，可至少有好几个场合，他们都应该见过，例如，在德皇威廉一世举行的宴会上，瓦德西也应该在场；在出席吊唁威廉一世逝世的追悼会上，瓦德西不可能不在场；在参加德皇威廉二世登基典礼上，瓦德西无论如何也要在场。

至少在这样一些涉及到国家礼仪典制的场面上，他们见了多次，在清使馆举行的招待宴会上，洪钧遍请德国要人，不可能将瓦德西遗忘，因瓦德西曾继毛奇任德军总参谋长。

瓦德西吩咐侍从端来两杯咖啡，二人就攀谈起来。她先问了瓦德西的近况，瓦德西告诉她，是德皇威廉二世派他到中国来做八国联军统帅的，德皇先向俄国沙皇推荐了他，各国也没有反对。他本想来中国打一两场像样的仗，对得起德皇授予的元帅勋章，可他一来到中国，战争就结束了。

接着，她又问了瓦德西夫人玛丽，赞叹他们老而弥坚的爱情。而自己却因洪钧之死沦落风尘，现在又因为战争而流离至今。瓦德西怕她伤感，一再表示，能和她相遇，真要感谢上帝。

然后，提议：“我们该用餐了，能和您一起用餐，非常惬意。”

她欣然应允。饭后，瓦德西陪她游憩，直至日落皇宫，她才告辞。

瓦德西拿来礼物，两套青缎绣花夹衣，一只装满了银元的小箱子。带着依依惜别的伤感，她收下了这份礼物——友谊。也许有人会说，这可能是侵略者的战利，算什么友谊！

我们无从考察这礼物的来源，瓦德西送她礼物，肯定出于友谊。

而她收下的也只能是友谊，他们两人之间，没有战利，唯有“旧雨”。

## 89. 皇城——“一沟绝望的死水”

对于联军在华抢劫，瓦德西持批判态度。他说：

那么多珍品，被以最粗鲁的方式对待，都被毁掉了……

还说，很幸运，德军没有参与这样的抢劫，抢劫使人对这场战争的性质感到幻灭。他报告德皇，在天津，德军没有进城，在北京，德军是在抢劫结束之后才到达的……

他在日记里，毫不隐讳地记叙了联军的抢劫行为，他说：

英军的抢劫是相当有制度的，抢来的东西要集中放在一处，以便日后拍卖，拍卖收入由军官分配，而士兵根本不能理解没有劫掠的胜利有什么意义。日军的战利品，必须上交国家，国家肯定收获了可观的数目。俄军的抢劫，以最原始最野蛮的方式进行，东西被扔得乱七八糟。

当英军进驻颐和园时，发现所有贵重物品都不见了，而俄军撤出，英军进驻，间隔极短。颐和园的珍品，竟然被这样的俄国人抢走，连普鲁士王室送给清帝的礼品也被他们抢了。

在德军抗议之下，他们才将普鲁士王室的这件礼品转交给我们。

中南海被两个连俄军占领，可能有些珍贵物品被贼偷走，但不可能很多。

可现在发现绝大部分有价值的东西都没有了，只留下那些拿不动的物品。这就是贪婪的俄国人，缺乏最起码的文明标准。法国人在抢劫方面也不落人后。而美军，抢劫虽被禁止，但美国官兵的冒险性使他们无视禁令。关于美国人的抢劫，高帝写的《野史记》里有一则“胭脂扣”的故事。

据说，琉璃厂街上住着一户姓彭的人家，在美国军队的辖内，某日，来了四个美国兵，一人守在门口，三人进了内室，很客气，同每位女眷都握了握手，就开始翻箱倒柜，搜完了，还向主人鞠躬行礼，然后，又到别家去。一个月之内，这一条街上，家家都被美国兵搜刮了一遍。

彭家老二冥思苦想了一夜，天一亮，他就一个人到美国兵营去，要求见美军长官，家人以为此去多半就回不来了，不料，过了晌午就回来了。第二天，美军长官就出了告示：要中国商民预备胭脂水和煤油，若有美军入门，即以此水洒其衣上，留下痕迹，以便究办，此后再无美军来搜屋了。

这位彭家老二，就是后来辞官创办《京话日报》开民智的彭翼仲。

联军里，像美军长官这样的，不会只有一人，例如，还有那位写了《北京的陷落》的名叫绿蒂的法国人，他当年就是远征中国的法国海军军官，亲眼目睹了一个古老的文明是如何被杀死，而他忍不住要为这古老的文明唱挽歌。抢来的宝物，他见得太多太多，以至于有些厌倦了。

他说：即使在最古老的柜子里的最惊人的发现，也不再使我们惊奇。

我们对房间的装饰物品已不感兴趣，因为它们只是过眼云烟。

说到新发现，我们今天早上看见了一堆尸体：这是皇城最后的守卫者。

他们死在战壕里，乱七八糟地堆在那边，可仍然保持着死时可怕的姿势。

乌鸦和饿狗早已下到坑道中将他们的胸膛掏空，吃掉了死者的肠子和眼珠。在这堆无肉的死尸中，还可以看到衣服碎片中扭曲的脊梁骨。几乎所有的尸体都没有头发：和那些食肉的乌鸦和野狗一样，一些中国人也下到深深的坑道里，将死者带发的头皮割下来做假发辫卖钱。

这哪里是战败？是文明在腐烂！被炮火击落的文明，正在生蛆。

如此情景，便是“一沟绝望的死水”，历史本身更甚于诗人的想象力。

# 90. 妓女救国太后保命

将死的文明，也会呈现新的生机，彭翼仲就是，赛金花也是。

他们做一些事情，并不认为是在救国救民，更没有什么修齐治平。

那些救国救民的家伙都逃走了，那个治国平天下的老女人，只知保命。

为了保命，她可以推卸责任，以至于连法国公使毕盛都认为，端王、董福祥、刚毅三人联盟，给她施加了很大的压力，还说她，表面上权力很大，实际上是那些亡命徒的傀儡。

这样的看法，当然是在保她，她也就顺水推舟，把罪行都推给了他们。

不光法国公使这样认为，连瓦德西恐怕也会所见略同，因为赛金花就这样劝他，说，杀死克林德公使的是义和团，不是太后。还说，太后终日在宫里垂帘听政，哪里知道外面的事？

她先指明凶手不是太后和良民，继而细诉民众罹难之惨，最后则哀哀恳求，说：百姓受义和团蹂躏，已不聊生，联军放纵士兵，使妻被奸，夫被杀，儿遭马踏，父被火焚，死者弃尸，生者流离，携幼扶老，女哭男号。而义和团早已逃的逃光，杀的杀尽，请整肃军纪，下令安民。

瓦德西对她的话竟然赞许，并以错杀良民引为己咎，自责不已。

有一天，赛金花来到瓦德西的军营——炮台营，地点在琉璃厂。

瓦德西托她办军粮，她说，粮台是大事，小女子哪会办呢？瓦德西说，你很机灵，熟识北京情形，除了你，没有更合适的人了。其实，北京城里，有得是买卖老手，但他们对中国人不放心，赛金花应了办粮差事后，他们都高兴得不得了，当时倒了几大玻璃盅的麦酒，同祝好运。

那些洋兵也饿得够呛了，从欧洲带来的粮食，船上就已吃了个七八，到了北京，真是一袋麦粉也没有了。可中国人的店铺，谁家还敢开门？于是，他们就去抢，抢到两个鸡蛋，比抢了黄金还要开心，不知怎的，他们竟然那么喜欢吃鸡蛋。她由几个卫兵陪伴着，骑马跑到前门。

一看，铺家都不开门，她真是一筹莫展，只得逐家店户，一一敲门。

起初，那些店户谁也不敢承办这个买卖，后来，她对他们说，洋人是最公道不过的，不扣钱，不欠账。军粮有赛二爷做主，你们尽管承办。她当时在北京颇有名气，曾由立山介绍，与卢玉舫拜把，因卢年长为大称卢大爷，所以人称她为赛二爷，那些店户听说赛二爷出面，才敢应承。

当时她派定了十个粮食的掌柜，运粮到兵营里，不料，这粮车行到街上，便被那些饿鬼投胎的兵士抢了，这一来，倒弄得她为难了。咋办？她回到军营，报告瓦德西，瓦德西就给了她十面德国旗，插在粮车上，然后德国兵的肚子才有了救星。后来，各国军粮由瓦德西介绍，都归她办。

她说，我有何德何能救国救民？我只是为自己，为周围的老百姓，做了一些事情。她对瓦德西说，是义和团要杀洋人，不是北京老百姓，要区分。她告诉老百姓，联军没有吃的，就要来抢，与其让他们来抢，还不如跟他们做生意。联军有了吃的，也就收敛一些了，老百姓又渐渐安居。

食色性也，吃饱了肚子，还需要女人，她劝他们不要像强盗一样去抢良家妇女，帮他们去找自愿的，一宵的代价是银子三十，当然会有人愿意。不抢粮食和女人，联军也开始讲政治。

瓦德西反对抢劫老百姓，可他对战争赔款却盯得很紧，开价很高。

反正他胸有成竹，不答应他条件，就要太后抵罪。法国人更异想天开，绿蒂在他的书里谈到了一种建议，他说：一位了解中国的人向我们的将军建议，那些陵墓中皇帝的陪葬财宝，完全可以支付欧洲索要的战争赔款，可以用窃取墓中财宝来威胁太后和皇帝。这样，他们就会迅速返回北京，并马上答应一切条件——签协议。可幸运的是，没有一个国家愿意采纳这种下三烂的建议。

谈判一开始，他就提出“祸首”问题，要逃到西安的那位老女人替克林德公使偿命，吓得老女人天天胆战心惊，环顾朝廷，还有谁能救她的性命？她想起了李鸿章，也只有靠他了。

对于上次李鸿章称病，她怀恨在心。为什么她跟洋人宣战，他要作壁上观？那分明是站在皇帝一边！让他进京赴命，他称病不行，搞“东南互保”，却雷厉风行，她好伤心！

不过，这次还得靠他，授他全权，请他救国救民救命，当然是救她的命。

她有一个底线，只要能救命，可以“量中华之物力，结与国之欢心”。“中华之物力”究竟有多大？她开了这么一个无穷大的口子，要花多少银子？她不管，只管花钱，只要救命。

连瓦德西那么狮子大开口的要钱，她也不管，只要自己平安回銮。

## 91. 为何问“也许汉人做皇帝”

朝廷盼星星，盼月亮，盼得李鸿章终于出发了……

不过，他要先到香港，去见一见港督卜力（Henry Arthur Blake）。

因为卜力希望他能以两广独立，在中国南方建立一个新政府，所以，北上之前，李鸿章乘坐的“平安”号轮船先在香港靠岸。卜力在码头上已经等了很久，他在想什么呢？

据说，他“有意充当李、孙之间诚实的掮客”，“掮客”是卜力自谦，英国政府想做李鸿章和孙中山的后台老板，促成他们合作，搞两广独立，那倒是真的。他这样想，是因为还听说，反满起义就要在南方爆发，而“这个李总督正向这个运动卖弄风情，谣传他想自立为王或是当总统”。

“如果孙中山和李鸿章总督缔结一项盟约，对英国的利益将是再好不过了。”

他的心思，早已被李鸿章看透，所以，李开门见山就问：“英国希望谁做皇帝？”卜力说：“如果光绪皇帝对这件事情没有责任的话，英国对他在一定条件下继续统治不会特别反对。”

李再问：“我听说，洋人有这样的说法，如果义和团在北京把所有公使都杀了，列强就有权力进行干预，并宣布‘我们要立一个皇帝’。如果事情真的变成这样，你们将会选择谁？”

“也许是个汉人？”李停顿了一下，试着这么一问，也许他在问，是李还是孙？卜力答道：“西方大概会征求他们所能找到的中国最强有力的人的意见，然后作出决定。”李一听，就知道英国还没有最后拿定主意，而他早就拿定了主意，于是，就说“慈禧皇太后是中国最强有力的人”。

他这么一说，是不想再谈下去了，但他试探的目的已经达到，既然英国政府还没有作出决定，而孙中山又怕死，躲在海上，不敢到香港来露面，他还有什么好谈呢？想干天大的事，却没有斗大的胆，他只好半闭着眼睛"领之"，说实在的，这是客气，他应当闭上眼睛用鼻子"哼之"。

孙中山被朝廷通缉，就不敢来香港，而他李鸿章，难道就不怕被革命党和英国政府算计？事实上，革命党与港督当局已有过扣留李鸿章在香港的计划，那时，谁都知道李鸿章是中国的一张王牌，谁都想打"李鸿章"这张牌，对于英国政府的一举一动，其他国家也都紧紧盯着，毫不放过。

所以，他料定，英国人不敢冒天下之大不韪，对他下手，他完全可以来去自由，而孙未露头，则有如鼠辈，既然抱定了要来与他合作的宗旨，却不肯相信他能保证安全，提供方便。

他这么一试，就试出了两点，一是英国对于两广暂无明确打算，至少还没有形成一个可行的方案，在他和孙中山之间，还没有最后选定，由此可见，英国暂时还不会在两广地区采取行动，英国不动，哪国敢动？另一点，便是孙中山不足为虑，起码，眼下还不成气候，况且英国也不会让人在广东插手，再怎么说，英国对他还有所期待，即使要搞两广独立，不也还得等他回来？所以，他敢北去。

而卜力则认为，他无意冒险搞什么两广独立，而正准备扮演他将来在北京的角色，即充当中国的和平使者或是它的新统治者。可他才不在乎卜力怎么认为，英国人怎么看，他与朝廷之间的事，根本不必看英国人的眼色，更无须英国人来过问。总有人问他：想当皇帝吗？问的人哪里懂得，有他老师在天，他岂敢！他现在越来越理解他老师，越来越以老师为榜样，老师当年怎么做，他现在就怎么做。

老师想当皇帝吗？不想！他也一样，不想！老师想搞独立吗？不想！他也一样，不想！老师为了国家，敢与朝廷掰手腕，他敢吗？原来不敢现在敢。以往他好和稀泥，现在他敢硬碰硬——跟老佛爷掰手腕！为变法，他敢自称"康党"；为皇上，他敢问荣禄有几个脑袋；为保江山，他敢以最高指示为"乱命"，敢以"东南互保"与朝廷抗争；为救生民于水火，朝廷如垮了，他敢立个"东南共和国"。

可是，只要皇帝还在，他就是个保皇派！为了保皇上，他要扳倒"大阿哥党"。

# 92. 让奕劻去找赛金花



海轮，沿着海岸北行，三天之后，李鸿章赶到上海。

孰料，他不顾前来欢迎他的官员和记者，匆匆离开码头。

轮船上的水手，向人们透露了一个消息：中堂大人不走了。

因为他刚接到急电：天津失守，北京将不保，万勿冒险北上。

电报，是他儿子发来的。他本想在联军攻打天津之前赶到天津，以外交手段，把联军的攻击制止在天津城下。天津不失，京城可全，朝廷亦无恙。但现在，一切都晚了。

怎么办？电奏：奉命于危难之中，深惧无可措手，万难再当巨任。连日盛暑驰驱，感冒腹泻，衰年孱躯，眠食俱废，奋飞不能，徒增惶急。回电：事机甚紧，着仍遵前旨迅速北来。

三天后，又电奏：抵沪后触暑腹泻，本拟稍痊即行，乃连泻不止，精神委顿。因念国事至急，理当尽瘁，唯半月以来元气大伤，夜不能寐，两腿软弱，竟难寸步，医药杂投，曾无少效，拟恳圣慈赏假二十日，俾息残喘。此时，联军北攻，清军杨村一败，通州再败，已退抵京城。而京城里，义和团和清军，还在围攻东交民巷，李鸿章深感其苦口力谏之言，竟不能胜太后一念报复之心！

张之洞发来一电，欲示洋人，而为朝廷开脱责任，以“保全太后”，请他在电报上署名，他忍无可忍，回电：此次误听人言，致拳匪猖獗，责有攸归，此固中外所共知者。尊电一概抹杀，专咎新闻纸，似未足信。即经汉口领事转达外部，不必再致英总领事。若将各使护送赴津，自任剿匪，尚有办法，否则大祸降临，非百喙所能解。他这样说，是实话实说，是老师教他的那个“诚”字。

慈禧要他来救命，又不听他忠言，要他奉旨北上，又不授他全权，他心里苦不堪言，又不能言，只能在上海等，等得度日如年，终于等来了慈禧的授权：“着李鸿章为全权大臣。”

"全权"，意味着朝廷一切事务，都由他做主，慈禧还特别强调"朝廷不为遥制"。刘坤一的贺电跟着就到：恭贺全权大臣，旋乾转坤，熙天浴日，唯公是赖！还有比这更好的药？

他立即行使"全权"，发出一系列电报，要求朝廷，执行他的指示，迅速在全国采取政治措施，扭转形势，尽快惩办那些祸国殃民者，其中包括庄亲王载勋、大学士刚毅、总理衙门大臣载漪、左翼总兵英年、右翼总兵载澜、刑部尚书赵舒翘等还要朝廷"检讨"，向国人和洋人作交代。

他要朝廷停止逃亡，立即回銮，可慈禧怎敢？除了回銮，她准备一切都照办。

慈禧逃到西安，下令各省应解京钱粮均转输西安。此令一下，于是南漕改道，经由汉水入紫荆关，溯龙驹寨到西安，成本倍增。她带着朝廷到了西安，西安本是废都，何况又连续大旱了三年？毁了北京城，她又来祸祸西安，每天的消费，都要按照皇宫大内的标准，地方官哪能糊弄朝廷？

仅御膳房，就分荤局、素局、菜局、饭局、粥局、茶局、酪局、点心局，每局都要数百两银子。可西安老百姓是否有饭吃，北京老百姓能否安居？她不管。派人去湖北，催张之洞送钱，没钱，就卖官。卖了数不清的官，囤了无数的钱，她为回北京作打算，就等李鸿章谈判，谈好了才回銮。

李鸿章终于从上海动身了，1900年9月29日，"平安"号平安到达天津。迎接他的，竟然是一队由俄军官兵组成的仪仗队，为"平安"号护航的，竟然是一艘俄国军舰。本来，各国已经串通好了，要在码头上给他"一个明显的冷淡"，没想到他一亮相，俄国人就如此捧场，这才是李鸿章！

各国对此，均大惑不解，眼看着李鸿章，被俄国人簇拥着走下轮船，在俄军的护送下前往天津，在俄军的保卫下进入寓所大门。后来，各国才知道，那艘俄国军舰早已开赴上海，俄国单边行动，用军舰迎接李鸿章到天津来，可李鸿章有李鸿章的派，他要坐自己的船，俄国军舰才改为护航。

对俄国人的做法，反应最强烈的是德国人。一个德国上尉用“粗鲁的语言质问俄国人为什么要穿上礼服来欢迎这么一个人物”。刚到天津的瓦德西表示“拒绝接见李鸿章”，说他“只管战事，不管交涉”。连在上海已经和李鸿章会晤过多次的德国新任驻华公使穆默，也拒绝和李鸿章见面了。

李鸿章在天津待了十来天，做了一些谈判的前处理工作，就赶往北京来了。

我们不知他是怎么进京的，津卢路已被义和团破坏，此时修好了吗？到了北京，他依然还住在贤良寺里，联军宣布除了“两个小院落仍属于清国政府管辖”之外，整个京城由各国军队分区占领。那两个小院落，一个便是李鸿章居住的贤良寺，另一个是参加与联军议和谈判的庆亲王的府邸。

不久，联军便照会李鸿章和庆亲王，提出议和谈判的六项原则：惩办祸首；禁止军火输入中国；索取赔款；使馆驻扎卫兵；拆毁大沽炮台；天津至大沽间驻扎洋兵，成立临时军政府。

慈禧一手酿的血酒，血雨腥风的酒，要李鸿章来替他喝，有了“全权”那碗酒垫底，什么样的酒，他全能喝，联军要惩处战犯，瓦德西开了一单，李鸿章照单接受，呈给慈禧，慈禧赶忙发布上谕，将载勋、载濂、载漪、载澜、载滢、溥静、英年、刚毅、赵舒翘等人给予个革去爵职的处分。

但各国都说处理太轻，对这些人都要处死，李鸿章做做工作，她赶忙表示同意。连续两次下令，除了令载勋、英年、赵舒翘自尽和将山西巡抚毓贤处死外，还将载漪、载澜定为斩监候，发配新疆，永远监禁；将已身死的徐桐、刚毅、李秉衡革职，将董福祥革职，还将启秀、徐承煜定为死刑。

惩处了战犯，还有平反，给五大臣平反，给珍妃平反，慈禧逃跑时，珍妃说了句“皇帝不能走”，就被慈禧命太监扔在井里。李鸿章以为这样就可以向洋人交差了，因为一次就处置了这么多王公大臣，这在大清朝是还是破天荒第一次。但各国公使们不买账，还要太后和皇帝回来算总账。

算什么账呢？算“皇帝赔罪，太后偿命”的账，瓦德西手里拿着这本账，动不动就拿出来，李鸿章先躲着瓦德西，他请俄国公使从中斡旋，还是用他的老法子：以夷制夷。瓦德西很不满意。瓦德西本来就讨厌俄国，认为俄国人的抢劫档次都低，让俄国人来斡旋，倒霉的是李鸿章自己。

这碗酒，李鸿章无论如何也喝不下去，他日复一日，“竭力磋磨”，每当聚议时，一切辩驳均由他陈词；所奏折电，概出他之手。他终于病倒了，可他还是有办法，让奕劻去找赛金花。

# 93. 书寓里的维新女子

赛金花在上海开书寓时，她的名字不叫“赛金花”。

那时，洪钧一死，她就被逐出洪家，自己跑到上海来了。

她在上海改了个名字，叫“曹梦兰”，她姓赵，赵与曹音似，洪钧称她“梦鸾”，梦兰与梦鸾相近，她的“梦兰书寓”开业的那天，办《时务报》的汪康年派人去采访过她。

汪康年在上海，也算是四马路上的老报人了，当然知道这位“状元夫人”。梁启超一来上海，就听他谈论“状元夫人”，这也是“时务”——四马路上的时尚文化的一部分？

四马路上，妓女谈时务，文人言时尚，《时务报》就办在四马路上。

只有在四马路上，“时务”很快就能成为时尚，时尚决定发行量。《时务报》初发行，只数月，发行量就在一万二千份以上，最高达到一万七千份，创了我国自有报刊以来的纪录。

真是举国趋之，如饮狂泉，梦兰书寓就有《时务报》，时务在花国成了时尚。

上海开埠以后，我国文化便有了京派、海派之分，而海派文化就在四马路。当年，英国伦敦布道会传教士麦都思在此传教，故称“布道街”。他在附近的望平街，开“墨海书馆”，雇用了一批落拓文人——“秉华笔士”，来传教和传学。因此，谈海派文化，不可不谈麦都思和“秉华笔士”。

“秉华笔士”中，有几位中西会通，为我国近代文化开山的人物，如王韬、李善兰等，有了他们打底子，“墨海书馆”就成为海派文化的渊薮了。此后，这些“秉华笔士”，从“墨海书馆”放射出来，使总长不过1453米的四马路及附近的望平街上，兴起了无数报馆、书馆、印刷所。

1872年，英商美查在此创办中文报纸《申江新报》，即《申报》，从此，四海报人、笔士接踵而来，聚集于此，海派文化亦由此而兴矣。四马路一直在变，先是变成布道街，预示了海派文化的一方面，后来又变成福州路，展示了海派文化的另一面。布道街为什么会变成福州路呢？

因为第二跑马厅的兴起，将英租界拓展至西藏中路，工部局给新的四马路命名时，作为该局五董事之一的名叫马太提的英国人，建议改为福州路。当初，他乘船来中国时，曾在福州码头邂逅一位女子，因而思念之，当他终于抱得美人归时，便以这段艳遇为提议，其他董事居然都同意。

就这样，他在这条路上播下风流艳遇的种子，不久便开花结果了。

上海开埠后，即有秦淮河上之画舫，入黄浦江和吴淞江游弋。后来，太平军据东吴之地，禁娼，宁、苏、扬之妓女纷纷奔沪，入租界，分布于四马路中段，以路北的会乐里和路南的同庆里为中心，东起中和里，西至大兴里，北起三马路公阳里，南至五马路庆云里，形成亮丽之景色。

四马路，是开放的奇迹，我国近代文化加工业在此沛然兴起。

如果说上海是西方文化登陆我国的港口和集散地，那么四马路就是西方文化产业化的生产加工基地，不过妓业在此，并不属于文化制造产业，而是文化服务业的一部分。

四马路，东西向，文化产业分布，一分为二，东段“福州路文化街”，为文化制造业，西段“四马路长三书寓”，为文化服务业——消费性娱乐业。改名“福州路”是一个标志，暗示了妓业属于文化产业，不久，工部局就给四马路上的长三堂子颁发营业执照，还在执照上注明为“书寓”。

维新之风骤起，也吹皱了四马路上的一池春水，康有为成了这里的弄潮儿。

《天公不语对枯棋》中谈到，1895年，康有为“公车上书”未果，著《公车上书记》，拿到上海租界来出版，还在10月7日的《申报》上做了广告。那窄窄的一条小广告，夹在两条卖“参茸海狗肾兴阳种子补身酒”和“参茸海狗肾扶阳种子丸”中间，很不起眼，似乎救国没有补肾重要。

该书由四马路古香阁书庄经销，为了推销此书，经销商在《申报》上登过六次广告，可谓盛举，可书却卖得不好，不久就打折销售。开始，本书定价两角，打折销售时，大本四分，小本二分，经销者赔了，可康有为作为一代政治明星却脱颖而出了，这要归功于四马路上的文化产业。

乘着《公车上书记》发行的东风，康有为在上海也设立了“强学会”，就设在四马路望平街上，初起时很火，连李鸿章要捐银三千两入会，都被拒绝，当时康有为正走翁同龢的门子。

李鸿章还同盛宣怀去过梦兰书寓，看望“状元夫人”，还赏了她一些银子。

梦兰书寓里，常有维新志士聚会，谭嗣同进京，路过上海，来见梁启超。

汪康年建议去梦兰书寓，梁启超便附和之，谭嗣同因其父谭继洵曾任湖北巡抚，与洪钧同事，且有私谊，也想见见“状元夫人”。梦兰闻讯，来者乃梁任公等人，便来与他们相认。

谭嗣同同她谈起父亲与洪钧当年往事，梦兰听了，心里一阵酸楚，怕谈往事。

众人感慨之余，问她在德国生活的感受，她说：德国人团结。可“团结”二字，谈何容易！“同治中兴”，就兴在“同治”。所谓“同治”，就是两宫同治，叔嫂同治，满汉同治，后来分了。

先是叔嫂分裂，慈禧揽和奕䜣，而终于将其免职；接着是帝后分治，皇帝亲政后，她还要在幕后统治；在满汉群臣之间，她也不断制造分歧。这样分而治之，使分裂成为了趋势。

“强学会”才兴起，就摆出一副分裂的架势，将李鸿章排除在外。

结果是，“强学会”因分而被解散，《时务报》风行了不一年，也分了。

《时务报》风行时，其中官销不少。张之洞以为“该报识见正大，议论切要，足以增广见闻，激发志气”，不断捐款赞助，要求每期都要寄送“所有湖北全省文武大小各衙门”。

起初，他奉梁启超为座上宾，后来发现，他与康、梁的想法大相径庭。

虽然都要变法，但康是“托古改制”路线，而张是“中体西用”路线，变法尚未开始，这两条路线就斗了起来，《时务报》成了焦点。《时务报》经理汪康年是张的幕僚，而主笔梁启超则是康的门生，因此，该报的后台老板实际上是康、张二人，后台有分歧，梁与汪难免貌合神离。

《时务报》上，汪康年曾发表“民权”之文，张即劝诫：千万不可动笔，实做经理二字。要汪“常存君国之念，勿惑于邪说，勿误于迷途。”梁启超《知耻学会叙》一文发表，张阅后以为“太悖谬”，命“速告湘省送报之人，此册千万勿送。”梁极愤慨，以为张拥资自居，视其为佣工。

遂愤而出走，从五十五册以后，《时务报》就再也没有他的文章了。

可在梦兰书寓里，是他们的蜜月期，他们披肝沥胆，互相勉励，梦兰胸中，激荡豪气，她一拱手就站起来，说：这一席酒，就让我代表故人洪先生为复生（谭嗣同字）兄饯行吧！

李鸿章知道“梦兰书寓”的底细，才让奕劻去找她，要她为国出力。

# 94. 四马路上的文人和妓女

文人和妓女是共生的，正如男人和女人一般。

文人卖文，妓女卖身，卖的对象和方式不同，身价也就不一样。

文人要将文章卖给帝王家，先要通过科举考试，入仕途，登天子堂。

这条路太长，可只要上了路，似乎一生都有了保障——被王权买断。

相比之下，妓女还要相对自由一些，当然，被鸨母买断了的除外。

不是所有的妓女都因家贫而沉沦，都是“被损害，受屈辱”的一群，有的因为自尊。她们往往自觉和不自觉地选择了“反求诸己”——自立的生存，不依赖男人和家庭，因此，男权社会的评价往往扼杀她们，否认她们。

反倒是那些期待王权收买和被王权买断了的文人，成了王权主义的化身，哪还有什么“自由之思想，独立之精神”？真正是“受屈辱”的一群！他们到妓女那里去，还能闻到一些自由的气息，听到一点独立的声音，还有人用性与爱，来修补其“被损害”的人格——“受屈辱”的文化个体性。

妓女能给予的，不单纯是性的交易，爱的交流，更以微弱的自由之声，激活了男人的自尊。自尊，王权给予不了，妻妾也给予不了，它来自心灵。自由的气息，吹拂心灵，它来自永恒之女性。歌德诗曰：“永恒之女性，引导我们上升。”“永恒之女性”我们有吗？柳如是、李香君……

如此，我才读懂了《柳如是别传》：中国文化需要“永恒之女性”。

近代文人已有所不同，他们的文章不一定要卖给王权，更别说让王权一次性买断了。那些自由撰稿人，从全国各地跑到上海四马路来了。在四马路上，他们相遇了追求自由的另一群“她们”，同是天涯自由人，相逢何必曾相识？“她们”为漂泊的书生提供“书寓”，使“他们”安顿。

而“他们”却把四马路做成了文化街，不是像秦淮河畔那样的纯消费性的文化街，而是近代化的文化产业街，在不到三里路长的马路上，他们竟然开了一百多家私营的书报馆，有史以来，中国的文人何尝有过这般盛世？上海四大报纸，《申报》、《新闻报》、《时报》、《神州日报》都从这里印发；我国三大书局，中华书局、商务印书馆、世界书局，也在此地出书。这里出的书，不仅有《四部备要》和《古今图书集成》等古籍，还有严复译的《天演论》和林纾译的《茶花女》，可谓古今兼收，中西合璧。

这些私营的报业和书业，就矗立在书香和花香飘逸的四马路上。这里是文化的产业化基地，也是文人的自由化基地，有了这样的基地，文人何必“应帝王”？货与帝王家，何如靠自己！

我们以王韬为例。四马路文人，王韬可算代表，请看：他是第一位翻译《圣经》的中国人，是第一家华文报《循环日报》的创办人，第一家华商出版社，中华印务总局的创始人，还是第一个登上英国牛津大学讲坛的中国人，第一个在报纸上发表连载小说的人。这几项第一，今天看来，都很了不起，可在当时，没人认为是正业，因为，哪一项都与王权无关，不过，他靠一支笔，证明了自由的价值。

他难以成为王权主义的士人，便落得去做一个自由化的文人。可起初，他并不想这么做，他像所有的传统文人一样，都有一种圣化情结，一番政治抱负，16 岁那年，他考中了秀才，乳臭未干，就夸下大口：“他日当为天下画奇计，成不世功，安用此三寸毛锥子哉！”如此口吻，道出了对刀把子的向往和冲动，不需要有什么异禀，大凡念了几句“修身齐家治国平天下”的人，都会这样说。

可是一年后，他乡试不中，就跑来上海，一来就迷住了。五光十色的上海，在他眼里，“几如海外三神山”，他不想回去。从此不再参加科举，因为他发现“三寸毛锥子”在上海有戏。

他先是在《墨海书馆》做笔士，一边翻译《圣经》，一边狎妓。红袖添香夜译经，这是四马路上才会有的故事，人生如此足矣！追求自由的文人与追求自由的妓女，在四马路上来相遇。

有一天，他下了班，从报馆出来，换一身衣服，去吃饭。四马路上有西餐，最有名是一品香，他找了个位子，临窗而坐，一女子从目下悠然而去，他一打听，是苏州女子，名陆小芬。

于是，轻车熟路，去找了鸨母，不料，却被拒绝。因为她已被苏州丝绸大王顾永年包了。他想见她，她便下了楼来，一问，才知是王韬。他的名头，挂在四马路上，谁人不晓？

一年后，他听说顾永年已破产，于是旧地重游，来寻佳人。两个追求自由的沦落人，宛如他乡遇故知，一番山盟海誓。然而，就在此时，由于他曾给太平军献计，太平军失败后，事发，朝廷要捉拿他，闻讯，他连夜逃走。没想到，却连累了陆小芬，被官府捉拿了。陆小芬虽是妓女，却忠贞不渝，受尽了折磨，而始终不屈。关了好几年，才被释放出狱，从此身价扫地，只能做野鸡。

事隔二十二年，王韬回来了。其间，他曾流亡香港，逃难英国，后来，李鸿章批准，他回了上海，第一件事，就是找陆小芬，终于找到了她。可她却不相认。她活着，苦不堪言，就为了等这一天，见他一面。既已相见，知他平安归来，足矣！何必还要相认？万般羞辱后，经历难启齿。

于是，她突然消失，四马路上，只留下了这篇故事……

梦兰在二马路上开书寓时，王韬也在上海。他自称“身历花丛凡四十年”，却只字未提“曹梦兰”。为什么？是“状元娘子”的名头不够响？还是他压根就对这古董似的名头不感兴趣？四马路出身的文人，大都是科举制的叛逆，对于“状元”名头，非但不成敬意，甚至不怀好意。

如果挂出“公使夫人”的牌子，倒能震一下四马路的文人，可这牌子只能蒙一蒙老外，哪能蒙国人？妻与妾，泾渭分明，她敢称“夫人”？四马路的花核是会乐里，梦兰来过这里，四马路的文人争睹芳颜，却不是当做昔日的“状元娘子”，而是作为当年苏州的“花国状元”。

梦兰回归花业时，王韬老矣。在致友人信中，他坦承：“弟少时所好，载酒看花，今虽老矣，兴尚未衰。”因此，梦兰挂牌，他岂有不知？知了，却不感兴趣，除了上面的理由，还有夫人的管束。对此，他抱怨，一入花丛，荆棘便生，囚鸾梏凤，如处牢笼。他这番“逃妇难”的牢骚，都发在给伍廷芳的信里，曹聚仁又把它移植到《听涛室人物谈》中，中国娼妓史，都喜欢引用它。

我们刚好可以看出，他已不再那么自由自在，对于新事物，心有余而力不足。因而牢骚大起：不意暮年罹此苦况，生人之趣，泯然尽矣！牢骚归牢骚，可老夫老妻感情还可以，老妻安排了个老仆，跟着他，形影不离，怕他一入花丛，就欢天喜地，不知老之已至，而从旁提醒之。

他老了，却不服老，喝花酒已乏力，可他不肯承认自己不行，为了表明自己不落后于年轻人，于是，气宇轩昂地把老妻骂一顿，就算交差了。梦兰开书寓时，他正是这样的年龄，大概六十七八岁，1897年，他就逝世了，刚好七十岁，他死去的第二年，变法就开始“实行”。

只可惜，曹梦兰未能得到王韬的品题，在四马路上，失诸交臂。

# 95. 小女子有大见识

“赛二爷”最近的名头，庆亲王奕劻早有耳闻。

起初，他没留心，以为终归一妓女，能有多大本事？

不过，老百姓却越传越神，说她搞定了瓦德西，救了中国人。

他还是不认。到了八大胡同，耳畔“赛二爷”的传奇，更是沸盈。他这才相信，这位赛二爷确实能办事，同瓦德西打交道，看来还要靠她。刚好李鸿章让他去找赛金花。

李鸿章说，洋人行事往往匪夷所思，如众所言，也不妨试试。

此时，他看李鸿章已病卧在床，平日里，凡事都靠李中堂，可现在还靠得住吗？看样子，已是病入膏肓，他摇了摇头，漫应之曰：只能试试她了。可他又不好亲自出马，他也知道，这位赛二爷并不怎么在乎他。思前想后，想到了盛宣怀，觉得此人出面比较合适，就派人去请盛宣怀来。

听了奕劻的想法，盛宣怀认为这个主意很可行，愿意去说项。

奕劻一激动，说只要赛金花能说服德国公使，别让太后抵命、皇上赔罪，把半个家当送给她都可以。盛宣怀说，不是钱的问题，要有办法。他一拍脑袋，就说，不如按中国习俗，在克林德遇害之地，为他立一座牌坊，以示朝廷道歉及对德国尊重。奕劻同意，就催他先去找赛金花。

家人说，她在琉璃厂筹粮呢。盛氏又赶到琉璃厂，找着赛金花。

告诉她，议和已陷入僵局……没等盛宣怀说完，她就自告奋勇了。

至于报酬吗？她一挥手：为国效力，分文不取！这哪是小女子？

她去找瓦德西，反复劝说，说太后和皇帝代表中国，你要太后偿命，要皇帝到德国去赔罪，他宁死也不会去，你把他们都逼死了，跟谁去和议？你逼死了太后和皇帝，中国人都会变成义和团，到时候你能统治？瓦德西大吃一惊，没想到连这小女子都有这般大见识，这样的中国谁能统治？

于是，他答应赛金花去劝德国皇帝，留下他军政生涯的最后一个建议：

吾人对于中国群众，不能视为已成衰弱无德行之人，彼等在实际上，尚含有无限蓬勃之生气……至于中国所有好战精神，尚未完全丧失。此次‘拳民运动’，在山东、直隶两省，至少有十万人众，加入此项运动。彼等之败，只是由于武装不良之故。其中大部分，甚至并火器而无之。

“关于德国在山东方面并吞较大土地一事，尚有一种困难……假如中国一旦复欲夺回山东，则德国方面……对于此种战事，非至财政破产不可。言瓜分者，视外人统治亿万众庶之事甚易，然则无论欧美日本各国，皆无此脑力与兵力，可以统治此天下生灵之四分之一，兹瓜分一事实为下策。”

瓦德西这么一建议，德皇也就这么听之任之，毕竟是联军，德皇哪能专制？

何况各国也都认为，留着太后，可以获得最大利益，要太后偿命，不是联军的目的，德国干吗跟利益过不去？既然太后已表示要“量中华之物力”……各国公使也来催，尽快与中国签协议，关于“太后偿命”不要弄假成真，一旦成真，战争就无穷期，义和团败于愚昧，要是觉悟了呢？

当时，那位法国海军军官绿蒂，在他的书里就这样写道：

“天哪，当中国军队不再只是为钱拼命的强盗之时，当大众奋起反抗之时，我在路上见到的成千上万的朴实、凶猛、体瘦但强壮的年轻农民，便会放弃习武，成为一股翻江倒海的力量。他们蔑视死亡，这样的军队可以摧毁一切。

“我们那些手中握着现代化杀伤武器的士兵在他们的心中又算得了什么！

“应该说，联军的一些士兵在这里播种仇恨与复仇的种子实在非谨慎之举。”

这里说的，播种“复仇的种子”，主要就是指德国，当然不是瓦德西，而是另有所指，瓦德西是在作交易，而真正的“复仇女神”是克林德的夫人。瓦德西告诉赛金花，德皇那儿他已打了报告，最后一项工作便是说服这位怀有刻骨仇恨的夫人，请她回心转意，尽量给予最体面的待遇。

瓦德西约了克林德夫人与赛金花见面，她看那克林德夫人，年纪约五十来许，穿一身黑衣黑裙的丧服，言谈有礼。可一谈到她丈夫，马上声色俱厉，要太后偿命，皇帝去德国赔礼。

赛氏宽慰她说，中德两国邦交，素来和睦，朝廷对克林德公使一直尊重。这次事变，起自义和团，人死已不能复生，请夫人让步，接受朝廷道歉。克林德夫人的态度虽然稍为和缓，但她仍以为未足以雪杀夫之恨。说道，我丈夫平素和中国感情很好，却平白给中国人杀死，我一定要报仇。

赛氏善解人意，心肠又软，就一边陪着她流泪，一边继续宽慰：

“夫人的仇人，不是那些妄行的拳匪吗？现在拳匪早就跑的跑了，杀的杀了，我国的王公大臣，地方有司，赐死的赐死了，问斩的问斩了，仇都报了。夫人，你在中国多年，可知道在中国享有最高的荣誉就是立牌坊，犹如贵国在大城里铸立铜像或树立碑铭一样，同是纪念一个人伟绩的表示。

“如今，朝廷愿为克林德公使修大牌坊，由皇上赐铭，立在公使遇害之地，以纪念公使，使公使的生平，远使万里，受命缔结邦交的伟绩，和拳匪起事，遇害情形，便可以同碑铭永传不朽。

“这无异是当今皇上与公使赔罪了，还有比这种永远的纪念更为得体的赔罪吗？”

夫人听了赛氏由衷之言，不禁泪盈于睫，心头一软，低头悲咽了许久，终于微微点头，答应了和议。赛氏觉得自己终于为国家效一点力了。赛氏悲悯之余，内心亦有欢喜，她可以告慰诸君子。

这时，她想起了自己的丈夫洪钧，抱病时，被人攻讦而死；想起了她的爱人，为了皇帝的新政而捐躯，还有她的恩人，为了反战，竟被处死。她想，我有何德何能？是英灵在我身上附体。

英灵不死啊！像常春藤一样，爬满了我的神经，我的心绪，让我为国效力。

## 96. 瓦德西向她行军礼

她与瓦德西相爱，是出于无奈，还是真情实意？她不知。

作为个人，她喜欢瓦德西，可作为国民，去爱一个侵略者？每每这样自问。但凡见了联军杀人，就跑上前去，喊一声：住手！我担保他不是义和团。天天如此，救了多少人？

后来，洋兵不怎么杀人了，却到处抓苦力，连老者也不放过。

有一次，她看见曾经做过都御史的陈璧也被洋兵抓了当苦力。

她赶紧跑过去，对德国兵说，这老头是她的好朋友，陈璧才得以解脱。

陈大人当年和洪文卿是好朋友，曾到洪府与洪文卿探讨元史问题。

可洋人信她，是因为她替洋人办事，替洋人解决食色问题。要说拉皮条，这个皮条拉得可大啦，可她错了吗？洋人也有正常的需求啊！只要不杀人，不抢劫，就应该满足其食色。

这样做对还是不对？她只能率性而为，可内心的焦虑每天都在噬咬她。

她觉得自己在精神上也需要麻醉一下，烟瘾就是这个时候染上的。

好事者都说，她在仪鸾殿老佛爷的凤床上与瓦德西颠鸾倒凤，还说仪鸾殿失火那一天，有人亲眼看见瓦德西用被单裹着她赤条条从火光中逃离。对此，她从来不作解释，有人当面问他，就敷衍那么一两句。她是个妓女，从不讳言性交易。对于妓女来说，性不是隐私，爱才是隐私。

她在精神上，维系生死，与爱人相依，故其守望精神，尤甚于她的爱人。

男子往往被性羁绊，在爱的纯粹性方面难免要打折扣，精神的强度，反而不如女性坚韧，试比较明季国难时，李香君与侯方域、柳如是与钱谦益，令陈寅恪也忍不住要“颂红妆”。

《桃花扇》里，李香君守望侯方域，被奸党所逼。她那么高傲地向前走去，太美了，美得令人震撼。不再是小桥流水畔那感性的婀娜美，而是峭立于高原上的最为原始的冰川美，那精神之巅上的美啊——雪崩了！精神开出灿烂的花朵……她一头撞在石柱上，血溅香扇，化作桃花，开吧！但侯方域却背叛了她，做了清廷官员，她失望啊！当着侯方域的面，她撕毁了那把桃花扇，出家了……

还有柳如是与钱谦益，相约赴死，慷慨而去。两人载酒游湖，遍告亲友，表示要像屈原那样沉渊明志。太悲壮了！黄昏时，太阳下山去，热血已不再沸腾。钱伸手摸了摸湖水，说：太冷了。柳则奋身一跃，被拉了回去，一回去，钱便投了清廷。柳不甘心啊！以爱情，呼唤反清复明……

赛金花在国难中，人皆言其行，可谁知其心？六君子中有她爱人，五大臣中有她恩人，他们的头颅早已冰冷，忧郁的血色里，终于开出了一朵牵牛花，在爱的深渊爬行、攀升……

她献出的爱情没有性，一如当年对待她的爱人，惟其如此，才弥足珍贵。

和议一成，瓦德西便要回国去，可她却出了意外。一个小脚女子还要骑马，还真把自己当“赛二爷”了？总之，她摔了！不知瓦德西怎么知道了，第二天，一清早，就带了大夫来。

大夫是德皇御医，手术时，先把头发剪了，伤口洗涤消毒，然后将头裹起来。还拍了相片，一看，吓一跳，就像个刮了毛的猪头。瓦德西来过四五次，每次都要带花或糖果来。

还在病榻上，瓦德西就来辞行了，榻前握她手，惜别，说，我今去了，明年牡丹花放时，还想来，你呢，何时重游欧洲？莫负我白头。她含泪而望，执手而泣，曰：祝望你们平安，恕我病在榻上，不能送将军走一程了。如还有缘，不愁后会。瓦德西向她行了一个军礼，掉头便去。

此后，瓦德西不曾再来过中国，她更是颠沛流离，此别不啻永诀了。

瓦德西回国后，不得志，给赛氏写过信，没有回音，不两年，便郁郁而终了。而赛氏之于德语，只会说，读写还不行，对于瓦德西来信，干瞪眼，不知所云。后来，瓦德西的外孙来了中国，想见她，她已白头困境，懒得见人。但经朋友转达，说来人很坚决，一定要见她，她便去见了。

相见那一天，来人在陕西巷口的一家西菜馆设筵。馆前不远，便是她当日坠马之地。席间，说起当年人物，今仍健在者，尚有几位，晚辈们对她促成庚子和议，一直表示感激。

他们的父辈，远别妻儿来中国，倘若和议不成，两国交兵，将士效命，死亡定多，裹尸还乡，便不堪设想，而且感戴和平恩赐的，不独是德国。这一番话，说得白头赛氏无比欣慰。

# 97.“六君子”里有她的爱人

我们说“六君子”里有赛金花的爱人，他是谁呢？

曹聚仁在《上海春秋》一书中，谈到“赛金花”时，提到林旭有一首七律诗，认为这首诗，与曹梦兰有关，《听涛室人物谈》也提起这首诗，也认为是写林旭与曹梦兰，诗曰：

往日矜夸一人谩，远来共醉事殊难。
高楼罢酒天初雨，短榻挑灯夜向阑。
流洛倾城统一叹，忖量终岁得多欢。
此怀恐逐晨钟尽，留遣回肠报答看。

——林旭《大兴里饮罢过宿有叹》

不过，这诗的题目，提到了他们在“大兴里饮罢过宿”。

我们知道“大兴里”，是在上海四马路上，而梦兰书寓在二马路的彦丰里。一般来说，梦兰应该在自己的书寓里接待客人，而不应该在大兴里。如果聚会饮花酒，去大兴里是有可能的，而过宿也在大兴里，则几乎不可能，她不能自己砸自己，因此，本诗写的是否梦兰，还应存疑。

可曹聚仁还有一说，他说梦兰书寓，后来从彦丰里移到了大兴里。

此亦无稽，梦兰从未提起迁居之事，聚仁为此说，大概是以此诗为据。

可为确证的，是曹聚仁之《林敦谷与赛金花》，言林旭（敦谷）遗札友人，附语曰：“曹君小照，前留在尊处，想必收存，千万记着，带出来，至要至托。此人已成广陵散矣。”

其友跋云：“曹君即曹梦兰，后改称为赛金花。”为什么要改呢？

那时，四马路上，有一些专门吃妓女的文人，梦兰与他们若即若离，他们就扯开了有关“状元娘子”的话题，在媒体上，大摆龙门阵，一来二去，就扯上了洪钧，扯上了洪家人，流言从上海很快就传到了苏州城，此时的洪家已无男丁，就请洪钧的亲家陆润庠出面解决事端。陆润庠一面疏通官府，一面平息报刊，梦兰也觉得流言四起，有愧于洪先生，亦非她所愿，就离开了上海。

曹梦兰来到天津，给自己起了一个很盐碱化的名字：赛金花。

为什么要起名“赛金花”？梦兰从上海到天津来，看中了候家后。候家后，比起上海四马路，虽然没有那些新兴的文化产业，但它的历史却更为悠久，它像一座老宅子，令人怀旧。

候家后胡同里，有几家妓院，都是南方班子，其中有一家“金花班”要卖，她买下来，名字还叫“金花班”，她自己也要改名字，从头做起。原来的名字“梦兰”与“梦鸾”谐音，表明她心中对以往还有挂念，现在她要脱胎换骨，将过去斩断，便给自己起了个大俗的名字：赛金花。

她与林旭相爱，是在上海，还叫“曹梦兰”，变了赛金花时，没再来往。

可她还是把自己的照片给了林旭作纪念，这在当时，要有入魂的情分才行。

《西洋风》里谈到，光绪年间，照相已传入中国，照相时，摄影师一般要连数二十个数字，冲着端坐的照相者，拍一下木板，喝一声“拍”！据说，“拍照”这个词，就是这样来的。

起初，人们很不适应，尤其是孩子，往往被那一声吆喝吓哭了，一旦生病，迷信者就会怪照相机，以为是跟前的照相机吸走了孩子的魂魄。可对于仿佛失了魂的孩子，那一声吆喝，又能起到叫魂的作用，这在上海，那时被称之为“叫喜”。拍照能摄魂，也能除晦气，就看你怎么用了。

这样的辩证法，将科学与巫术融于一冶，真是“中体西用”了。老上海人往往在大年三十那一夜排着队去照相，为的就是消除一年的晦气。这样照相，一般都不取照片。可青楼女子就不同了，她们只要美，将美变现为钱，当时，“勾栏中人”几乎“必照一像”，挂在墙上，供人欣赏。

这是照相馆的好买卖，时人有诗曰："客为探春争购取，要凭画图访佳人。"照相馆就起到了这样的中介作用。青楼女子还印照片，馈赠相好。魂在照片上，馈赠照片，就是托魂予人。

林旭《晚翠轩集》有两首诗是为梦兰而作的，除了前面那首"大兴里饮罢"，还有一首律诗《和友人韵》，也是写给梦兰的，寄托甚深。其中有两句："生不逢时尚倾国，也将续命托琵琶。"

他以汉宫王昭君喻梦兰，后来，竟被他言中。王昭君为国和亲而出塞，梦兰虽未出塞，却也以青楼女子的身份，担了为国和亲的使命。要女子为国家承担这般使命，是国家的不幸，也是女子的不幸。不过呢，出塞"和亲"还算国家侥幸，若在京城"和亲"，那就是国家的"大不幸"了。

不幸的是，灭顶之灾终于来临，这样的"大不幸"，她也来担当。

林旭走向刑场时，还念念不忘她的倩影，梦兰之魂为他送行……

# 98. 据说皇帝撰文褒奖她

瓦德西一走，就没有人再理她了，这是为什么？

她在青楼里，在江湖上，什么样的人没见过？却没想到会这样。

当年请她做“门神”的她的“朋友”们，现在却为了面子，恨不得将她忘干净，谁愿意承认被一个妓女保护呢？眼不见为净！要是京城里再也看不到她的踪影，那才干净……

于是，关于她的各种风言风语，突然多了起来，原来那个仗义的“赛二爷”，一下子就变成了祸国妖孽，阴沟里翻起来的脏水，都往她身上泼。他们绘声绘色，说她怎样玷污了仪鸾殿上太后的凤床，说她如何骑着高头大马，随瓦德西驰骋皇宫，气喘吁吁，花迷蝶狂，如何参与分赃……

李鸿章死了，可奕劻还在，盛宣怀还在，为什么都不出来替她说说话？他们都没事人似的，忽略她存在，当初求她时是怎么说的？她本没往心里去，而他们，就更是抛到云外了。

太后、皇上都回京了，居然问起她，便宣她入宫了，什么也没说。

这便是给她脸色了。据说，皇帝还曾念起她，亲笔写了一篇文章，要予以褒奖，此事，她后来才听说，是魏斯炅的一个亲戚告诉她的。那老女人，肯定又在心里暗骂皇上，可皇上既然亲笔写了文章，她就召见一下，褒奖就不必了。反正皇帝是个病人，就不要上朝了，老太太来打发就行。

慈禧将赛氏召来，就像一件要洗的脏衣服，被她拎了出来，晾在那里，跟满朝文武排在一起，谁理赛氏？看那些被损害、受屈辱者，她仿佛失忆。后来，有人问起她，她只记得被太后召见过，跟百官在一起；做了什么事，说了什么话，她一概记不得了。伤心人别有怀抱，不如都忘记。

两个女人面对面，一位是太后，一位是妓女，可她们，谁更高贵？

刘半农看好的女人，张竞生也看好，他还对这两个女人作了比较：我常喜欢把你与慈禧并提，可是你却比她高得多呢！假使她在你的位置，什么事都显不出。最多只能被作为“哭娘”（慈禧是以此出身的）。若你有她的势力嘛，当能变法，当能做出许多新政治。你虽位卑，人格并不微，当联军到北平，她抛却人民和宝贝的太监们溜走了。只有你在金銮殿中与外帅折冲，保卫了多少好人民。

赛氏读了这样的信，会作如何的感想呢？张竞生用“美的人生”的秤来称她们，称出了赛氏的分量。不过，那时赛氏已年迈困顿。对于太后，她还记得些什么呢？

她只记得北京很脏，满街屎尿无人管，洋人下令，各家自扫门前，又打又罚，街道变得清洁了。太后回銮，见了清洁的街道，就夸洋人能干。很可能，这是两人唯一相同的观点。

张竞生为她募捐，寄来二十五元赠款，她深为感动，旋即回鸿：

张竞生先生台赐：日前捧读来函，很使我感念到万分！要论在现代的社会人情上，阁下足算是一富具热心的人了，替我这样的尽力，使我多么感佩啊！愧是远隔山河，恕我不能面谢，迨得机会时节，再拜谢你的美意吧！我现在的境遇很好，不过是敷衍生活罢了，老迈残颜，不堪言状。

回忆当年，唯有用这一腔的热泪将它顺送下去。现在的时期不同了，又道是知足者常乐，现在只是闭门隐渡，别的一切热闹交际，绝对是消极的。我的相片现在还没有找到，找到时一定寄上。

所寄下的二十五元钱，现已完全收到，请放心吧！

张竞生劝她看云观花，他说：女士，你看云吧！北平的云当比上海的更华丽更变幻啊。你就在云与花中认识你的人生，或不至于太痛苦吧。炎虐满天时，只好看云，云多而善变，方为妙华丽女，倏忽变为老媪，再一会儿，连影迹也消散了，又幻成一个美人似的胎形。

可她没有想到，云还会化雨，从天上掉下来，入土为泥。

最难堪的云泥之别啊——阿弥陀佛！

# 99. 妓业里也有政治陷阱

多姿的云，怎样会变成了泥呢?

赛二爷吃了一场人命官司，被捕入狱了。

联军去后，她搬到陕西巷，仍在北京待了两年。

为什么要搬到陕西巷去呢?这跟当时妓业南北之争有关。

南妓进京，自赛金花始，始时，根蒂未固，僻处李铁拐斜街以蓄势，而韩家潭、百顺胡同以东，均为北妓根据之地，鸿沟俨然，凛不可犯。联军一走，朝廷便将她弃之如敝屣，她意识到自己终归还是妓女，便回归妓业，经营班子，将她的班子从石头胡同迁到陕西巷去。

不仅南之寓公，千里逢故趋者麇集，而且北人亦喜其苗条旖旎，与土妓之质朴素丽，迥殊趣旨。其后南势东侵，北势渐绌，皆因赛氏。妓业之争，亦如政治，其势难以两立，南妓扩张，致使韩家潭无北妓立足之地，百顺胡同、陕西巷亦为南妓占了优势。赛氏还要扩充班子。

仅王广福斜街短巷数扉，犹树北帜，北妓当然也要反击。

光绪二十九年，弟弟死了，赛氏回故乡料理完丧事，便到上海去，然后返京组班，带来两个姑娘，一个叫“凤云”，一个取名“秀灵”，还接了林湘君姊妹，一同来京组班。

经她一经营，班里非常兴盛，又想再买两个姑娘。她看上了一个武清县人，长得很好看，却没有福相，走起路来，两手是在腰后摇荡的。她听人说过，这样的人，要死于非命。

但她还是花了一千二百两银子买了来。来时，穿着蓝布大袄，扎着红色腿带，倒像是刚从乡下出来的，她便给起了个名字，叫“凤灵”。起初，以为是良家姑娘，后来才知道，本是此道中人。曾在李纱帽胡同的茶室里混过，有熟客要为她脱籍，没成。领家的怕他俩打得火热，万一携手逃去，岂不人财两空?便赶快出手，卖给赛氏了。

赛的班子里，都是南方姑娘，只有这一个北方人。

来了以后，总是闷闷不乐，躲着人，第三天，便服毒而死了。

当时情景，赛氏记得很清，刘半农来访她时，她这样说道：

“事情是这样的。那一天，有人在我班里请客，约了许多朋友来吃午饭。一早，姑娘们便起来打扮，都打扮好了，只剩下凤灵一人，伏在桌上。秀灵推推她，催她快打扮，她没有理会。再过一会儿，她仍是伏在桌上不动。

“秀灵觉得奇怪，看看情形不对，连忙跑过来告诉我。待我过去看时，凤灵仍是伏在桌上，我问她说：凤灵，怎么样了，有事尽管对我说，何必如此呢？我一边劝说，一边把她扶起来，原想叫她起来打扮，哪知她两眼通红，蹙住双眉，像是服了毒品，要寻死。我一问原因，才知情。

“原来，她和相好已订了生死相依的盟约，便以一死来履约。我是心肠软的人，只要她和我说明，漫说是还可以收回八百两银子，就是把她送了相好，我也是不在乎的。

“谁知她竟这样一意孤行。我让家人将凤灵抬到后院去灌救，自己忙着应酬客人。

“等到席终时，客人都散了，管事才告诉我凤灵已经死了。我闻听之下，更其焦急了，但人既死了，还有什么法子？便吩咐管事，去买了一口白棺材，预备殓葬凤灵。在慌忙中，我命人去报官。不料，枝节横生，平地里又出了个冒认凤灵母亲的妇人，告发我，说凤灵是被我虐待而服毒自杀的，登时便发下传票，传我上衙门。我自认晦气，自料凤灵确是自寻短见，堂上无非问问。

“哪知到了衙门，还未开审，便把我抟解到刑部，恰巧刑部中堂孙家鼐又随了太后在万寿，部里官员听说赛二爷犯了案，便把我押了。我想，他们无非是想诈几个钱……”

她没有多想，只是觉得自己冤，还没有意识到其中的阴险。

## 100. 在狱中为英雄收尸

1903 年，京城有三大案，赛氏居其一：

“赛金花虐婢案”、“泄露机密案”和“纵兵扰民案”。

从被人瞻仰之云，变成被人踩的泥，不过“势利”二字。王权之下的北京，从来就忘恩负义。袁崇焕是怎么死的？当年他血战救了北京，却被皇帝猜忌，被北京人唾弃，这也就罢了。还要将他处死，甚至凌迟，有多少北京人吃了他的肉？该反省反省了，北京的后裔！

她不敢说自己救了北京，只是作为一分子尽了自己的力而已。

相比之下，大清朝是多么仁义，居然留了赛氏一命，还不感激？

直至老死，赛氏都不知道这是一个局，其中疑问甚多，凤灵究竟是怎么死的，自杀之说其实也是臆测，臆测哪能作为证据？赛氏想省事，没验尸。还有凤灵的相好是谁，凤灵为他而死，他哪能销声匿迹？那个自命为赛氏母亲的人究竟是何来历，那么快就突然冒出来，岂非早有准备？

如上述为胡说，那么赛氏虐婢，何至于要逼着对方去吞食自己的鸦片呢？事发，何以只拘赛氏？何以审都没审就下了狱？赛氏没有深究，还能留着命被遣还原籍，如果追问，她必死无疑。

与她同狱的“泄露机密案”主犯沈荩，就被慈禧密令，杖杀于囚室。

刑前，《大公报》刊发沈荩绝命诗二首，照录如下：

狱中铁锁出郎当，宣武门前感北堂。
菜市故人流血地，五忠六士共翱翔。

今年三十有一岁，赢得浮名不值钱。
从此兴亡都不管，灵魂归去乐诸天。

他本以为自己也会被拉到菜市口去“斩立决”，去见他的故人

“五大臣、六君子”，可没想到那一月恰是太后“万寿月”，懿旨杖刑，立毙之。《大公报》还报道了杖毙过程：当杖毙时，骨已如粉，未出一声。及至打毕，堂司以为毙矣。不意沈于阶下发声曰：何以还不死，速用绳绞我……

清廷何以要逮捕沈荩？原来，沈荩本是“六君子”那一路人，戊戌政变后，同唐才常一起组织自立军，自立军败，潜居北京，在一家日本报纸做记者，发现清廷与帝俄有密约，密约将东三省及内蒙古一带路政、税收及其他权益拱送帝俄，沈荩获悉密约后，便将密约刊在了日本报纸上。

据铁屑编《中国大运动家沈荩》说，沈荩死于刑部后，血肉狼藉余地，狱卒牵“纵兵扰民案”者苏元春人，元春不忍睹，请以三百金别易一室。狱卒又牵赛氏入，试以血腥恐吓赛氏，要诈她的银子。不料，赛叹曰：“沈公，英雄也！”遂自掬其碎肉，拌以灰土，然后行礼如仪，埋之窗下。

据李伯元《南亭笔记》载：“苏下刑部狱，狱卒乃以杖毙沈荩之处居之，苏见地上血迹斑斓，大为骇异，询知其故，因以银三百两贿狱卒使迁焉。”狱卒如法炮制，“以待苏元春之法待赛金花”，赛氏毅然曰：“沈老爷我是认得的，为什么要怕他？”狱卒就没有办法讹她了。伯元叹曰：“夫赛金花一贱妓也，其胆气竟高出久历戎行之大将，奇哉！”

其实，何“奇”之有！苏元春杀人如麻，岂能见血而晕？此种旧官僚所惧者，乃革命党人之血也，与革命者之尸同居一囚室，碎尸亦革命矣。而赛氏之视沈荩，乃故交也！其魂欲随“五忠六士共翱翔”，此亦赛氏之心也。故其入沈荩之囚室，目睹碎尸，如见故人，而顿时觉悟。

“五忠六士”何其忠于朝廷？可是都不得好死！而沈荩之死，这时，在她看来，便是死得其所，值得她来赞礼。能居此囚室，守望革命之魂，看护故人之尸，她如愿矣……

她心安理得，准备在埋着革命者之尸的囚室里住下，而与朝廷决裂。

可狱卒反而将她牵走了。觉悟之女性，勇气不可思议，连狱卒都服了。

# 101. 问一问她究竟为何入狱

沈荩生前怎么也不会想到，一代名妓赛金花会来替他收尸。

他本以为自己怎么也应该去菜市口走一趟，用大好头颅唤醒民众。

然后，与“五忠六士”风云际会，一起翱翔于天宇，让灵魂飞矣。

可没想到，竟被清廷杖毙于囚室。他本以为无能，但杀人还行的狱卒，三下五除二就能将他毙命，没想到那么大的板子将他打得粉身碎骨，他还能睁着眼睛教他们：板子不行用绳子！

他本以为这回是死无葬身之地、无收尸之人了，没想到自己英雄一世无以家为，到头来竟会有绝世美女为他收尸，也唯有赛氏这样的美女配替他收尸。他呼唤“五忠六士”，赛氏也在心里念之，是那冥冥之中的英灵让她来收尸，有英灵附体，她无所畏惧，在她心里，维新与革命原是一回事。

对于沈荩，她是知道的，有关“瓦赛公案”的报道，最早便是由沈荩发给上海《新闻报》的，因此报道，而引发了赛氏平生最大的一段公案：赛氏究竟见未见过瓦德西？从此众说纷纭。

沈荩的报道在上海发表以后，即招来下冰雹一样的批评。后来，丁中江著《北洋军阀史话》还专门将此段公案拈出，言其必无，曹聚仁写“赛金花不识瓦德西”，也以为“荒唐”。

他们的依据，丁著引自《梅楞章京笔记》，而聚仁之文则从冒广生的《孽海花闲话》转来。

还有一位名叫范生的以《为近代外患史上一个被迫害的女人喊冤》的名义，斥责沈荩，跟那些“黄色后进一样，身上是带着充分的造谣的血的”。而他们的所有依据，都来自一个人的说法。

那人便是著名的汉奸丁士源，他在《梅楞章京笔记》中，说赛氏根本不认识瓦德西，要走他的门路去见瓦德西，是他领着赛氏——扮作他的仆人，去见瓦德西的，结果当然是没见着。

还说，当时沈荩就住在他的寓所里，见他半夜才归，以为必有好事，一问之下知有此事，就妙笔生花，当下便敷衍了一篇赛氏与瓦德西的故事。赛氏何以要走丁士源的门子呢？因为此时丁士源在瓦德西跟前跑腿，帮着瓦德西处理掩埋尸体以及卫生方面的事宜，能见到瓦德西——狗腿子而已。

这么个狗腿子，胡诌了几句闲话，就被遗老遗少们当成象牙，摩挲把玩过老瘾啦！在关键时刻抛出这几句“闲话”，给朝廷和王爷解套了。只要赛氏不认识瓦德西，和谈还能有她的事吗？和谈没她的事，什么庆亲王啊，李鸿章啊，不就都解套了吗？所有对她的承诺，不就都不存在了吗？



还有他那些纸醉金迷的“朋友”，当年请她作“门神”，过后，恨不得将她忘干净，有人说，她不认识瓦德西，好哇，他们当然也就没请过她啦！既然她不认识瓦德西，那她还能做什么呢？无非拉皮条而已。可不，她就是干这个的嘛，竟然给洋鬼子拉皮条，她人格受得了，国格也受不了哇！

这些话早就憋在他们心里了，现在有人抛砖引玉，将这些话自然而然地引出来，这小子真高哇！他们现在不仅心里坦然，还能有鼻子有眼骂她了。拉皮条还能救国？真搞笑啊！其实她自己也在搞，据说，她一天要赚一个大金元宝，人都赚疯了，连命都顾不得了，这不，真的就出人命了……

人怎么死的？还不是让她给逼的，她说是自杀，活得好好的，没有人逼就会自杀？谁信啦！她当下就被巡城御史给拿了，两个巡城御史争先恐后去拿。拿了好啊，当年我们送给她的那些人情，还不得乖乖给我们送回来啊！你看赛母来了，先吓一吓、唬一唬她，将她榨干了，就放人。

## 102. 汉奸的几句“闲话”

丁士源的“闲话”，那是治他们心病的药引。

这味药引可谓高明，可要除病根，还得眼不见为净。

至于赛氏究竟认不认得瓦德西，谁还会去当真？

本来这事很简单，在北京街头，你去打听，赛二爷的名头怎么来的？从前门到大栅栏，往琉璃厂、八大胡同里去，问一问那些妓女和粮店老板。还有更简单的方式，赛氏不是养了四十匹马吗？何不问问赛氏，都是谁送的？打住吧，您啦！那还用问吗？除了那些王爷，谁送得起啊！

那些王爷，好端端会将宝马送给一个拉皮条的妓女？

那一匹宝马，其价值绝不在现在的一辆“宝马”车之下。

没有大需求，谁肯下重礼？再说，赛二爷名震京城时，绝非是靠了沈荩那篇文章，那篇文章，只是将她的名头传到了南方，夸和骂，只要不涉及洪老爷，她都不往心上挂。

赛氏结识瓦德西，还要靠一个后来成为三姓家奴的丁士源吗？

前面，我们就已提到，赛氏作为公使夫人在德皇举行的宴会上肯定见过瓦德西，瓦德西在德国军政界的重要性，作为公使的洪钧不可能不注意到。当赛氏与瓦德西骑着高头大马并辔而行时，丁却在街上跑腿，当“满城争说赛二爷”时，这个“身为下贱”的男人，心里是何滋味？

这样的阴暗心理，本是男性所共有的，君子与小人的分别就在这里，能克服自身的阴暗心理，就是大丈夫，是君子，而活在阴暗心理里的便是小人。这样的小人，哪里见得奇女子？哪能在这样的女子跟前矮下一头去？不过，要将赛氏拉下马来，他只要动动嘴皮，写几个字，省事！

还有冒广生，是林旭好友，也与她来往，因朝廷开了经济特科，冒去应试，在试卷上引了卢梭《民约论》，张之洞叹曰：“论称引卢梭，奈何?”他落第了。其间，曾与赛氏相约于陶然亭，他到了，而赛氏没来，事后，赛氏也没有道歉，反而戏称陶然亭为“放鹤亭”，因他字“鹤亭”。

从此，他便不信赛氏，说，与赛氏相识二十年，赛只有一次真话。

他本有考据癖，凡赛氏说的话，都要考据一下，辨一辨真假，还将《孽海花》中主要人物，一一索隐出真人姓名，把小说当做历史读，可谓谬矣！考据之求是，往往“差之毫厘，谬以千里”，即以其家世而言，不考据还能知其大体，一考据，反而扑朔迷离，连自家祖宗都不知道是谁。

他自认为先世系出元世祖忽必烈第九子镇南王脱脱后裔，可他儿子冒舒一考证便否定了镇南王后裔说，还有人认为他将族籍定为蒙古族也错了。考据家被人这样考证了一下，是种瓜得瓜。

在《孽海花闲话》中，他考据《孽海花》里“瓦赛公案”真假，他是考据家，却懒得去调查，信了丁士源的那几句“闲话”，就用来考据了。他说的话，影响大，其结果，便是妓女撒谎，烈士造谣了，谁也没想到，还有汉奸作假。书名《梅楞章京笔记》，“梅楞章京”是谁，是他吗?

不是！“梅楞”乃蒙语，意为管旗章京。托名“梅楞”，期能以假乱真，使谎言成为秘史，冒氏不察，以其蒙古族之基因，见“梅楞”而亲近之。其言庚子事变，涉猎赛金花时，先云：“当德法联军自保定西进，其先遣队于娘子关附近，竟遭地雷轰炸，全军尽没。”自与联军战以来，清军还从未获得过如此大捷，然而，他只此一句便语焉不详了，考诸战史，不知其所来何自，这就是所谓考据。

还是老佛爷洪福齐天，她老人家一西狩就开张了——洋人“全军尽没”。

洋人不敢西进，就在北京搞体检，看我国人是否病夫，不料，一检就发现，居然健壮如德国士兵，而人数之众……因此，不敢再战，遂有和议。如此一番意淫，真带劲！接着就有赛金花要走他的后门，女扮男装，骑着马，出石头胡同，经观音寺越前门至景山三座门，过金鳌桥，至南海。人没见着，就回来。丁氏津津乐道者，留下作假痕迹。赛氏穿男装，骑马过市，非自该日始，行头早已有之，而丁则说她临时购买，以莲步试马靴。至于他回家，沈荩如何询问他，如何造谣，就更是作假了。

庚子八九月之交，沈荩就到了天津。据章太炎为章士钊以笔名“黄中黄”著《沈荩》一书所作序言称，沈荩“与联军诸将士往来，伪庄王启秀等皆死其笔札间”。书中亦称：“联军屯聚于津沽，荩通剌谒联军诸将士，而与日将尤惬。谋尽覆满族，徐着手以光复吾宇。闻指摘拳魁如载漪、启秀之流，皆死于荩笔札之间。”章士钊在《沈荩》一书中说此事很秘密，外人知之者绝少，故莫能详言之。

二章所言，其真实性，有细节上的出入，但大体上是不差的。沈荩之了解赛氏与瓦德西，原不必借助于丁某人的小道消息，丁某如此说法，是要借着打压英雄美人，来抬举他自己。

沈荩的死因，并非如朝廷所言，是因为印发“富有票”、组织自立军，亦非如当时舆论所言，是由于揭露了中俄密约，这些虽然都有可能置他于死地，但还不至于招来慈禧的刻骨仇恨。

究竟是什么原因，导致慈禧不顾一切地非要痛下杀手呢？就因为沈荩借了联军之手杀后党，为“五忠六士”报了仇，他坚持要诛慈禧，以至于联军不诛，他本人便要去行刺……

# 103. 从此就与朝廷决裂了

赛氏在狱中待够了，钱也花得差不多了。

姗姗来迟的刑部官员，就来提她升堂问话了。

她觉得自己冤枉，便理直气壮，在堂上振振有词，细述本末。

经过一堂讯问后，官员没有为难她，判了一点罚款，就放她出来。可她出来以后，发现一切都变了。回家一看，马厩里的四十匹马没了。贵重的珠饰和衣服，连箱带柜，都光了。还有嵌宝镜台，霞玺镇尺，织金烟盒，银丝画屏，和十二个小金人的自鸣钟，罗甸嵌花的红木宁波床……

所有这些，都到哪儿去了？她被押刑部的时候，母亲和管事都空掬万愁，了无一策，以为她在刑部要受多少鞭笞之苦。母亲唯有洒泪，管事则日夕奔走，花钱托人营救，只要有人自称能出绁之中者，一掷千金，在所不惜。她后来回忆往事时，说道，那时借机来骗诈的人真是不少。

但她所得，只是要舒适一些的饮食起居，对她出狱，哪有什么关系！老母所求所托者，无非她那些财物的“故人”，这么一折腾，她那些财物便都还了“故人”了，他们主意已定，先将她榨干净，然后流放出京。因为清代刑律规定，主人虐婢致死不用抵命，最重只判个流放的罪名。

于是，赛氏被判远戍。至于远戍何方，至关要紧，要有人来斡旋才行。

谁来斡旋？并非她那些“故人”，而是林旭老友，时任刑部郎官，后来写了《孽海花闲话》的冒广生，是他跟同官商量，将北戍改为南放。她原以为，出狱以后就算完事了，没想到，忽然又来了一道公文，要她返回原籍，立即出京。乍闻之，如冷水浇灌了头顶，惊愕了老半天。

此时，萦于心头者，唯有“出京”二字。从出狱，到出京，间不容隔。

她终于想明白了，出京就出京，京城其实就是朝廷的监狱——囚禁皇帝！

事已如此，唯有一走，于是，毅然出京，从此决裂了朝廷。她在心里与六君子、五大臣、沈荩告别，匆匆出走，身旁唯有孤母相伴，一路相视无言。按冒广生的说法，她的流放，是从原籍徽州起到上海的一千里路程，也就是说，要将她先押解回原籍，然后从原籍流放至上海。

可她并未回原籍，而是从北京直接到了上海，一到上海，流放就结束了。

从上海回到苏州，时已入夜，她恐怕城门已关，便乘了小船回萧家巷故里。

“船在初夏的夜色里，款乃而前，微风犹带嫩寒，行经仓桥滨的停泊处，只见那里仍有明窗的画舫，有青春活跃的少年，仍有豁拳饮酒的文士，仍有悄然声的‘七板子’小船停泊在旁近，舷边只有三两个老船夫，在那里吸旱烟。”这样的描写，出自商鸿逵的手笔，文人修饰的痕迹很重，离赛氏的口述恐怕已很远了。可作者还要来揣摩她的心情，借了她的口吻，回忆道：“我回想到十七年前，我犹是一个天真未凿的小姑娘时，我要乘七板子，而云仙却拉着我手跳上画舫时的情景，历历如在目前。”

而今那小姑娘呢？却被押解回籍了，此后前途渺茫，何处是归宿呀？

昔日豪华，只是一片过眼烟花，今已风流云散，世情淡薄如纸，人生原不可以留恋在繁华里。她这样感触起来，便觉得风月场中，已是可厌的了。可一年以后，她还是去了上海，租赁一屋，挂起“京都赛寓”的牌子，还附注了洋文。这回她在经营上，改变了以往的官场路线，开始追逐西化的时尚和革命的风潮。

## 104. 命运之花为革命开放了

当赛氏在上海再度挂起“京都赛寓”的牌子时，适逢《孽海花》出版。

《孽海花》，是以赛氏作靶子，而用了逢场作戏的子弹来瞄准她射击的。

不光射她一个，而是射向整个官场，有几发子弹还射中了她的丈夫洪钧。

除此之外，书中浓郁的革命情绪，与她新的经营路线一致，因此，书一出版，便相得益彰。曾朴的书，借了她的名头一纸风行，而她也靠了这本书的宣传，越来越有名；曾朴卖书，一版又一版，赚了大钱，“京都赛寓”也红透了上海半边天。可她知道，这只是她妓业生涯的回光返照，表面上的红火，暂时掩饰了她内心的寂寞，她的身体在“京都赛寓”，而她的心灵却在祈求不知何在的归宿。

哪儿有她归宿？她不再寄希望于朝廷，对官僚抱有好感了，一提起他们，她就有一种深深的厌恶。自掩埋沈荩碎尸以来，她就渴望投身于革命者了。虽然是两条腿走路，但西化只是寻求出路，而非归宿，否则她早就跟瓦德西走了。瓦德西呢，他还好吗？此时，她不知瓦已死，只记得他临行前那个端庄的军礼，那时她在病榻上，热泪盈眶，还有瓦给她的那封信，信里说什么呢？该找人问一问。

朝廷杀死了她的爱人、恩人，这还不够，还要陷害她，经此一狱，她才真正懂得了她的爱人、恩人为什么会被朝廷处死，因为朝廷本身就是监狱，身在其中，连皇帝也朝不保夕，何况忠臣？她效忠朝廷，追随她的爱人，结果呢？不仅没有给她一个名分，让她从无尽的漂泊中安定，反而夺走了她的一切，将她掷入苦难的深渊，她分明是深渊里的一朵牵牛花呀，只能往上爬！要以革命往上爬。

再也不能沿着朝廷往上爬了，要以革命往上爬……还要回到北京去，那儿才是她的归宿呀！要从革命化中去求归宿，那儿有沈荩，至情至性……有了她这样的阅历，已无惧生死，繁华如纸，已非她所求，所求者，唯有真情而已，什么金翠满屋、锦衣玉食，都可以弃，世间难得唯一情字！养过四十匹马的赛氏，她已不再奢侈，想褪尽铅华过新生活，如能有情有义地活一回，她此生之愿足矣。

这时，一个名叫曹瑞忠的人出现了，用真情召唤她，她就去了。可他命短啊！她说道，他只是我生命中的过客，不是我的归宿，但这却是我第一次跟着真情出走呀，粗茶淡饭，我们过着淡泊的平民夫妻生活。

你问我值不值，值！荣华富贵都是假大空，在那里面活一辈子，也活不出一点真东西，倒是平民的夫妻生活还能有情有义，活出一点真意义。他命短，我命苦，他一撒手，就离我去了。

但革命给她带来了转机，朝廷倒了，她终于找到了自己的归宿。那时，已是民国二年了，一个革命者，像幽灵一样，突然就出现在她眼前。襁褓中的共和国，落入袁世凯之手，她深知袁氏为人，当年，袁氏就出卖了皇帝和维新党人，现在，为了自己做皇帝，还会放过革命党人？他好狠心！

曾有一位名叫双松的上海《申报》驻北平的记者来采访她，她说：那天晚上，她爱人逃难到上海，来"京都赛寓"，要见她。起初她不肯，因为"我历来规矩是星期六亲自接客，那天是星期日，我怎么能破例呢？"可她一听说是革命党人，因二次革命失败逃难至此，就破例了。她说："我平生最敬佩社会名流和豪杰之士，愿在茫茫尘海中物色知己。"初见爱人，她的印象是：他身材魁梧，谈吐亲切，话语不多，但都实实在在。从此，便经常来看她。谈起她的爱人，她两眼闪烁着异样的光彩。

她说："有一次，北洋兵要缉捕他。他脚上负了伤，忍着疼痛爬到我家后院。我把他救了起来，睡在我床上养伤，躲过风头，我又让他化装逃去东洋避难。谁知他一到英租界，又被英国兵扣留，我亲自出马，几句英语对话，他才被释放。"她亲自送他过海关，上了日本邮船，在码头上告别。

两人手拉手，泪眼望着流泪眼。她祷告上苍，保佑爱人平安出海。

她爱人先是一言不发，老半天只说了一句话：等我，我会回来娶你的！

# 105. 为革命者守节

她的爱人，姓名魏斯炅，江西金溪人。

民国二年（1913），同李烈钧在江西发动二次革命，兵败，流亡至日本。

赛氏信了他的话，真的在等他，等了五年，他终于回来了。民国七年6月20日，她用了自己的真名“赵灵飞”和魏斯炅在上海新旅社举行婚礼，婚礼主持人是大将军李烈钧。

参加婚礼的来宾都是社会名流和报社记者，还有她的旧时姐妹们。

赛金花嫁人了，嫁的还是一个有学问的革命党人！消息不翼而飞。

这是她一生中最为重要的时刻，此刻，她开始意识到作为女性的自豪和尊严，一种神圣而又幸福的感觉弥漫全身，一说起来就滔滔不绝：“上午八点，我浓妆艳抹，披着洁白的文明纱，手捧一束红玫瑰，装饰着霓虹灯的彩花马车把我送到上海新旅社大厅。军乐队奏乐，证婚人宣读婚约。

“就这样，我在晚年（还不到五十岁）找到了真爱，嫁给了魏先生。”

结婚以后，她返璞归真，和魏斯炅过着普通夫妻的家庭生活。

她接来母亲和顾妈，一家四口其乐融融地过日子。她说自己“就像流浪的孩子回到了梦里的家园，又像经历风浪的海船平安地驶进了港湾”。不久，他们回北平，住在樱桃斜街。

提起当年那场官司，她觉悟了：“庚子年国家遭难的时候，那些王孙贵族公台大人躲到哪里去了？他们用完了我就加倍地侮辱我、伤害我，要我老死在监狱里，遮盖他们的丑。

“我偏不死！押回原籍时是苏三起解啊，我暗暗起誓赛金花有命回乡就有命回京，我还要回来的！”是的，她回来了，“纨绔王公皆猪狗”，皆猪狗啊！可回来的不再是赛二爷，而是魏太太——“魏赵灵飞”，被流放在深渊里的那朵苦命的牵牛花，自我意识终于觉醒了：状元诚可贵，爱情价更高……

她说，我一生难忘两个人：一是洪文卿，一是魏斯炅。洪状元爱我年轻貌美，救我出火坑，是恩情；魏先生爱我风尘知己，给我以“人”的尊严，是真情，魏要更多几分真情。

可悲剧就是将有价值的东西撕破了给人看。她的悲剧接踵而至，先是母亲去世了，爱人竭尽所能办丧礼。刚办完母亲的丧礼，命运又将她的爱人撕破了。她说：

“民国九年6月的一天，魏先生因公事出外，跑得满身大汗回家，忙着去洗个冷水浴，又出外去跑，半夜回来就发高烧病倒了。

“头疼得厉害，像感冒，也像闭痧。躺了几天，吃药打针，稍微好转，又恶化。催他上医院。他说：我这个身子骨怕什么？一拖又几天。可低烧不退，头疼不止，我一步也不敢离开他。

“一天下午，他的头又激疼起来，疼得在床上翻滚，呻吟。这时，恰好来了个‘同善社’做医生的朋友，切脉诊断，说他是风寒急症引起‘偏头疯’。可以用针灸治疗，征求我们意见。

“斯炅大叫：给我扎吧，扎比痛好。疼死我了！疼死我了呀！……

“我心慌无主，只好依他。谁知道在脊椎骨上一针下去，没反应；第二针下去，他大叫一声，针头带血；第三针，他，他，他就再也起不来了啊！……斯炅一死，我昏天黑地，五内俱崩，肠枯心焦无泪流……天哪，难道我前世尽烧断头香？嫁了三个丈夫，都是半路夫妻？造孽啊！

“千挑万选，这样好的男人又抛我去了！我无路可走呀……

“魏家的财产我什么也不要。我只取出我和魏先生的结婚照和他给我的定情物——翡翠珠花儿，悄悄地搬到居仁里，租了四间平房。我明知生活苦，也要独守孤灯，为他守节。我虽已人老珠黄，似残花败柳，但开窑子，树艳帜，还不轻车熟路？买几个小姑娘，钱就来了……

“可我不能再走回头路啊！钱一滚，人也滚，滚来滚去就下地狱了，我怎么见魏先生？不，我绝不能再这样做！十三年来，我伴着遗像度日呀。我宁愿典卖租借，粗茶淡饭过日子。这条街虽穷，却都是些真情实意的下层社会穷苦人！这些年，我怎么过呢？生活虽苦，精神上舒坦。

“你刚才不是说普度众生吗，我算皈依佛门了。顾妈，开门！”

隔壁佛堂门大开，除了青灯古佛，铜炉香烟，别无他物。

佛像两边的对联写着：招徕良家闺秀莫踏红尘覆辙，逗得阔佬夫人再修佛界天堂。她说：“眼望天国，身居地狱，如此苦苦挣扎，便是人的一生。”可有一个声音在呼唤她，她还记得吗？

那声音说道：闻你现极热诚念佛——阿弥陀佛，最好就在看云玩花时不知不觉中念了一两声救苦救难观世音。……佛号是无灵的，唯有人力的奋斗。华北又告警了，你尚能奋斗吗？

与其空念阿弥陀佛，何如再献身救国！救国？作为她救国的历史见证的克林德的牌坊，已改成公理战胜纪念碑了，历史是可以这样改来改去的吗？作为她救国的最后一点见证也被抹去了。

还请她去出席了抹去的仪式，请她讲两句话，她无话可说……

在她的居仁里的“江西魏寓”里，有一幅提香·维切里奥的油画《人间的爱和天上的爱》。“天哪，人间的爱何在？我，我……我要寻天上的爱啊！”她坚信，她的爱人，还有她的恩人，都在天上等她，她要去了……两年以后，她在贫病交加中宁静地走了。这一年走的，不止她一人，还有鲁迅。

假如他俩在天上相见了，她问鲁迅：你是那么同情女人，写了《娜拉出走以后》和《伤逝》，为什么要指责我这个不幸的女人呢？就因为我是妓女吗？鲁迅会怎样说呢？

# 十 立宪运动一分子

## 106. 为什么要“小人”接了伟人的班

常说民无信不立，朝廷呢，就可以没有信用吗？

你若这么一问，或将遭遇反问：你见过讲信用的朝廷吗？

不是有过商鞅“徙木立信”吗？他真的将信用立起来了吗？如果真的立起来了，他怎么还会被五马分尸呢？韩非子说，上下一日而百战，君臣之间，哪有什么信用可言！

《孙子兵法》在中国，不仅指导军事，还指导政治，军事上兵不厌诈，政治同样用诈，赛金花不知有诈，被人恶搞了一下，不是被一人，是被一群人，他们的代表是朝廷。

李鸿章死了，死而后已，一了百了，他以一死救中国，死得其所。

可谁来救赛金花呢？要是他没死，他会救吗？他能救吗？这很难说。

如果他没死，他也会很难过，衰弱的朝廷难以承受英雄的生命之重。

他死时，两宫回銮，还在途中，得此噩耗，人言，两宫及随扈人员，乃至宫监卫士，无不相顾错愕，如梁倾栋折，骤失倚恃者。至此等关键，乃始知大臣元老为国家安危之分量。

可“关键”一过，虽然还是“黄花晚节，重见芬香”，但亦难免流言起。

俗话说“天塌下来有高个子顶着”，李鸿章本来就是高个子，他不顶谁顶？

可要是天没塌呢？那他就得把头低下来！要想方设法打压他，让他矮下去。

他怎么死的？他死前，为什么俄国公使站在他床头不肯放过他？听说，他受了俄国人的贿赂而未替俄国人办事，俄国人不放过他，这才将他逼死，这样一说，他的头不就低下来了？

好在他死了，也就不必追究了。

朝廷治国平天下靠什么？当然要靠实力！如果没有实力，那就要靠面子。朝廷对外没实力，那是谁都看得到的，对内又何尝有实力？不过靠面子维持。李鸿章肯听召唤，那是给朝廷面子，如果他真要做总统，朝廷拿他有什么办法？当然，他自己也要面子，要是朝廷不同意，他也不想造反做乱臣贼子。在面子工程的儒家传统里修行了一辈子，不会因为有了“几条枪＋几个新名词”就改变的。

李鸿章临死前，向朝廷推荐袁世凯来接替他任直隶总督，说“环顾宇内，无出其右者”，说得可能有些过分，可事实上也只能如此。庚子事变，与联军作战，武卫五军被联军打残了四军，从天津到北京，李鸿章眼看着他的淮军子弟尸横遍地，他的聂军、宋军都被打烂，只有袁军还算完整。

从他那里遗传下来的，也就这点血本了，他一辈子治军、办洋务，总算有成。

论人品，他未必看得上袁世凯，在贤良寺时，他曾对人言：“适才袁慰廷来，尔识之否？”人曰：“知之，不甚熟。”曰：“袁世凯，尔不知耶？这真是小人！”他这样说，是因为袁是他一手扶持起来的，更何况甲午之败，也是袁惹的祸，恭王这样说时，他还为袁开脱，连连说都是我错。

现在，看他栽了，要另去投靠，却来劝他“暂时告归，养望林下”，被他厉声呵之，曰：“止止！慰廷，尔乃来为翁叔平作说客耶？他汲汲要想得协办，我开了缺，以次推升，腾出一个协办，他即可安然顶补。你告诉他，教他休想！旁人要是开缺，他得了协办，那是不干我事。他想补我的缺，万万不能！武侯言‘鞠躬尽瘁，死而后已’，这两句话我也还配说。我一息尚存，决不无故告退，决不奏请开缺。臣子对君上，宁有何种计较？何为合与不合？此等巧语，休在我前卖弄，我不受尔愚也。”

那时，袁正巴结翁同龢，想为翁谋一个协办大学士，来为翁做说客，劝李乞休开缺，李说：“我偏不告退，教他想死！我老师的‘挺经’正用得着，我是要传他衣钵的。我决计与他挺着，看他们如何摆布？我当面训斥他，免得再来啰唣，我混了数十年，何事不曾经验，乃受彼辈捉弄耶?”

可李在临死前为什么要推荐袁？有人说，李的遗折里，无一字提到袁，推荐一说乃空穴来风；也有人说，推荐不在遗折里，而在附片里。我们认为，推荐袁氏，应该是李的本意，其一，按照湘淮军系的私军传统，他应该传给袁氏；其二，论当时形势，他不能不传给袁氏——袁有枪杆子！

枪杆子里面出政权，是一条硬道理，在中国，尤其如此，袁之督直根底于此。

而袁本人，居然也就以李的接班人自居了，追悼李鸿章时，袁写的挽联直截了当就这么说：“公真旷代伟人，旋乾转坤，岂止勋名追郭令；我是再传弟子，感恩知己，愿宏志业继萧规。”

袁非君子，也不好说就是小人，君子小人之辨，多用于传统政治，到了近代，多少会有些改变，袁之趋炎附势，并非缺乏道德情操，而是出于政客的本能——永远站在能赢的一面。一部《周易》，老是天、地、人的说来说去，其实关键就四个字：“吉凶”与“利害”。如何趋吉避凶，如何趋利避害？你看那八八六十四卦，哪一卦不说吉凶，不说利害？三百八十四爻，有哪一爻论是非？

当年，袁氏就以一副《周易》脑袋去跟国际法“碰瓷”，《周易》脑袋，满脑子利害，而国际法正相反，一上来就要论是非，讲个正义非正义。李鸿章本想训斥他“胆大妄为”，没想到慈禧说他能干，只好改作“胆大有为”，放手让他去干了。结果，在朝鲜捅了个天大的篓子就回来了。

敢跟国际法“碰瓷”，慈禧欣赏之，“胆大妄为”的岂止袁氏？还有慈禧。

袁氏不过在朝鲜半岛上碰碰瓷，而慈禧与十一国同时宣战，则是破罐子破摔了。

袁氏碰瓷，碰出了“去李鸿章化“的契机，李鸿章是骡子是马，终于被人拉出来遛遛了，遛得一败涂地，骂满天下，天简直就要塌下来了，老师顶得住吗？他内心里难免有此一问。劝一劝老师，何不跟他一样，乘势先溜了，让翁同龢去顶着，待翁顶不住了，再出来收拾局面。单从利害上来说，这未免不是一法。用时下流行的话来说，这叫做“一鱼三吃”，头尾让翁、李吃，中间一段自己吃。

可他太不了解老师了，老师是“结硬寨，打死仗”过来的，全靠肚里有一本“挺经”挺过来，老师一火，那本“挺经”又挺上来了：想“去李鸿章化”？没那么容易吧！签订《马关条约》，没我行吗？三国干涉还辽，没我行吗？签《中俄密约》，没我行吗？

庚子之变起，慈禧命南方督抚北上，又是他挺立南天，振臂一呼：“此乱命也，粤不奉诏！”有此一挺，东南互保起矣！东南共和国议矣！王权之外国权独立矣！故曰“舍我其谁也”！

袁氏不挺，惯于避趋，善于委蛇，甲午时，避李趋翁，戊戌时，避翁趋荣，庚子时，归趋于李，能于此等衮衮诸公间，趋利避害，游刃有余，亦算他真的有本事，谈不上伟大也够精明。

子曰“唯女子与小人为难养也”，搁在清末，那“女子”便是慈禧，而“小人”就是袁世凯。这两人一前一后的折腾，终于将大清朝折腾垮了，中间有过一次新政，已是临死前的回光了。

## 107. 发现严修——为新私学立言

袁是“小人”，让“小人”来接班，李鸿章似有不得已的苦衷。

谁能对付那没信用的朝廷？想来想去，也就只有袁世凯那样的“小人”。

可这“小人”身边，却有一位真正的君子，下面，我们试着将这两位比对着来写，写那君子的文化个体性，同时，也写那“小人”一次次“胆大妄为”，误了家与国的性命。

我们不妨先来认识一下那位君子：严修，字范孙，何许人也？

周恩来曰“旧社会的一个好人”，张季鸾曰“旧时代的一个完人”。

周张二人均以“旧”论，而不知其为新人，严修非独旧学问中的通达时务者，也是新文化之“新民”也。以新旧论人，论故人可，论历史人物则不可。作为历史人物，严修应该如何评说？

严修之于历史，其为校史人物，人皆知之，此固不待言。然其为国史人物，则为革命史长久观封存，知之者甚少。至于严修在近代史上的地位，则须用新眼光重读近代史，重新去发现。入土易，入史难。何以严修难入史家法眼？

此非其本人“历史的局限”，而是我们的历史学被时代所局限。曾几何时，革命统治史学，严修一腔改良之志“胡适之”？曾几何时，举国斗私，其“新私学”又如何能见天日？

“而今识尽愁滋味”，再来论新旧，真是“欲说还休”，而不能不说。严修之于今日，其人已逝，而其思想维新。何以言之？改良主义和新私学，复兴于今日，大势所趋，人皆呼唤。

求教育独立和自立，舍严修其谁也！使教育摆脱教化，非新私学莫能也！

何谓“新私学”？以古今言，乃近代私学，非古代私学；以中外言，乃西化之私学，非传统之私学；以体用言，为近代学校而非古代私塾。传统私学，以孔孟为体，帝王为用，其学不离科举制。而新私学，则以科学为体，经济为用，立于学术与实业。故其形式有二，一学校，二学术。

其学校，由严氏私塾，而小学，而中学，而女学，而成南开大学。

其学术，通中西之学，通古今之变，通文理之用，而为会通之学。

严修曾督学黔中，任贵州学政，于三百年前阳明先生讲学之地，开书局，立书院，继往圣之学，而求中西会通。其劝学士子，以中学立体，以西学致用。他说："中国之学，万劫而不可磨灭者，唯义理也，洋货流通，中国义理不能废也；西学明备，孔孟程朱之道不能畔也；义理之学愈深，西学之用愈实，两者不可偏执也；孔孟之道愈明，泰西之法愈见其可行可用于世也。"

或曰，此乃"中体西用"，来自张之洞，也许。然其"会通"，着眼点似与张氏有所不同。"中体西用"着眼于分，中西会通则着眼于通。

"会通"说，出自明季徐光启，徐氏上《历书总目表》言："欲求超胜，必须会通，会通之前，先须翻译。"徐光启会通，以"修身事天"通天主教，以"格物穷理"通几何学。阮元《畴人传》说："自利氏东来，得其天文数学之传者，光启为最深。迄今言甄明西学者，必称光启。"徐氏之后，步步倒退，明末巨子，如黄宗羲等，亦以本末论中西，以中学为本，西学为末，而有"西学中源"说。究其原因，是明亡时，一种民族的情绪自发反映，亦为痛定思痛后，中国思想者对于本土文化的坚守。

中西本末论，乍一看似对西学而言，再细思量也含有对清廷的抗争。民族危亡时，皆欲以民族主义固守本源，留住文化的根，故对文化特别敏感。至清末，危机尤甚，中西之辨，亦从本末论转向体用论。本末论从根本上说，说到考据学里去了；体用论就当下经世而言，则与时政相关联。

此二者，一为信念的，一为实用的，持之者，各自抱有一段时代的危机感于胸间。而严修之会通，不废本末，兼言体用，临危而自信于“人同此心，心同此理”，以“此理”为天理，为义理，超越古今，无分内外，遍及各国，无论东洋西洋，放之四海而皆准。故近代诸子，如李鸿章，如张之洞，如康有为等，或停留在洋务运动，或止步于君主立宪，或未能走向共和，皆囿于王权，而严修则能承前接后，与时贤齐驱。此皆难能，但若论走出王朝，且与王权决裂者，则严修先生当属此列。

历来告别王朝者，或隐于山林市井，或走江湖闹革命，唯独严修，既不归隐，也不革命，上承有宋以来书院一脉，下接近代西学新潮，立命于教育，安身于实业，自信新私学能以社会化使教育独立，以实业化使教育自立。他就像阿基米德，以为给他一个支点——教育，他就能救国。当思想界高举主义大旗，使民主与科学政治化时，他却在社会化与实业化的教育中，将民主与科学坐实了。

然其一生事业，始于贵州兴学及奏请开设经济特科，一举“启变法之原点”。

## 108. 学政维新——考试题里的变法初曙

张佩纶在天津时，曾主持问津书院，任山长。

山长之名，始于五代，从宋至清，一脉相承。

张喜欢当导师，很注意发现人才，一眼就看中了严修。

他从书院挑选十人，往谒李鸿章，严修忝列其中。李放下架子，来接见这些小才子，这是严修第一次被李鸿章接见，李一一询问了他们的姓名，各问数语而出。

后来，张佩纶已赴京，严修又单独往谒过李鸿章一回。

煤气灯下，李温语问讯，还教他陈写殿试策及调墨之法。

某日，张佩纶批严修卷曰：五艺再求典实，可借书更作之。

严修如命更作，此后常说，我有点进步，皆因张师督责之。

张佩纶为严修论治学之要，谆谆不倦，旨云：经学可以从略，通经不足以致用；宜古宜今，有体有用，莫如读史。严修治学，从此由通经转入通史一途，从古史到清史，通古今之变。

治小学，以《说文》为主，兼及《尔雅》，以识汉字立学术根底。

读诸子，则《荀子》、《列子》并读；荀为儒之变者，列为道之变者，荀一变而有韩非、李斯，列一变而有黄老、方士，乃刑名而通于黄老也，皆中国传统政治。读《曾文正公文集》以识时务。

后来，严修与人言其治学云："为续东莱博议篇。""东莱"，是指南宋东莱先生吕祖谦，"博议"，指《左氏博议》，该书由经入史，由春秋而左氏，"言性命必究于史"。

严修治学，由经入史，此虽由张佩纶启发，亦由其为浙东之裔，天性便易于取法东莱，文化认同中，乡土观念有时也很重要。"东莱博议"，除了由经入史，还有博采众议。

朱熹批评吕氏家学"不能守约"，乃囿于学术门派而言之，其实吕学之"约"，恰在"自作主张"四字。其学虽兼收，却以"自立"

为宗旨。严修续东莱之学，续的便是“自作主张”四字。调和百家，却要自作主张；通古今变化，要不离日用。对于理学，他持调和朱陆立场；对于西学，他持调和中西立场。在经世致用方面，他从传统史学出发，走向近代科学，趋于教育和实业。

这便是严修贵州兴学前的一个大致的思想状况和学术背景。

35岁那年，朝廷春天大考，严修考了二等，被皇帝召见。

一连三次召见，可见皇帝对他已有好感。其时，中日方战，严修奉命提督贵州学政，去向皇帝辞行，帝曰：自古帝王治天下，皆以兴贤育才为首务，任至重也。又曰：尔当维新！

行前，严修略知战况，一上路，因路遥地僻，无消息。到了湖北，才听说旅顺失守，闻之大惊：大沽危矣！京东一带，亦将震动，奈何？但愿消息都是假的，否则大局不堪设想。闻言，疑信参半，此言果真，则全局瓦解，其危何止一家一身？朋友来晤，以一纸见示，乃从英国报刊转录而来，言清军战败，大连城已被倭军占据，倭人声称，到了十月下旬，便要进犯盛京，可见是真的了。

继续黔行，弃马改舟，溯江而上，入洞庭，至湘西境。观常德繁华，桃源美景，心情略有好转。水陆兼行，时有飞雨惊溅，两岸茶山簇拥，山路崎岖，崖壁绝壑，呼之已出，挥之又去，严修叹曰：不虚此行！出桃源，竹林渐少，而松杉始盛；青山远秀，而逼近险峻。巨石嶙峋，峭壁耸削，严修云：“真山面目于此始见。”湘黔地理有别，此为“界亭”。登一大山，山不一色，顶为碧蓝，次为黝黑，其下为黄赭相间；山不一形，山峰突兀者，几欲刺天，其下为平，再下如锯齿，石锥林立。夜雨凝冻，漫山银装素裹。此天之鬼斧神工，妙不可言。然黔省之贫，亦历历在目，一路所见，庐井萧条……

江山之美与民生之困，国土之广与外患之深，他默念皇帝之嘱：尔当维新！尔当维新！

从湘西入黔地以来，严修所见士人气色，大半灰暗。他以为，一则因天气，难见晴空舒朗，而终日昏冥，一则由吸烟，黔地几乎家家吸食鸦片，鸦片税每年十余万金为上报之数，实逾二十万。黔地通行“街市银”，或“罗罗银”，成色甚低，稍优者曰“票银”。以街市银易票银，须加色七八分，一兑一换，就寄生了一批银虫。黔地闭塞，积弊甚深，帝曰“革弊”，严修从教育入手。

一到任上，他下朱谕帖交各部署，令“嗣后免交上费”，免除了学费，可举学依然艰难，除无名师蒙启，尤苦无书养读。为开启僻塞，严修将自携十四大箱书籍，存于学舍，供士子们阅览。

书六十五种，四部皆有，而以史部居多，尤重史地及当代史。史地方面有，《通鉴地理今释》一函，他以为“读史者必不可少”，而以《读史方舆纪要》二函“最精”，《皇朝一统舆地全图》一函“最详”。当代方面有，《同治中兴奏议》一函、《林文忠集》一函、《胡文忠集》一函、《沈文肃政书》八本、《左文襄奏议》二函，他以为“以上五书于时事切近，有志于经济者，不可不读”。

他的学术格局是兼容的，经学方面不分汉学、宋学，文学方面，于诗、赋、骈、散“各体俱备”，不持偏倚，版本学和金石学，亦有涉及。

并着手开官书局，刻印书籍，劝学士子。

在贵阳考试生童时，他开始引入数学，而其所据者，乃《中西大成》一书，不过，他指出，此书虽善，“然时有删易，或失旧观”。因此，他又推荐了《方程论》、《四元解》、《六术》、《九章》、《开方》、《对数》以及《勾股演代》、《微积溯源》等，要求生童“仿提要之例，各系数语”。

他要求各府，均以算学题试士，但报考者寥寥。于是，拟选贵阳三书院之一，开设算学课，然而聘师于省内，却无应聘者，无奈他向张之洞求师。他说，黔省学古书院，开了经学和算学两门课，经学教师已就近聘了，可算学教师一席，求之于省内，连一个通算学的教师都求不到。他请张之洞从两湖书院的肄业生里，帮他聘一位通微积分的教师来主持讲席，报酬“岁奉三百金，程仪半之”。

他到镇远考优生，出的试题有：《论西学之用与用之之法》。

有一次，在铜仁科考，他出了代数题，是一道解方程的题：有卖果子者，初次买进若干果，其价每两枚一文；二次又买进若干果，其价每一文三枚，及售出均作二文五枚，共亏本四文，求两次所买果文之数。严修不愧商人之子，竟将“引车卖浆”之流引入科考。此术，素为士人所轻视，而今却进入考场，考生也不见怪，何也？西风劲吹，士子竞趋，政府倡导，重商主义抬头了。

在遵义，他出算学题：有绿、练二营兵不知数，但云裁绿六百人以益练，则练为绿之三倍。裁练二百人以益练，则绿为练之三倍。问二营原兵各若干。在大定，算学题为：战兵六千，守兵九千，月饷三万一千五百两。战兵八千，守兵七千，月饷三万四千五百两。问战守兵每名月各若干。

回贵阳，主持经古补考，出考试题为《大变则大益小变则小益论》，要“变法”了？第二场的试题：“问宋神宗时，诏议共举，咸为宜变法便。”苏轼与王安石论以诗赋取士，苏轼认为，诗赋亦出人才，而王安石却认为，以少壮之士，闭门学作诗赋，这是科举败坏人才。二说孰长？

在安顺考场，他又以“商鞅、杨炎之事”为题，命诸生申说“变法”：三代井田之良法，坏于商鞅；唐租庸调之良法，坏于杨炎。他指出，二人变法的事情，君子提都不愿意提，可后来治理国家的人，都用他们的法。一旦改变了，反而使国与民都会受到损害，这是为什么呢？

当下即是，变法就从自己的脚尖处开始。严修就这样在实处一点一滴，开始润物细无声的维新。

刚好，康有为的《公车上书记》问世，家里给他寄来一本，读罢，觉得“忠肝义胆，一掬而出，五洲利弊，了了纸上”。在致同年徐世昌信函中，他称赞“康长素之疏真卓论也”！

而他在贵州的学政维新，其时，正为康的“举国之变”导夫先路。

# 109.《奏请设经济专科折》——“戊戌变法之原点”

某日，严修拜访好友陈维彦，谈起上书开设经济特科的打算。

相谈甚契，维彦大加赞同。此事甚大，严修又与“澄兄”尹澄甫商量，尹亦认同。

陈乃同僚，时任厘金总办，严修说他“博洽能古文，通时务，尤留心义理之学，庶乎有体有用”。“澄兄”，亦天津人，精于戏曲，妙于音律，与严修有同嗜，故同行至黔地。

说做就做，严修动笔起草《奏请设经济特科折》，一夜疾书，奏稿完成——“奏草一，附片一，请假片一”。放下奏稿，他想了很多，想起了皇帝，还有恩师，发还是不发？

他的恩师徐桐，是个老顽固，不光仇视洋人，还鄙视西学，反对变法，他已知，只要这份奏折一发出，他的老师便要与他为敌。一连想了两日，最后，他下定决心，还是发。“请假片一”就是作好了挂冠辞归的准备了。

这样选择，对他来说很难，有时家国难以两全，君师难以两全，要当事人来选。西方人爱说，我爱我师，但我更爱真理。这是价值取向，而非人事取舍，在人事上强调真理，多为托辞。人事取舍，要在大小、轻重、缓急、利弊等关系上来考量，严修自作主张，却不敢自居为真理。

稿毕，请陈维彦酌改，陈闭门两周，修改誊清后，将改稿交与严修。

严修即与澄兄商榷，又独自修改，一夜未眠，东方既白，奏稿乃定。严修谢客，便衣至陈维彦处，陈维彦读罢，赞叹不已，“以为可用矣”！奏折终于发出，全文近三千字。

奏折提出，仿康熙、乾隆两次举鸿词、一次举经学之特科先例，设经济特科，以通今为切要，分内政、外交、理财、经武、格致、考工六门取士。国难时，急需人才，若应试者多，虽十取五亦可。寒士或边远之士赴试，宜以公费资助，使国无遗才。凡京官五品以下，外官四品以下，以及举贡、生监、布衣，均准保送参试，仕者授翰林院侍读或编修，未仕者授予检讨、庶吉士。其他，或充出使参赞、随员，或充总署章京、各省教习。他强调，特科试者一经录用，就应与科举出身一视同仁。

皇帝准奏了，上谕曰：经济专科，一为岁举，一为特科，先行特科，次行岁举。

一如严修所奏，将经济特科"分为六门，约以六事"：一曰内政，凡考求方舆险要，邦国利病，民情风俗者隶之；二曰外交，凡考求各国政事、条约、公法、律例、章程者隶之；三曰理财，凡考求税则、矿产、农功、商务者隶之；四曰经武，凡考求行军、布阵、管驾、测量者隶之；五曰格物，凡考求中西算学、声光、化电者隶之；六曰考工，凡考求名物、象数、制造、工程者隶之。

由全国三品以上京堂及督抚、学政，各推举所知人才，无论已仕未仕，注明其人有何专长，咨送总理衙门会同礼部奏请在保和殿试以策论。此后，特科候旨，十年一举，或二十年一举。

岁举，则于每届乡试，录送新增算学、艺学各书院、学堂高等生监乡试。乡试中式名曰经济科举人，与文闱举人同场复试。会试中式则为经济科贡士，亦与其他一体复试殿试朝考。

随后，皇帝以"所议特科、岁举两途，询足以开风气而广登进"，命总理衙门会同礼部"着照所请"，"妥议具奏。"梁启超《戊戌政变记》"上谕恭跋"云：今年正月，上谕举行经济特科之外，更举经济常试，试时务策论及政治、法律、财政、外交、物理各专门之学，实为非常之举。梁称"经济特科"为自隋开皇七年科举取士以来一大突破，乃戊戌维新"变化之原点"，废科举制的先声。

严修奏罢，备感轻松，得失置之度外，遂约在黔同仁好友游蟠桃石、圣泉等地，朝而出，暮而归，行到水穷处，坐看云起时，但见广泽明月，苍山乱流，心境顿时为之豁然。

严修在黔任满，致友人曰："弟在任三年，寸效毫无，思则汗下。"而贵阳士子则依依不舍，刻碑纪念先生。碑文铭《严学使范孙去思碑》。

黔居三年，行将离去，他将黔地士人品评在册，以备国家之需：

“兴义刘显治，字希陶，好古文，笔下常有奇气；婺川申云藩，聪慧绝伦，治算学，两年尽解其妙，于八股文亦理顺；八寨欧阳朝相，以孝行闻于乡里，治算学能究其理而达于词；铜仁唐桂香、孙士杰少年即有文名，而算学与刘显治相仲伯；贵阳熊继先聪颖，然乏沉毅；镇远张希文、黄平、李琳，麻哈周恭寿，贵阳严俨，贵筑张寿龄，皆一时有志之士；普定黄禄贞，心平气定，思想绵密，尤精于算学格致：曾据其算学心得自造正弦表，绘自行车图，并以纸制地球仪，其上所绘地图、界线等皆精准如轨，惜其无名师为之前导，无仪器图书以资其用，使之于津、沪、楚、鄂之区，所造远矣……”

严修由贵阳起程返京，士子夹道而送者，相接数十余里，与恩师饯别。

# 110. 士人维新与军人维新

严修回京，由黔入湘，至汉口乘江轮，至上海换海轮回津。

海轮北驶，船上拥挤，偶望窗外，有人堆行李于船栏内，站一旁。遂开窗问之，乃康有为之弟康广仁，送梁启超进京。梁抱病而行，广仁护送，于是，严修为他们安排好舱位。

安顿后，梁、康来访，谈了一小时多。次日，严修回访，汪康年也在。

海轮甚快，较常日加速，因为盛宣怀的公子也在船上，盛督办有吩咐。

船行三日，抵达塘沽。按惯例船进港口不能靠火车码头，停泊后必须以驳船渡之。然此次竟直靠码头，由舟而车，一转即是，省便之至。上岸，改乘火车，当晚，严修一行回家。

于天津本宅，清算其居黔三年用度。囊宦如洗，负债累累，写借据两张，托至戚举债，债务理毕，便晋京候见。往颐和园，见了皇帝，奏对十余句，就退下，回五老胡同旧所。

述职完毕，稍息数日，便去拜谒李鸿章，李虽势不如前，严修则恭谨有加。贤良寺内，两人倾谈。然后，去拜见徐桐师，徐桐命家人曰："严修非吾门生，嗣后来见，不得入报。"严修怏怏而归。后来，徐桐于庚子之难自缢而死，客有述此事者，严修泣曰："吾师仁人，为人误耳。"

接着，他又去拜会徐艺甫及子静前辈。子静即徐致靖，亦维新党人，时任侍读学士，徐艺甫乃其侄也。严修来时，康有为也在坐，其于康氏心仪已久，素敬有加，故畅谈而归。

其时，康正与徐家叔侄密谋，欲拉拢袁世凯为皇帝所用，袁也利用徐世昌与徐家的关系，与徐致靖接触，一来通过徐致靖向皇帝举荐以求升迁，二来与徐家来往，可探听新政虚实。

陈夔龙在《梦蕉亭杂记》中，提到袁氏走徐家门路求官的事，说那时新政流行，党人用事，朝廷破格用人，一经廷臣保荐，就能得到升迁，袁氏热衷，岂能郁郁久居？故托其至友某太史入京，转托某学士密保，原想升一级，没想到一下就升到以侍郎候补，举朝惊骇。某学士以所得菲薄，乃至于索巨款补酬，传为笑话。人言“某太史”为徐世昌，而“某学士”即徐致靖，因徐为侍读学士。

陈夔龙为荣禄亲信，想必知情，但他说的却未必公正。他与袁氏都在荣禄麾下，自以为看透了袁氏，而羞与为伍，故其所言，难免有攻击成分。抛开攻击不谈，他说的还真就那么回事。

徐世昌日记有“徐艺郛”即严修说的“徐艺甫”，前往小站见袁氏的记载。

据记载，徐艺甫于戊戌（1898）六月九日与徐世昌在天津碰头，“聚谈半日”，六月十二日去了小站，“到慰廷寓久谈”，“留宿营中”，在小站逗留了四天。艺甫后来曾说，此行的目的，是欲以袁之兵力救皇上，诛荣禄，乃谭浏阳、康南海与我合谋，诚为孤注一掷。艺甫回京后，盛称袁的治军才能，康、谭主张由徐致靖密折保袁，于是，就上了《密保练兵大员疏》，康有为自编年谱称：“先是，为徐学士草折荐袁，请召见加官优奖之。又交复生（谭嗣同）递密折，请抚袁以备不测。”接着，就有了皇上召见，还有令袁喜出望外的破格提拔，以及袁的信誓旦旦，誓以肝脑涂地报君恩等，接下来，就发生了告密事件。

徐致靖的外孙许姬传，在《戊戌变法侧记》里，提到徐致靖“谈起此事，非常悔恨，似乎是终身遗憾”，而且颇为自责，说自己就是“密折保袁世凯的人，徒然给他一个出卖维新，扶摇直上的机会”，戊戌变法失败，就是“因袁世凯告密，而慈禧再垂帘，囚光绪，捕杀维新党人，成为千古奇冤”。

李鸿章早就说过袁“胆大妄为”，这一回，竟然“胆大妄为”到皇帝头上了，不管袁氏告密是不是政变的导火索，但它肯定是政变里的一颗重磅炸弹，没有袁氏告密，政变不会如此血腥。

艺甫的动作，应该很隐秘，严修当无从知晓，可艺甫回京后，没几天，严修也去小站，看望同年徐世昌，严修称之为“菊人”兄。菊人领他去见了袁世凯，袁很热情，见了段祺瑞，段也很热情。对于段，他印象甚佳，说：“段于汉文、测绘、算学、炮操，无所不通，年不过三十许，美才也!”

菊人邀他去观军操，先步队，后马队，乃新军也。他深知，推动新政，不光要士人维新，更要军人维新。新军自有一番维新的气象，却未对新政产生影响，更未成为新政的主导力量。

没有军人维新参与新政，新政岌岌可危，皇帝摇摇欲坠，袁军能维新吗?

观后，辞别菊人，菊人送到十里以外，又备茶座略叙，惜别。此时，他才觉得，什么经济特科、废八股、试策论，这些都是士人维新，都是笔杆子的玩意儿，军人对这些玩意儿不感兴趣，他们感兴趣的是枪——试问多少文章能敌一把枪?

士人结党严修不党，军人动枪严修没枪。正值家兄病故，家业无人主管；又因奏设经济特科得罪徐桐，其翰林院职务被免，挂一编修空额，有如尸位，不如归去，严修已悄然决定辞归。

得知菊人兄不日来京，遂修函问日期，嘱其来京即宿家中。菊人来京，严修留饭，与谈颇多。谈毕，即令夫人回寓检点，退京寓之房，全眷返津。次日，慈禧发动政变，囚禁光绪帝。

# 111. 从养士教育转向国民教育

国事难为，严修便回家去处理家务——“齐家”。

六君子罹难时，他已继任严氏家长，在天津料理家务。

维新失败后，虽不必如六君子那样喋血捐躯，也不必像康、梁那样亡命海外，但削职遣返却难免。严修在京城，虽与维新党人有来往，但他却君子不党，没有卷入党争。

严修赞同康、梁的变法主张，但与康、梁不是一党，他们是朋友，不是朋党。可徐家卷得很深，尤其徐致靖本人，与康、梁是朋党，更是死党，生与死，已同在一条船上。

六君子死了，可他没死，原来一直是个谜，《戊戌变法侧记》解开了这个谜。他的外孙许姬传告诉我们，戊戌事发，是李鸿章找荣禄帮了忙，请荣禄无论如何都要“保住他的性命”。

第二天，荣禄看到判决，第一名就是徐，判了“斩立决”，后面才是谭嗣同等人，便向慈禧进言道：我听说徐是个书呆子，整天在家里唱昆曲，吹笛子，他并不懂新政，恐怕是上当受骗。慈禧问，你为什么要救他？荣禄说，徐升了礼部右侍郎后，皇上从来没有召见过他。太监奉命查档，果然，三个月都没有召见过徐，这才把“斩立决”改为“斩监候”了，庚子事变后，才被特赦出来。

这话是李鸿章的后人亲口告诉徐的后人的。至于皇上为什么三个月没召见过徐致靖？那是因为他“耳朵重听”，说话要大声，皇帝谨防隔墙有耳，没想到，这一防，竟然救了他一命。

徐出狱后，去见李鸿章，李劈头就说“你是忠厚之报啊”！徐说“国事如此，万念俱灰”。李问他打算？徐说“劫后余生，并无打算”，他晚年常说：“我应该跟六君子一起走啊……”清末新政时，严修想邀同乡京官，为徐致靖谋复出，他一口拒绝，说：“我不能伺候那拉氏，虎口余生，等死而已。”

这一番话表明，徐与朝廷决裂了，不再是朝廷的臣民了。这时，他才意识到，自己原来还是国民。一个有自尊的人，一旦有了国民意识，他还会愿意回去做臣民，做朝廷的奴才吗？

严修并不清楚戊戌政变背后的恩怨，他跟徐世昌是朋友，跟徐致靖也是，却浑然不觉是在两党之间，徐致靖的回绝提到了慈禧，没提袁世凯，这很可能是因为那时正是袁氏主持新政，用严修主理学部，所以没提。其实，徐致靖对袁世凯的憎恨绝不亚于对慈禧。徐与朝廷决裂，自己剪了辫子，他知道，这曾经是皇帝的提议，遗老见他剪辫，惊讶不已，问他何以剪辫？他说，我不是遗老，也不拥护清朝廷，但我非常怀念光绪皇帝。因为他和我们志同道合，主张维新变法，可惜被慈禧和狡猾昏庸的大臣折磨致死。我认为慈禧是中国的罪人，也是满洲的罪人。他骂袁更甚更烈，曰“贼臣卖主终卖国”。

这些都是后话了。当时，严修回家，深感新政难以“治国”，不妨先做“齐家”试验。对皇帝尽忠，就要将新政进行到底，不能在朝尽忠，就在野尽忠；京城血雨腥风，便回天津老家。他把“齐家”的重心放在教育上，将新式教育引入私塾，把私塾改造成公众学校，南开新私学便在这“齐家”的实验里诞生了。我们都知道，京师大学堂（今北京大学）是皇帝新政仅存的硕果，可有多少人知道南开系列学校，更是新政在民间的深化和延续呢？有幸的是，他在天津卫，知遇了退伍小兵张伯苓。

张伯苓曾以一海军小兵，甲午战败后，参加了威海卫的三国易旗仪式。从威海的上空飘落下日本国旗，但升起的却不是中国国旗，而是大英帝国国旗。国耻椎心，二十年后，他还在泣血回忆：余时在北洋水师，感触种种国耻，知我之不如彼者，由于我之个人不如彼之个人。故欲改革国家，必先改革个人。

如何改革个人？他认定，“唯一方法，厥在教育”，故决定退役，躬身教育。刚好，严修返津，两人一见如故，一见相知，一个是名满天下的翰林，一个是默默无闻的小兵，一个是远离官场的政治边缘人，一个是为生计奔波而尚无着落的退伍兵，两人心心相印，都以为非教育莫能救国，故先于严家设学馆，半日读经，半日习英文，兼学数理化诸科，一缕中西合璧的新私学的曙光初现……

不久，八国联军攻占了天津，严氏家馆只好停课。因事起仓促，严修全家未及逃避，又有亲戚、朋友等四十八家来投。张伯苓亦奉侍年迈的父母、率领弟妹及夫人等入严宅避难。伯苓通晓英语，可应付联军士兵入宅侵扰，严家才侥幸逃过洗劫。但在动乱中，因城陷死人太多，不及掩埋，曝尸日久，瘟疫流行。严修第七子及长孙、伯苓一子一女病亡，伯苓弟张彭春因煎服其父剩的药渣而幸存。

所幸严宅，未遭炮击和抢劫，戚友避难于此，虽有染疠疫而亡者，但避开刀兵，免于流离，加上严修照应，生者衣食，病者医药，死者棺殓，所有开支皆由其应付，亦不幸中之一幸。

经此次创痛，严修顿悟以往教育在旧式儒学和科举制中兜圈子，只能修补旧制，于世无补。遂下决心采用西方教育制度，创办新式学校，普及国民教育，培育新式人才。从科举制到学校制，从养士教育转向国民教育，是他们教育救国方案的一个突破性进展，以此为教育救国的必由之路，救亡图存目标鲜明，救国于将亡之际，图民族于将兴之时，已超越王朝之一家一姓之兴衰。

庚子以后，直隶禁考，严修认为科举以及经济特科，都无济于事了，遂劝袁世凯牵头，约刘坤一、张之洞二督会奏，请废科举。这就是著名的《江楚三折》之第一折。

袁本举人出身，投笔从戎，素为进士所鄙，故与严修一拍即合。三巨头联名上奏，自隋唐以来的科举制终于瓦解了。不久，各省书院改为学堂，于省城设大学堂，各府及直隶州设中学堂，由学堂毕业者，分别予以贡生、举人、进士等出身。又命各省选派学生留学，学有所成，即赐以进士、举人。

这一年，梁启超撰《中国史叙论》，认为，旧史皆帝王家谱，要有国民自作之史。进而提出新史学要探讨因果联系，考察智力、产业、美术、宗教、政治等，用石器、铁器、铜器等物质文明，取代帝王年号为历史命名。如此则帝王之家谱可以休矣！据此以观严修兴学，岂非国民自作之史？

## 112. 直隶学务“听严先生指挥”

严修与津绅议，以小学为急务，商定将津籍义塾尽可能改为小学。

为此，先办“严氏小舍”，然后，将严氏小舍与其他三所私塾合并，创办“天津民立第一小学”，此为直隶全省第一所私立新式小学，被誉为“黄河以北之创举”。

北方女学，亦严修首创，妇女解放，从自家做起，女子皆入学，聘日本人川本教音乐，山口教手工艺，野崎教织布，还有国文、算术、英文等课程，他亲授作文课，写《放足歌》。

推广小学，缺师资，为此，严修又创设天津师范讲习所培养师资。有了师资，小学很快就兴起来了，据统计，他本人在一年内就建了16所小学和11所女子小学，每校学生均在300人以上。

先生兴学，依靠绅商。以末富之，以本守之，乃绅商传统。末指商业，本为学业，事商业者为商人，事学业者为士人，合之则为绅商矣。天津绅商多事盐业，盐是津沽文明的催化剂。据《天津保甲图》记载，391家长芦盐商，天津城里就有159家，居住在东门外和北门外一带，皆坐拥巨资。

盐商们，历来就捐资兴学的传统，自清初以来，已捐建卫学、小学、文庙、学社、五经馆、义学、府学、县学、书院等70余所。以严修为代表，转而办新私学，他们又成为捐资兴学的主体，兴建新的小学、中学、女塾、商校等，一个接一个，亦有70所之多。私立学校这么多，如何办下去？

严修办学，办小学、中学，取法日本，办大学则学习美国。他三访东瀛，考察教育，意识到：学校教育，当以工业教育为核心，培育立国之本。而工业教育，要从小学抓起。

先生观摩日本小学手工课时发现，以前小学手工为自选科，近则改为必修科。何以要改？因一国财政之多寡，已取决于工业，而工业之发达又根植于工艺，工艺非从小讲究而不能精，故手工课看似游戏，实则关系到立国之本，“当幼小之时，即练习其心思手眼”，为良工之训。

日俄战争，日本以武士道胜，而非以工业胜，日人常以此自警。

他还与日本法学家探讨学校设法学科问题。日人建议，程度低者不宜学法律，中国目前应该将古代法律编成教材，而国际法、商法，则以通行之法作为补充，法国律例不宜于中国。

严修以为，这主张无非想保存中国国粹，防止邪说泛滥而已。

工业与法律，是近代化的两根支柱，它们互相支撑，成为一体。

如果说工业是立国之本，那么法律便是治国之魂；工业是人的理性为自然立法，法律就是人的理性为社会立法，而其根底，都是“自由”二字。为了深入了解西方法律思想及其在日本的应用，他冒着大雨，专程去听法学讲座。其时，日本讲民法，主张三权分立，崇尚法兰西。

严修向大隈重信请教“小学教育法”，大隈言：无非德育、智育、体育。

又问：人言智日进则德日退，然乎？大隈答曰：大不然！是固兼进，无退之理。其时，有一美国记者亦在座，问日本之文明，但取诸欧美乎，抑兼用本国乎？大隈再答曰：取人之文明，则已之文明自进。严修闻之叹服。又参观早稻田大学，该校为大隈私人所立，有“学生三千人，附属中学一千人，呜呼盛矣”！教育是思想者的产业，明治思想家以新私学启动新政治，先生悠然心会，与之相视而笑矣。

袁世凯督政直隶，设学务处，请严修督办，严修采纳日本顾问建议，设劝学所。《清史稿》云：劝学所之设，创始于直隶学务处。即谓此也。学务处辖劝学所，劝学所派劝学员，巡视直隶，把旧私塾改成新学校，由劝学所管理，使直隶省新学校成倍增长。直隶试行后，即示范全国。

晚清新政，有一位关键人物，是袁世凯。他在直隶总督任上，做了两件事：一件是练新军，他亲手办；另一件是兴学校，他请了创办南开学校的严修来办，自称办新学听严先生指挥。

后来，朝廷预备立宪，召袁氏进京，去总理朝政，袁氏欣然奉命。同时，亦请严修去主理学部。戊戌政变以后，严修对朝廷早已心冷，袁氏请他主持直隶学政，一来因袁氏心诚，二来自己毕竟是乡绅，要为地方尽一份责任。可此次，是去朝廷赴任，他颇费踌躇，辞之再三，还是去了。

一来，还是因为袁氏心诚，二来他的老师张之洞也在朝廷主政，两人一请，于情于理，他都不好再推辞了。还有一点，也许最重要，那就是朝廷表示预备立宪，一咬牙，就同意了。

# 113. 以君主立宪为目的确立教育宗旨

在地方兴学的推动下，清末推行新政的核心机构“督办政务处”，上《奏请特设学部折》云：

公议设立学部，上师三代建学之深意，近仿日本文部之成规。

科举既废，礼部、国子监归并学部，以节经费，兼免分歧。而学部人员薪俸，虽不必如外、商两部之过优，亦未便照旧日定制之太薄。学部经费，拟请应照省份大小，将三年所筹之考试费，每年提几成，作为学部常年经费。若再加上原来礼部、国子监两部门的经费，以及学部新增之款，就足够学部工作的开展了。

清廷下诏，准政务处所奏设学部的建议。上谕：因各省新学堂将次第兴办，中央必须有个总汇之区，以资专门负责，故特设学部，命荣庆为尚书，熙瑛、严修为侍郎。接电，严修“不赴”，尚书荣庆派使敦促严修，至长跪不起，不得已严修乃允。晋京前，严修聚会诸同道，说：予此行身败名裂，举不可知。所惧者，予所私立之各学校、工厂，未知能保存否耳；此后对兴学之事，予只能资助开办费，经常费却多未确定，长此以往，怎么办？

那时，朝廷正在预备立宪，他此行的目的，要使学部成为立宪发动机。

君主立宪，在他看来，就是君权与民权合一。以经学立君权，以西学立民权，孔孟之道，实与民主相通。而差别在于，一个是理想化的“道”，一个是现实性的“制”，而宪政的目标，就是要将“道”转变为“制”。经学之“道”，无须他来强调，而西学之“制”，却要他来立。

立制前，先要立定教育目标，明确教育宗旨。他拟就了学部关于教育宗旨的奏折，该折以上谕形式公布：各国学制，其大别有二：曰专门，曰普通。而“普通”，即是普及教育。

他说，教育目标，不在培养少数士人，而在造就多数国民，使人人有可农、可工、可商之才，下益民生，上裨国计。因此，还要立法，实施义务教育，他称之为“强迫”。

而教育宗旨方面，他认为，中国政教所固有，而应发扬者有二：曰忠君，曰尊孔。中国民质所最缺，而应提倡者有三：曰尚公，曰尚武，曰尚实。其于忠君，则以东西各国政体虽有不同，然未有不崇敬国主以为政治之本者。以德、日为例，“近世崛起之国，德与日本称最矣”。其于尊孔，则以明治维新归功于中国圣贤之学。以日本国民已能并驾欧美，尚以圣贤之言训导，况孔子生于中国乎？他在日本考察教育时，谈起明治维新，一位日本学者指出，都说维新好，别忘了德川氏百年崇儒功劳。

当时光绪帝还在瀛台为维新受难，严修所确立的教育宗旨是延续戊戌维新的日本模式，为君主宪政社会培养国民。

于教育宗旨上论及国民性，严修为第一人，很显然，他受了日本人的影响。

在实学这一点上，西学本与汉学考据实事求是、宋学即格物穷理相通，学贵实用，历代理学名臣如王守仁、曾国藩，都能发为事功，以实学求实业，乃富强之要图，而教育中最有实益者。

他建议：裁撤各省学政，改设提学使，统辖全省学务，归督抚节制。

清廷准奏，谕云：着即照所请，各省学政，一律裁撤。此前，各省学政，皆为翰林出身，不受督抚节制，直接向皇帝奏报，犹如钦差。而提学使则与藩、臬同称三使，归督抚节制。

他以兴学为地方要政，应与钱谷、刑名并重，要求各省考察官员，由过去藩司会同臬司考察，改为由藩、学、臬三司会同考察。学司参与考察官员，官员的政治前途便与兴学相关联。

他知道，调动了官员还不够，还要调动民。政治体制虽是官本位的，但政治文化却是民本位的。成事虽然在官府，而做事却要靠民间。于是，奏定《各省普设教育会章程》，以教育会“补助教育行政，图教育之普及”，并鼓励士绅助官兴学，或立私学，达成“教育之道，普及为先”。

普及教育，尤重女学。严修惊闻杭州贞文女学创始人惠兴女士以经费支绌，募集无门，仰药自尽，该校改由官办，更名为“惠兴女学堂”。新学之兴，百业待举。严修立即着手组织拟定女学章程，章程曰：“中国女学，本于经训，先王化民，以妇学为先务。”故开办女学，在时政为必要之图，于古制亦实有吻合之据。

惠兴女士以一死警世，其成仁取义之决心勇气，岂止不让须眉，亦令英雄汗颜！然而历史往往走眼，它一次又一次引导我们去看谭嗣同从容就义，陈天华慷慨蹈海，因为他们是变法和革命的英雄。而惠兴女士却像灰姑娘一样，行走在历史的边缘，这不仅仅因为她是女性，同样是女性的秋瑾，亦曾因其革命活动而获得历史的特别垂青。这是一个历史观问题，当革命史观垄断史学时，历史之眼便只能看到那些革命化的英雄；而当文化史观渐次醒来时，它就不仅看到那些革命化的英雄，而且发现了另类更有深度的英雄——新私学英雄。对于惠兴女士，我们当作如是观；对于严修，我们亦当作如是观。

严修从来不谈妇女解放，不谈女权主义，可他却解决了女子受教育的问题。

学部初立，严修多方延揽人才，其班底均为受日本教育影响者，不仅新学堂模式，取自日本，教育方针及体制，亦参照日本，从中央到地方，近代化的教育体制就这样建立起来了。

## 114. 以办学推动自治引发学潮

严修以教育改革为新政先导，令朝野人士刮目相看。

慈禧来召见他了，“垂问数十句”，便将他升了一级。

从学部右侍郎转为左侍郎，严修恳辞，上谕：着毋庸议。

公务之暇，严修办《学部官报》，编白话教育歌，还与人在天津合办《醒俗画报》，普及教育和立宪知识。时为直隶总督的袁世凯，对君主立宪和地方自治运动格外热衷。

天津的盐商们自庚子年始，就用自治的手段，来解决他们所面临的问题。起初是迫不得已，连皇帝都成了丧家犬西逃，他们还能依靠谁？后来便习惯成自然，对自治越来越上瘾。

他们发现，自治比依靠政府更有利。1902年他们联合自治，克服了庚子年后因现金短缺和银价剧跌所导致的天津金融危机。本年初，天津八大家中的杨家、石家、卞家、李家、王家组成天津志成银行，发行可全兑换的纸币，以缓解货币短缺，给商人提供贷款。此前，袁世凯曾就此问题，向清政府请求救济，但空无所得；向外国银行贷款，列强又提出了乘人之危的要求。

袁只好转而求助于天津这些富家大族。乘此机会，商人们提出解散商部下属的商务局，代之以商人自己成立的商务公所。后来，他们又突破官府层层封锁，启用铁路运输，向北京供盐。

正是在自治的“温床”上，天津的新私学运动才得以滥觞，渐成巨流。

1905年初，天津商会成立，40个行业的71名代表出席大会，其中12名进入董事会。他们主要来自天津久负盛名的行业，如盐业、粮业、丝绸业和钱庄。商人自由入会，商会的日常管理分为文牍、会计、庶务、评议、考察五处，每一处设一名专职坐办负责。到6月份，商会会员达581名。

商会的权利范围：裁定商业争端及诉讼；促进和保护商人利益；除总理、协理外，商会有权任命坐办；商会提供与外商谈判的业务代理和翻译等服务。对此袁世凯颇有异议，他担心商会尾大不掉，久而久之，反而凌驾于政府之上，眼下商家自选的12大会董，就令他心有余悸。

然而，商部尚书载振却以为袁氏多虑，反而给予了积极的支持。

他虽为袁氏政治盟友，但站在商部的立场，他倒希望商部庇荫下的各地商会，能尽量摆脱地方政府的控制，拥有更多的自治权力。正是在这样的政治缝隙里，商会才能成长起来。

由于商会组织机构为民主设置，不久它便时常与政府的要求相背离。

当上海商务总会请求天津商务总会协助发动一场全民性质的联合抵制美货运动，以抗议美国提出扩大和修订1882年的《华工禁约》时，天津商界反应强烈，商会通过投票方式决定加入抵制阵线，并规定凡有卖美货者，罚款五万元，商会总理王贤宾声称这是一种争取平等的最佳方式。

这一爱国立场同时得到《大公报》以及由盐商们投资或主办的学校的支持。

在严修新私学中成长起来的学生领袖陶孟和、时子周等，到市民中去发表演讲。

但袁氏明确表示反对，他采取了与朝廷一致的立场，不光是害怕得罪美国，更重要的是，他们没有任何允许民众参与政治的心理准备。袁勒令商会领袖停止行动，但刚刚意识到自我力量的商人们毫不畏缩，商会也没有在政府圈定的职责范围内止步，而是继续请愿，直到抵制美货运动结束。

虽然在这一史无前例的运动中，商人的表现，远不如他们在处理经济危机时那样机智与成熟，但作为以政治运动方式来反映经济利益要求的一种尝试，他们已走到了政治近代化的边缘。

袁氏对这股力量又爱又怕，但更多是利用，有人说，袁氏怕光绪帝复出跟他算账，就鼓吹君主立宪，想扩大权力，就鼓吹地方自治。

除了督促编撰《立宪纲要》作理论和舆论准备，他还通过商会，推动清廷立宪和天津自治。预备立宪前，他就建立了市政议会，请商绅议政。他还利用盐商税款和捐赠，建立了天津府自治局和自治研究所，该所不仅为学术机构，还用来训导省内商绅，培训自治人才。

不久，便出台了天津自治临时章程。章程规定，居民凡年满24岁者，只要不靠救济为生，能写自己名字、年龄、住址和职业，都有资格参选。但候选人资格，有一定的学历、功名、资产等规定，必须是受过教育有小学文化以上者，致仕官员或有功名身份者，生员及经过地方官鉴定有著作者，或为殷富之家，财产在2000元以上或经营价值在5000元以上者，担任地方公益职务的绅士等。

接着，就成立了“自治期成研究会”，以起草自治章程。这些活动，严修都参与了，他在天津与人合办《醒俗画报》，后来又办《醒俗报》，就是为了配合这些活动作宣传。可袁氏过于心急，竟下令一个月内建立地方议会和董事会，这就难免令人起疑。开了19次会议，天津县自治机构通过一份仿效日本两院制章程，要求成立议事会和董事会，除知县兼任董事会议长，代表均由选举产生。

严修以为，天津自治运动已有明显效验，应迅速推广落实，而不是议论不休。

宪政在津初露端倪，清廷拟于天津进行司法独立的实验，但遭到多方攻击。严修力排众议说：司法独立之说，颇遭攻击，不去实行，哪能拿出标准来说服人。天津地方自治选举终于有了结果，许多被选的代表都是大家所熟悉的商人。在首届天津县议事会30名代表中，“李善人家”的李士铭被选为议长。

其时，立宪与革命，看起来各行其是，实际上是两条腿走路，形成了近代化合力。以一维的革命的眼光来看严修，严修难免有历史的局限性，可用多维的近代化眼光来看严修，严修的历史作用超越了许多所谓革命先行者。革命救国固然可泣，而普及教育却有着更为深远的历史意义。社会转型时期，中国不乏各类革命者，缺的是建设者，一点一滴从实做起的建设者。建设不仅需要勇气，更需要实干精神和宽容的智慧。我们在严修身上看到了这些稀缺品质。他致友人说：每念立宪根基，系于教育，以全国土地之广，人民之众，欲图普及，不知从何处着手？

天津各自治机关开始工作了。天津周围的农村发生洪涝灾害，商会积极组织救灾，自治派头十足，他们天真地认为，作为民选代表，他们有权代表天津人民。知县也让出了管理日常事务的部分权力，如土地使用、城市污水管道及处理、粪船和粪厂的管理以及永佃权的界定等，但这些满足不了他们的需求。他们原以为地方官与自治团体是一种师生关系，他们以官为师，但老师已经恼怒了。

袁世凯控制的北洋造币厂，生产出6.82亿枚铜元进入流通市场，加上外省和外国流入的铜元，使天津货币供应量迅速增长，导致了通货膨胀。在这次通货膨胀中，盐商受到的冲击最大。



周学熙作为北洋造币厂的总办，没有接受盐商的请愿。作为商会自治头目，王贤宾挺身而出。他向袁世凯的继任者杨士骧提出解决的办法。几经周折，在盐商们意识到他们的努力将要付诸东流时，王贤宾再次提出建立真正的银本位制的货币处理办法。这一次他的办法被采纳，商人自保的同时，也稳定了正在蒸蒸日上的天津近代化城市经济。王也因为擅长处理货币问题而被任命为度支部币制顾问。

议会还通过地方抚赈局通知天津工艺局，要根据章程对这个机构的腐败和经营无方的控告展开调查，调查的主要内容是地方税金的使用问题。如此锋芒毕露，使自治机构自身陷入困境。

天津议会曾奢望本地征收的土地税或其他捐纳，能自主地用于地方自治，但地方官不予理睬，因为地方政府已挪用了全部财政收入，不给自治机关一分一文，自治一开始就难以生存。

议会只好威胁要将此问题呈交北京督察院解决。可清廷出尔反尔，下诏禁各省商绅、士绅干预政事，命订政治结社条规，又下诏禁学生干预国家政治及联名纠众立会、演说、发电等。

据当时《申报》载，苏省绅士致外务部、袁世凯电：苏省商民因苏杭甬路借款事，惶急走告，人人以为东南大局，将尽入英人范围，不胜激愤，而引起全国性学潮及自办路矿运动。

反对立宪者立即以宪政为靶子，认为宪政导致动乱。而主张宪政者则反驳说，立宪各国并非如此，而是由于有学务之责者宽纵所致。学部压力甚大。严修坦然，只管办学，学校越办越多，学潮越来越猛，兴学带来了学潮。严修的态度影响到南开中学，使南开中学成了学潮发源地。

学潮之于近代史，已成常识，而对成了学潮“第一推动者”的严修，历史教科书里只字未提。还是外国人识货，那时李提摩太、高葆真在上海主持广学会，正编辑世界名人图册。他们致函严修，告知已将其纳入世界名人谱中。严修复函，自谓滥竽，厕身于伟人谱里，聊以充数而已。

# 115. 立宪无望诀别旧朝廷

天津的自治运动在向前发展，各地亦如此。

何时开始立宪？好像举国都在掐指捏算。学部里，张之洞、宝熙、严修也在座谈立宪事。

杨度来言宪政编查馆议开国会年限：赞五年者七人，赞七年者三人，主六年者二人，主十一年者十一人，主二十年者一人，主迟开而未定年限者二人。国会请愿运动随之而起。



预备立宪公会郑孝胥、张謇、汤寿潜电请速开国会，以二年为限。江苏国会请愿代表到北京，随后湖南、山西等代表相继赴京请愿。各省请愿代表联名上书宪政编查馆，请开国会。

清廷终于颁布《钦定宪法大纲》及议院、选举法要领，宣布筹备立宪以九年为期。严修在学部接到御旨，并于是日有记："奉九年内将预备立宪事宜一律办齐之谕旨。"

公历新年伊始，严修致友人信曰：立宪预备，为目前刻不容缓之事，慈圣尤为注意。"慈圣"，即慈禧，慈禧一重视，严修便信以为真。他在信中谈到："前月，弟随荣相入对，慈圣开首便问，今当宪政预备之时，尔部如何筹备？慈意孜孜求治，即此可知，外间或疑，误之甚也。"

慈禧听讲西洋史，问了一句罗马在哪里？一个在世界地图上找不到北的老太太，偶然在地缘政治里问了问路，便将臣子们感动得热泪盈眶，这样的"慈意"就被当做了政治路标。

为了迁就并服从老太太的政治权威，清政府不得不将政治标准降得低而又低。

当老太太的政治权威成为集体无意识，在严修那里，就标出"慈意"二字。

严修被诏，觐见光绪帝，跪处近御座，仰瞻天颜，既瘦且黑，不胜忧悸。

1908年11月13日，早饭后，严修到学部衙署，其记当日情形谓："闻言，圣躬疾笃，传言已晏驾，特秘之耳。骤闻此语，电询荣相，言往庆王府；电询瑞臣宝熙，言往西苑门。"

他也往西苑门去，问一茶夫，则曰："皇上病见好，两日未传膳，今传膳矣。"

因访荣相，知是日奉懿旨，以醇王为摄政王，以其子溥仪于宫内抚养之。

次日，光绪帝病故于瀛台，溥仪继位，父载沣监国。严修记曰：汪苏拉来报日内情状，知圣躬之疾，危笃如昨日。晚，闻大行皇帝酉正二刻宾天之耗。亟归易衣冠，知明日巳刻大殓。

15日，又闻太皇太后于未正二刻宾天之耗。急往西苑门，门已闭，往东华门，亦不得入。

16日，太皇太后大敛，奠哭于皇极门内。大行皇帝朝晡日中，三祭哭于乾清门外。

严修家书云："二十一日酉正二刻，大行皇帝龙驭上宾，次日未刻太皇太后慈驭上宾，相隔只二十点钟，连遭大丧，为数千年史策所未闻，都市人心不免讹言。二十二日，以诣乾清宫门哭临三次。"

"目睹戊戌维新以来接二连三之惨案，思后此之危局，真不知命在何时。都中士民均颇守礼，余见往来行人，帽结无一红者，舆夫仆人皆摘缨，使馆界内巡捕兵亦摘冠缨。廛市帘布皆易蓝白，印章亦全蓝色，即此可见国民程度之略有进境矣。又，国丧二十七日内邮票可用一分之票倍贴之，以避红色。"

"讹言"，多半由皇帝的死而起，皇帝何以死得如此蹊跷？不早不晚，就比慈禧早一天死去，这还不是阴谋？严修忠厚，以天象示警，已有前兆，而且亲眼见了皇上，命如落叶之秋，他无论如何也不相信，皇帝会死于阴谋。不过，他要是听了慈禧临终前的遗言，就难免要问一问了。

慈禧临终前说了什么？恽毓鼎《澄斋日记》云："闻中官言，孝钦显皇后大渐时，忽叹曰：'不当允彼等立宪。'少顷又曰：'误矣！

毕竟不当立宪。’是则侈言维新之足以亡国，圣母盖悟为深悔之矣。”本来清末立宪，已回到皇帝改制路线，可她临终一悔，又将立宪全盘推翻，这就导致后来一连串事件的发生——皇帝之死、袁氏开缺、张之洞请假，还有皇族内阁，这一切，都跟慈禧反悔有关。古人有“一言丧邦”说，从历史上看，秦桧“莫须有”算一句，还有就是慈禧说的“不当立宪”。

立宪救国还是立宪亡国？张之洞教慈禧的，是立宪救国，孔祥吉从清人钞本《时务汇录》中发现了一篇《张之洞入京奏对大略》，其中就有慈禧与张之洞的对话。慈禧说：大远的道路，叫你跑来了，我真是没有法了。然后问张有什么办法，张说：只须速行立宪。慈禧说，她也同意立宪，已经在预备了，可张之洞不以为然，说：立宪实行，愈速愈妙，预备两字，实在误国。因此，认为立宪亡国的人，就把张之洞当了罪魁祸首。还是那位恽毓鼎，居然长歌当哭，把张痛责一番，严修哪里知道这些？

朝廷上，只有他是一个纯粹的立宪救国论者，他真的是把自己的一颗赤子之心投入到立宪运动中去了，可他没想到朝廷如此没有信用，政府如此不负责任，说变就变，向袁世凯开刀了。原以为，载沣是为皇帝报仇，现在看来，没那么简单，戊戌恩仇，从一开始，就是利害与政见交错的。

从利害上来考虑，袁氏要追随慈禧，从政见上来说，他更倾向于皇帝。庚子事变，他与皇帝保持一致，清末立宪，虽由慈禧主导，了的却是皇帝的心愿。帝后之争，在权力上，慈禧是赢家，而政治上，则是皇帝赢了。慈禧可以用权力折磨皇帝，可她同时也得忍受真理的折磨，因为她不得不向皇帝的思想低头，不得不回到皇帝的正确路线上来，人再无耻，也不至于无耻得连一点自尊心都没有。皇帝痛苦，是说得出的痛苦，那是壮志未酬的痛苦，是受尽折磨的痛苦，而慈禧难受，是说不出的难受。

她也许这样问过自己，为什么大家都服从我的权力，却赞同皇帝的主张呢？张之洞、袁世凯不都是从我手里提拔起来的？为什么最后都跟皇帝走了呢？他们那么热衷于立宪，说得我也跟他们走，走在那条通往立宪之路上，死到临头我才发现，再这么走下去，我这一辈子岂不就输了？我是多么要强的女人，岂能输给皇帝那小子？所以我说，毕竟不当立宪！这话是我对自己说的，不是对朝廷说的。

摄政王载沣搞反了头，一刀砍在袁氏脚上，必欲除掉袁氏而后快。但他能做的也仅限于把袁氏撵走。袁仓皇出都，满朝无语，独严修上疏质问：请明示袁世凯功罪！疏上，留中不发。严修只好去为袁氏送行，揖别时，以为立宪知己。赵元礼《蟫香馆别记》中有记送行事：人言项城放归彰德，亲故无敢送者。独严范孙、杨度便衣送至车驿。袁曰：二君厚爱，我良感！顾流言方兴，我且被祸，盍去休？严曰：聚久别速，岂忍无言！杨曰：别自有说，祸不足惧。

载沣还不罢休，恨及严修，遂召见之。严修入宫，先到兵部报房小坐。随后，入乾清门，出月华门，再入遵义门，进养心殿。《孟子》说"养心莫善于寡欲"，不知养心殿里养就了多少帝王的寡欲。摄政王这会儿也正在此向大臣们昭示着他正在"寡欲"；《尚书》云"无偏无陂，遵王之义"，寡人无欲，尔等亦当投桃报李，入得遵义门就要懂遵王之义。到了爱新觉罗氏末期，载沣坐在帝王学的大殿内，也只会玩些小术了。门内北房三间，东门军机大臣先在，于西门少候。军机下，严修才入。先向御座一跪，次入东暖阁，肃立。一见面，载沣就说：论学务者大都揣摩迎合，本王实不为所动云云。

随后，又唠唠叨叨不止。及严修诸人奏对约刻许，他就说没事了。

两日后，张之洞告诉严修，是因为他提出小学课本要与立宪相合，惹了载沣。闻之，乃叹曰：朝廷言立宪，而政府不做，将来如何结局？不久，载沣又命张之洞谕严修，责其"礼仪生疏"。严修问，张说，摄政王只是连连说"严修于礼生疏"，然后，又迭语重复"生疏"二字。

严修带领引见游学生，完毕，即奉上谕：本日学部带领引见，侍郎严修、宝熙奏对错误，殊乖体制，均着交部察议。袁氏离京时，宝熙亦去送行，故也难逃干系。一周后，吏部察议下来，罚俸半年，"系公罪，应否抵销？奉旨，不准抵销"。张之洞、宝熙俱告假，严修亦萌退意。

他来京城，本不为官，又不图钱，开销用度均以家用贴补，以家产作抵押，用贷款应付在京城的开销，已成为他一大包袱。更何况，任职学部，本为立宪而来，立宪无望，不如归去！

他决定辞职了，辞职前，他还要办一件事，与外务部会奏《赴美留学办法折》，设游美学务处，于北京西郊清华园旧址建肄业馆，即清华学校。招收第一批留美学生，630 人报考，连考两天，发榜时，仅录取了 47 人，其中有两人，金邦正、梅贻琦，为南开中学毕业生。他很欣慰。

然后，以回乡扫墓为名，向荣庆尚书请假，一奏即准，去了一块心病。

严修归来，赴账房查阅账目，发现自己欠公账之款银二万两，银圆一万元，方知自己在京任学部侍郎期间，亏空竟如此之大。看来做官不易，如果不做贪官，那就要做赔官。

不久，严修向交通银行借银三万两偿还公账，以八厘五年息借款，分一年半偿清。

从此，不复官场应酬，还清债务，诀别旧朝廷，自立为国民。

# 十一 立宪：在党权与国权之间

## 116. 立国权：资政院里的那些议员

原来宪政之中心地，北为直隶之天津，南为两江之上海。

袁被开缺后，天津群龙无首，宪政重心南移，上海渐领风骚。

端方时任两江总督，与袁世凯一南一北，鼓吹立宪，推动自治。袁被开缺后，朝廷命端方督直隶，人未至，就被人参了十大罪状，使得半路上杀出个陈夔龙来，夺了直隶总督。

那时的宪政，成绩卓著者，在中央有二部，一为袁氏主持之外务部，另一为严修主理之学部；在地方，则有直隶和两江。尤其直隶地区，宪政编查馆奏陈《筹备宪政事宜》称：筹办城乡镇地方自治，以直隶成绩最著；筹办省城商埠审判厅及厅、州、县巡警，亦以直隶为最早。

直隶地区立宪风气已开，自治运动基础仍在。以天津县议会为例，其工作就不受官僚人事变动的影响，他们曾就一张日印天津地图将中国土地划入日租界向日本领事抗议，他们还着手调查津浦铁路贪污及在天津站选址时进行的土地投机等事件，对于天津县捐务科的账目，他们列出了详细的查账清单，包括9万吊铜钱的牙纪帖费，知县每年从脚行征收来的2.2万吊铜钱陋规和滥征等。

随着地方自治运动的进展，国会请愿运动也开始兴起来了。

先是杨度上书都察院，请开议院，继而湖南绅民代表、部分京官或上书都察院，或专折上奏，力陈召开国会。那时袁还在，以袁氏与杨的关系，自然会很给力，很有可能，袁还是上书的主谋之一。接下来，便是张謇，他是南方自治运动的领袖，与袁一南一北，一朝一野，遥相呼应，袁世凯尊张謇为师。张于此时，以预备立宪公会名义，通电诸省，号召全国，且约各方代表齐集京城请愿，要朝廷“以两年为期，决开国会”，加上部分督抚和驻外使节也奏请“请速定年限”召开国会，迫使清廷终于颁布了《钦定宪法大纲》以及《议院法选举法要领》和《议院未开以前逐年筹备事宜清单》，并称“上自朝廷，下至臣庶，均守钦定宪法，以期永远率循，罔有逾越”。应该说，此次请愿，取得了重要成果。

按照《筹备事宜清单》，预备立宪期限定为九年，并开列九年安排如下：

第一年（1908 年）筹办咨议局、颁布城镇乡地方自治章程、国民普及教育、编订重要法典等；

第二年（1909 年）举行咨议局选举、颁布资政院章程、人口调查、设立各级审判厅等；

第三年（1910 年）资政院开院、筹办厅州县地方自治、颁布文官考试制度等；

第四年（1911 年）续办各级地方自治、颁布地方税章程等；

第五年（1912 年）各级地方自治初具规模，回报各省人口总数，颁布户籍法；

第六年（1913 年）颁布新定民律、商律、刑事民事诉讼律等法典，城镇乡地方自治一律成立；

第七年（1914 年）试办全国决算，试办新定内外官制，厅州县地方自治一律成立；

第八年（1915 年）确定皇室经费，变通旗制，一律办定，化除畛域；

第九年（1916 年）宣布宪法，宣布皇室大典，颁布议院法，颁布上下议院议员选举法，举行上下议院议员选举，确定预算决算，新定内外官制一律实行，人民识字义者，须得二十分之一。

原单开列更多，此为简略。乍一看，如此安排，还算是负责任，说老成谋国也不过分。可问题在于，它开列了事项，却没有抓住关键，更有可能欲以九年之内根本就难以完成的任务来掩盖那关键。关键是什么呢？是新政府究竟如何产生，是旧朝廷向新政府交权，还是使旧朝廷向新政权转变？如果是向新政府交权，那就要速开国会，以国会立新政府，开国筹备事宜由新政府去办。如为旧朝廷向新政府权转变，那么九年太短，而且新旧交替，方生方死，新政权的飞蛾，很难飞出旧朝廷的老茧子。

最关键的是，筹备事宜里没有提到军队国家化，朝廷没提，请开国会者也没提，都知道是马上得天下，都知道是枪杆子里面出政权，可谁也不提这一点，难逃暴力革命之窠臼。也许皇族以为掌握军队是他们的天然特权，而真正拥有军队且积极推进立宪运动的袁世凯也不想交出他的命根——军权。他们谁也不想把军队变成国民军，可没有国民军，哪来国民政权？如果民国还有私家军、党派军存在，国家怎能不乱？

可惜那时似乎没人去想这样的问题，举国上下忙着开会、请愿，真是运动啦！

这场运动，由各省咨议局发动，而咨议局，则由两广总督岑春煊最早提出。

自清廷预备立宪，未及一年，岑就要求“速设资政院以立上议院之基础，并以都察院代国会，以各省咨议局代议院”。岑以“省城咨议局即各省之总议院也”，设在省城，“选各府州县绅商明达治理者入之，候补各官及虽非本省官绅，而实优于政治熟于本省情形者亦入之，皆由督抚会集官绅选定，以总督充议长，次官以下充副议长，凡省会实缺各官皆入咨议局”。如同总督咨询和官员候补机构。

一年后，清廷颁布《各省咨议局章程》和《咨议局议员选举章程》，与岑提议有异，赋予了咨议局某些权力，如议决地方兴革，监督地方财政，已近似于立宪国的地方议会。中央之于地方，权力欲其分也，能名正言顺的分权，何乐而不为？不过，要是立宪立到中央头上，那得另当别论。《各省咨议局章程》颁布后，清廷要求各督抚迅速举办，切实奉行，自奉到章程之日起，限一年内办齐。

除新疆外，各省咨议局都及时成立起来，召开了成立会议。随即，应张謇之邀，派员抵沪，商议请愿国会一事，并公推直隶代表孙洪伊等进京请愿。孙亦津沽盐商，为严修友，曾任袁氏幕僚。北上前夕，有人声言“不请则已，请必要其成，不得请，当负斧锧死阙下”，而张謇则告以“秩然秉礼，输诚而请”，曰：“得请则国家之福，设不得请，至于三，至于四，至于无尽。诚不已，则请亦不已。”

孙等进京，向督察院递请愿书：期以一年之内召开国会，则天下幸甚！请愿书上，签名者，听说有三十万人，载沣心惊：人民请愿如此之多，倘再不准，未免大失民心！可上谕下来，还是：仍俟九年筹备完全，再行降旨定期召集议院，不得再行续请。于是，如张謇所言，第三次请愿。

二次请愿，虽未达成开国会的目的，但三十万人签名，却不可小视，不得已，清廷开了资政院作为过渡，或称“临时国会”。1910 年 9 月，该院成立，议员由钦选和民选，钦选议员，由朝廷指派，民选议员，由各省咨议局选出，“以立议院基础”，所以，孙洪伊等人第三次请愿，就不再往都察院跑，而跑到资政院去了，都察院是皇帝的监察机构，资政院是国家的立法机构，这是两条路，跑都察院是通往王权之路，跑资政院是通往立宪之路，他们终于跑在了通往立宪之路上——欲以立宪定国是。

资政院通过请速开国会奏稿，由院总裁溥沦上奏朝廷，清廷俯允所请，下诏，提前于 1913 年开设议院。先行组织内阁，编订宪法，并称此次缩定年限，不能再议更张，违者按法惩办。命民政部及各省督抚立即将国会请愿代表解散并遣送回籍。对此，有议员说：本来，议案表决后，皇上裁可“不过是名义上之裁可”，然而，“今本院具奏案主张明年速开，而王大臣议定要宣统五年，则这议案效力全失，所谓资‘立议院基础’、‘养议院精神’者何在”？这一问，就问在了湖南发行公债事件上。

湖南发行公债，巡抚杨文鼎不交咨议局议决，有议员指出，此系侵夺咨议局权限，应令其将原案交咨议局议决，并量予处分。而当日军机大臣却副署曰：奉旨允准，着仍遵前旨办理。

谕旨一出，即有议员批评军机大臣，“以命令变更法律”，而“立宪国精神全在法律，督抚违背法律而不予处分，则资政院可以不必设，咨议局亦可以不必办，宪亦可以不立”！“似此无法律可守，不如就请皇上解散资政院！”又以云南盐斤加价案，责总督未交咨议局议决，应停止施行。可当日奉旨，乃交盐政大臣察核。本来，准与不准应当由皇帝裁决，岂能委诸行政衙门？如此轻蔑资政院，说明朝廷一直以其为参政议政的机构，而不肯承认它的权力，故军机大臣动辄“侵资政院的权，违资政院的法”，“要把资政院推倒了”，“既不负责任，还要军机大臣做什么用”？“此次弹劾案如军机大臣自己见得不是，就应自己辞职；若以资政院为不是，就应奏请解散资政院，断无调和之理”。

不料，载沣左一个“朝廷大权”，右一个“朝廷自有权衡”，要议员们闭嘴——“所请著毋庸议”。可议员们偏要“议”，有人说：原来军机大臣署名，我们还可以说话，这回是皇上发话了，“我们就没有说话的地方了”，以后议决的一切议案“一概都归无效了”，“不但资政院绝无用处，就是以后的国会都可以不要了”。立宪本来是议院与政府相对，现在弄成议院与君主相对了，这样下去，要么还是专制，什么资政院，什么国会，什么立宪，都可不要，要么就是人民没有法子，只好暴动了。“所以我们要想个法子解决这个问题”，“还要上奏弹劾军机大臣”，如不准，就解散资政院。

还有人说：军机大臣平日将“君主大权”四字附会欺哄皇上，遇事便抬出“君主大权”，使旁人一句话也不能说，看这两道朱谕，愈见军机大臣欺君误国之罪。又说：军机大臣一经责难，便以辞职要挟皇上，对于下，则挟天子以令诸侯，我们一般议员谁敢与皇上相对？将来必至无事敢议，无口可开，势必由立宪复返于专制，宪政前途非常危险，所以，这一次要把立宪的要素说清楚，朝廷如以为是，则是真立宪，如以为非，则是假立宪，不但资政院没有什么用处，就是国会也可以不用开设了。

敢于如此公开的同王权争夺国权，这在中国历史上还是第一次，很显然，这些议员，不是在为自己争权利，而是在为国民争权利，不是在为自身谋官职，而是在为中国立国权。

读史至此，我们感慨万千！这些议员，哪一本历史教科书里提到过他们的名字？他们对中国历史的贡献，同严修一样，被淹没在滚滚而来的革命洪流里。让我们记住他们的名字：易宗夔、吴赐龄、邵义、汪龙光、于邦华、罗杰、陈树楷、李素、黎尚雯、籍忠寅、孟昭常、雷奋、刘春霖……

其中罗杰、易宗夔、雷奋，时称资政院“三杰”，刘春霖为末代状元更是民选议员，我们来听听他怎样发言：自古有直言敢谏之人，实在是国家之福，对于朱谕如果不能说话，唯有全体辞职。此次再奏，将军机大臣据实弹劾，就请监国摄政王收回成命亦无不可，否则全体辞职亦无不可。

天津商人、学生开始剪去辫子，向资政院递说帖，并请赦戊戌党人。资政院请谕剪发易服，谕下，命毋庸议。资政院再以有名无实弹劾军机大臣，又谕，毋庸再议。于是，奉天请愿代表十余人赴京，发动第四次国会请愿运动，反被押解出京。消息传到天津，南开中学学生愤而罢课，市民声援。

严修立即与南开中学通电话问罢课情形，南开学生代表先后来严家，向严修讲明学生罢课请愿之意。陈夔龙亦请严修开导说服学生。严修认为，开导学生事尚不难，但朝廷宜从根本上着手。他指出，此次风潮之起，固以请愿速开国会为方，实则本月十七日之朱谕即指资政院弹劾军机一事有以激动之也。他建议：筱帅陈夔龙即宜乘间电请将成立责任内阁期限，于资政院第二次弹劾军机奏上之日，明白宣布，既可补救十七日朱谕语气之罅漏，且可使海内人心不致嚣动，不特天津一隅学界之关系而已。

作为南开中学的创始人，他为自己的学生自豪。他立场鲜明，以为政府按期立宪，信誉昭明，天下自然安定。耐人寻味的是，他没有去开导学生，反而去开导陈夔龙。他指出，此次风潮之起，由请愿速开国会而起，国会一开，问题自然就解决了。暂时不能开，也要向学生讲清楚，究竟何时开。

三千多名学生游行，王贤宾等自治运动的先驱们都加入了游行队伍前往总督衙门，向总督陈夔龙递交公众请愿书，请陈代为转呈。陈傻了眼，发现教育救国，却不一定能救清王朝。

## 117. 金融危机：在自治运动中自救

一波未平，一波又起，一场金融风波，将严家卷入其中。

1910 年 7 月，上海发生因橡胶股票投机引起钱庄倒闭风潮。

一日之内，同时倒闭正元、兆康、谦余三大钱庄，市面大震。

嗣后有森源、元丰、会大、晋大、协达等数家钱庄相继倒闭，其他受牵累而倒闭的小钱庄不计其数。为什么一只股票竟然引发了金融危机？因上海多家外资银行如麦加利、汇丰、花旗等，均主动承接橡胶股票押款，使股票价格节节上涨。一时上海许多钱庄、商人及市民涌购该股。

据上海商务总会估计，橡胶股灾爆发前，华商在上海投入的资金约 2600 万至 3000 万两，在伦敦投入的资金约 1400 万两，上海市面上的流动资金，都被橡胶股票吸纳殆尽。

直到股价超过了发行价二十多倍，上海滩人人都为该股而疯狂。操纵者乘机全部脱手，便回国溜之大吉了，从此杳无音讯。在沪各外商银行立即停止受押橡胶股票，追索放款！

骗局大白，股价跳水，股票变为废纸！清廷命上海海关道维持市面。

为归还正元、谦余、兆康三家倒闭钱庄的欠款，上海海关道蔡乃煌出面，与九家外资银行订立《上海道三百五十万两借款合同》，由上海道担保借贷，以年息四厘，分六年偿还。与此同时，他还拨出上海官银 300 万两，存放于源丰润和义善源及其所属庄号，帮助它们稳定市面。

其实，源、义二庄，也被卷入股灾，源丰润属下德源钱庄损失约 200 万两，义善源属下源利钱庄损失也不小，但凭借自身实力和蔡乃煌的援助，挺过了金融冲击波第一回合。

只要两巨头不倒，上海市面就能维持，而巨头之一的源丰润，就是严家的钱庄，由严修的叔叔严信厚创办，在全国设有十七家分号。严信厚曾经做过胡雪岩的帮手，胡雪岩把他推荐给了李鸿章，跟着李鸿章征捻子、办洋务，以此为背景，先在天津行盐，后来又到上海去开钱庄。

胡雪岩之后，称得上民间金融巨头，数来数去，也就算严信厚了，虽无胡雪岩当年那一番风光，严信厚却能将事业安全运转到接班人的手上，应该说，他还有比胡雪岩强的地方，如他向胡雪岩那样及身而败，宁波人焉能以他为榜样，形成“宁波帮”？此次金融风暴来时，严信厚已去世四年了。

胡雪岩的教训，在他儿子严子钧那一辈，已被遗忘。他一生谨慎，谨防重蹈胡的覆辙，没想到覆辙还是让儿子碰上。这次灾难与胡那次有些相像，虽然缘起不同，主客位移，但方式相似。

我们看胡雪岩囤丝，推动丝价在上海猛涨，可伦敦丝价一跌，上海就跟着跌了。此次橡胶股灾，也是上海狂涨，狂得不能再狂时，伦敦一跌，上海就崩盘了。清廷只知道上海是它的命根子，却不知这命根子被看不见的手牵着，跟伦敦拴在一起。而官场对股灾的反应，却被另一只手操纵。

本来，蔡乃煌已稳定上海市面，可两个月后，要偿还庚子赔款，按例，上海应承担190万两，蔡以官银救市，拿去救源丰润和义善源了，便请求由大清银行拨付200万两，先垫上。度支部左侍郎陈邦瑞与蔡有隙，就让他的学生江苏巡抚程德全来参劾，说蔡以救市为由，“恫吓朝廷”。

蔡后台，本为袁氏，然袁已下野，而他本人又树敌过多，加以上海道这块肥肉，有多少人垂涎三尺，欲取而代之？故清廷立即将他革职，并限令他两个月内将经手款项全部结清。蔡经手款项，为625万两，六成在源丰润系，四成在义善源系，故蔡致电军机处，求以宽限时日，再次申明切勿从源丰润等钱庄急提“沪关库款”。军机处仍以为恫吓，除严加申斥外，限令他两个月交割完毕。

蔡无奈，只得向源丰润和义善源催要官款，一举提款200多万两。外国银行也突然宣布拒收二十一家上海钱庄的庄票。源丰润无法周转，宣告清产，亏欠公私款项达2000余万两。它设在北京、天津、广州等地的十七处分号，也都同时告歇。源丰润倒台，使金融危机开始向全国蔓延。

首先震动天津金融界。上海严家致电严修，请他出面挽救。严修遂以商人自治运动以来的觉悟与经验，开始自救。他请王贤宾以天津商会接管严家在天津的源丰润和新泰钱庄的库存和账目，使天津债权人和存户取得了严家房地产和股票作补偿，但严家经营的盐业和珠宝店得以维持下来。

橡胶风潮以后，严家元气大伤，所办学校，或停或并，或由劝学所接管，仅留存初等小学二处，附蒙养园。同时停止对南开中学的捐款。不仅所办公益事业多已停顿，每月依赖严家接济为生者，亦不得不裁减。被裁减者，不明真情，往往哀求，颇费周旋，严修心情日益沉重。

而此时，长芦盐业也遭致命一击。有人提出，外国银行通过给盐商贷款攫取盐业专卖权。这一说法引起朝廷重视，因而关注盐商贷款问题。盐税是朝廷主要财政收入之一，财政对于长卢盐商的利用和依赖，早已是有目共睹的事实。外资搅翻了上海，又来搅动直隶？要查到底！

朝廷以防范金融危机的名义，暗伏政治杀机，一刀杀向自治。

身为天津商会会长，王贤宾向参与资政院竞选的议员作了一次演讲。他说，中国的资政院与日本的上院一样，正在推动中国向君主立宪制转变，并担负着促进国家经济发展的使命。

他强调商人有义务为国分忧，协力偿还甲午和庚子赔款，为此他发起筹还国债会。同时表示，如朝廷能答应公众要求，实行君主立宪，他将全力以赴协调全国的募捐活动。在他鼓舞下，议员们群情昂扬，宣称不经议会审核、监督，人民不应当为政府承担外债，在召开国会前不应产生新债务。

当年袁氏搞自治，主要依靠盐商，朝廷下令逮捕王贤宾等，还没收了十位盐商的引地和家产以及铁路股票和债券等，以此打击袁氏，因为当年盐商向外国银行贷款，担保的就是袁氏。

严家两大产业，银业在上海，盐业在天津。在上海的钱庄倒了，在天津的盐业也濒临破产。好在严修作了产业转型的准备，从盐业转向工业，在北洋实业各项目中，多少都有些投资。

开滦煤矿、京师自来水、启新洋灰、高线铁路、北京电车等公司，严家都持有股份。此外，严家还与宋则久合作，创办了天津造胰公司。公司开办时，注册资本为银元五千元，分为一百股，每股五十元，严家拥有二十股。公司章程规定股票不得转售于外国人，否则即作废纸。

这一时期，民族资本规模都很小，资本额在万元以上的仅有二十二家，在五万元以上的有十一家，而百万元以上的只有启新洋灰和滦州矿务两家。可天津造胰公司发展很快，到1910年前后，资本额已扩充至二十万元，在当时的天津民族工业中，已位居第三，其经济效益之好，可想而知。

在近代天津包括外资在内的一百家知名企业中，造胰公司排在第21位，而在民族工业中却排在了第一位，这大概是因为成立的年头早和效益好吧。之所以能如此，除了宋则久卓越的经营能力，也和严家倾力而为有关。这期间，严修多次致信滦矿公司，辞去董事一职，而致力于造胰公司。

他还以严家滦州煤矿和北京电灯公司的股份抵押，为造胰公司作担保向殖业银行贷款，而且鼓励家人都来入股，使造胰公司成为严家的支柱产业。后来，他去世了，严家老少每人都还保留着一点造胰公司的股份。调整好了家族产业，他又来调整南开新私学，首先是南开中学。

他的好友直隶提学使傅沅叔先生，将两所中学——天津客籍学堂、长芦学堂并入南开中学，两校经费年银八千两，亦拨给南开，可学校却要改称“公立南开中学”，仍归私人经营。当时，公私之分，以“集资公款名为公立中学，一人出资名为私立中学”。伯苓致信，言南开中学，因私捐断源，只得暂蔽公款之下。严修获悉，遂挪借各种款项，维持南开学校日常费用，留下新私学一脉。

## 118. 辛亥革命导火索与革命投名状

严修诀别了旧朝廷，可朝廷却又想起了他。

载沣托张伯苓，婉转游说严修与严复为溥仪授读帝师。

严修早就领教了摄政王的权术，避之唯恐不及，况且他再也不愿与旧朝廷搅在一起了，若被擢为帝师，如骑虎背，其势难下矣。闻伯苓言，不觉冷汗下，一口就推辞了。

此时，他的抱负，已在教育与实业中，不在帝王学中。

袁氏亦以儿子教育相托，他没有推辞，安排后，复信袁氏：

祸至无日，欲待后来毕业之人才，挽今日垂危之世运，必无及矣。

"垂危"的是旧朝廷，而非世运，他培养的"后来毕业之人才"，实为旧朝廷掘墓人，如同袁氏练的新军。教育能救国，所以，学生闹学潮，便是在"挽今日垂危之世运"。

严修理解学生，支持学潮。可袁氏叵测，对"垂危"更感兴趣。

朝廷公然打出"皇族内阁"的底牌，给"祸至无日"做了注脚。

立宪者们从失望到绝望，纷纷转向革命，革命之矢，一触即发。

历史的契机，往往从一些偶然的事件里发生，辛亥革命的标志，当然是武昌起义，而真正的导火索，则隐于与革命风马牛不相及的某些偶然事件中，例如，某某人炒股……

谁能想到炒股与革命相关联？真正引发革命的，并非那些多么崇高的理由，而是一些见不得人的欲念，且非众望所归的大人物的欲念，而是某个不为人知的小人身上发生的欲念。

上海滩上那一场金融危机，检验了多少小人的欲念？其中一位就成了武昌起义的导火线。金融危机第一波倒下的三家钱庄正元、兆康和谦余，它们背后都有同一个人的身影。

此人，便是从川汉铁路公司来上海的施典章，就这么个看似不起眼的小人，竟然成了橡胶股票最大炒家陈逸卿的靠山。他在正元存款50万两，在兆康38万两，在谦余25.5万两，合计113.5万两，另有一笔95万两的巨款，也通过陈逸卿任买办的利华银行放款，这些钱，本是路款，来上海生息，被陈逸卿用来炒股了。出于安全考虑，公司原有规定，每一钱庄只能存放15万两，而他却把200多万两都放给陈一人了，居然占到陈系庄票总额的三分之一，俨然成为陈系的后台老板，显然已违规。

可将在外，且自在，一念起时，小人物亦自有大将军气概：喝令三山五岳让路，我来了！股票如此美好，引无数英雄竞折腰，一日涨，二日涨，三日涨……欲与天公试比高！天高云淡我不淡，不到长城非好汉，今日长缨在手，何时缚住股龙？曾左李辈俱往矣，数风流人物，我来了！



白银狂舞，我心飞翔！那是什么感觉？吸毒的感觉，白日梦的感觉。麦边呢？他家的股票还在涨吗？雨后春笋，芝麻开花，岂足以言之？让股票飞吧！

你说什么？麦边不见了！跑了？那陈逸卿呢？被捕了！股市呢？崩盘了！小人物终于醒来，一念之差，亏了路款三百万，他知道，这一回公司铁定要垮了，铁路肯定修不成了，他自己是再也回不去了，此生很可能就要入狱了，他能想到的后果，也就这些了。至于由此引发铁路收归国有，引起四川保路运动，则非他所能知了。他更想不到，对于川人的保路运动，朝廷居然会用军队去镇压。

摄政王挥兵入川，本想试一试新朝的权威，那时，他正搞集权，有这么一次用兵的机会，当然不会放过，他要以此次用兵，耀武扬威以振朝廷。这天大的事，竟然把资政院搁在一边，没有资政院的决议，朝廷就擅自派兵入川，也许独裁者还不习惯被批准，试以非法用兵抓军权，破了立宪底线，却未料到军队哗变。

1911年10月10日，武昌起义爆发，继而入川新军突然兵变。

可怜端方，本与袁氏一党，曾出洋考察宪政，归来撰成《欧美政治要义》，与袁氏共襄宪政，促成清末预备立宪。袁氏被黜，朝廷将端方调离两江，接任直隶，忽以慈禧出殡端方让人拍照为由，将他免去。郑孝胥说“袁氏不学有术，端方有学有术”，然袁氏隐忍，潜龙勿用，端方闲居，却闲耐不住，又谋得督办川汉、粤汉铁路，或以为肥缺，实则凶险，此去如飞蛾扑火，而不自知也。

端方闲居京城，当不致死，革命以后，或可大用。可他偏要背离初衷，受命于违宪政府，去做那违宪的事，此为不识天时；再以孤身入险地，进退失据，而起兵变，便是不知地利；更以小利治军，以小恩带兵，不问民心，来与民争利，不知肥缺乃从火山爆发口里攫金，可谓不通人和。

武昌起义，消息传到资州端方军营，军心动摇。端方以为，此乃旧部，不足为虑，而不知该部已为革命党人掏空，平时人缘好，到了革命关头上都变了，因为革命需要他那一颗人头。大势所趋和民心所向一类的政治冲动，战胜了人们习以为常的友谊和一日三餐般的情感，他无论如何也没有想到那些平日里那么拥戴他的官兵会有如此可怕的另一面，对这一面，他没有设防，而革命把这一面调动出来了，看看吧，人的这一面有多么残忍！哗变士兵乱刀砍死他兄弟俩，割下首级，装入浸满煤油的盒子呈送武昌。可惜了那端方，有学而不知大势，有术而无应变将略，结果被当成了革命“投名状”。

他路过河南，曾去看望袁氏，当与袁氏有一番商议，不料一别，竟成永诀。

朝廷无人，亦无军，北洋新军唯袁氏马首是瞻，袁氏之命是从，朝廷不得已，只好再次起用袁氏。严修闻讯，先安排好袁家子弟，便赴京访姻亲华璧臣，璧臣言朝廷启用袁氏是真心，近日清廷主政者，那桐之力最强，作为皇族内阁的协理大臣，那桐甚以璧臣之言为是。在返津火车上，严修便听说了“皇族内阁”解体。

上谕袁氏迅速来京，推行君主立宪，颁布《宪法信条十九条》。可事过境迁，现在连立宪党人也对立宪这条破船嗤之以鼻了。当时最大的政治，莫过于清廷退位，此乃天下共识。

有人劝袁氏取清而代之，但袁审时度势，以为有五不可：其一，袁氏本人不肯从孤儿寡母手中取得政权；其二，旧臣尚多，其势仍在；其三，北洋军将领无此思想准备；其四，清廷禅让，袁氏只能得半壁江山，而长江以南则难以问津；其五，南方民意尚不清楚，需以议和投石问路。故袁氏策略及步骤，先维持清室，次行君主立宪，再论民主共和，以民主共和逼清帝退位而自为大总统。

某日，革命党人汪精卫、李石曾来访严修，一番深谈后，由严修引见袁。

罗瘿公致梁启超书，就提到这一时期汪常来访严修，还提到了汪与袁会谈。

袁谓："国民会议，我极赞成，唯我站之地位，不便主张民主，仍系主君主立宪，万一议决后，仍系君主多数，君当如何?"汪答："议决后我必服从多数；唯以我观察时论这趋向，必系民主多数。如议决民主，公当如何?"袁谓："既经议决，王室一面我不敢知，我个人必服从多数。"

与汪会谈后，袁氏新内阁便出台了，在新内阁中，袁氏任命严修为度支大臣，相当于后来财政总长一职，严修不受命，面谒袁氏，坚辞之。袁氏又专差送来急函告知严修，朝廷委其为全权大臣，赴南方讨论大局。严修立刻复函，申明自己不任官差，决不受命。袁氏欲与南方谈判，此事本由严修联系，故严修是他心目中最合适的议和大臣人选。而严修已绝意仕途，又辞，袁氏亦无奈。

# 119. 以独立人格捍卫共和国格

李石曾是老牌革命党人，与严修关系很深。

他曾在欧洲经营中国豆腐，严修也参与了股份。

可两人政见不同，严修的立场还在立宪运动里，而李为共和党人。

李石曾来见严修，两人又因立宪、共和而辩论起来。当时，“非袁莫属”论流行，不仅立宪派和北洋军这样认为，连革命党人也这样看。黄兴就表示，如袁赞成共和，决举其为中华民国大总统。汪精卫也认为，袁氏雄视天下，元首非其莫属。孙中山则说：以功以能，首推袁氏。

而严复“与熊纯如书”的评价则是：大总统固为一时之杰，然极其能事，不过旧日帝制时，一才督抚尔！较之列强之执政者，一乏科哲知识，二无世界眼光；其性格又过欲以人从己，不欲以己从人。然而世无英雄，他平情而论：于新旧两派中，求当元首之任，而胜项城者，谁乎？

他们都这样说，是因为政治要靠实力。考察辛亥革命，其所以能成功者，因素有三，同盟会居其一，立宪运动居其一，新军起义居其一。三大因素中，袁氏有二，而孙居其一。

可了解袁氏莫过于严修。李石曾主共和，以为袁氏为共和总统亦未尝不可，而严修主立宪，以为袁只适合为总理，不可为总统。若袁氏为共和总统，将有害于己，亦有害于国。

后来发生的袁氏复辟帝制的事实，证明了严修所言，确为先见。

孙中山辞了临时大总统，要启动两大工程——修史工程和修路工程。

此时的孙，还相信主义里面出政权，他放下了枪杆子，又拿起了民生主义，将两大工程都放在了他的“民生主义”的旗下。他以为，三民主义中，只剩下民生主义有待奋斗了。

他与袁氏一起喝酒，酒过三巡，两人兴高采烈，袁突然振臂高呼："孙中山先生万岁！"孙也投桃报李："袁大总统万岁！"两人弹冠相庆，是庆贺清室退位，还是礼赞共和国？

在共和国的问题上，两人同床异梦，肚里各自揣着一把政治小算盘。

孙中山谒明陵，除了表明其"驱逐鞑虏"的民族主义的政治立场，同时还为了确立新政权的合法传承，而修史的目的就是要建立新政权的合法性。孙还为他的民生主义作了一个预算。

他打算在十年之内建造铁路二十万里，还希望袁大总统能练成百万精兵。他认为，有了二十万里铁路和百万精兵，那时中国就能富强了。袁氏恭听，颇有几分天下英雄吾与汝的味道。

孙接着说：鄙人已反复筹算过，铁路告成年可获利八万万元，充练兵及中央、地方行政经费尚有余。可以先组织铁路公司，再以公司的名义借外债六十万万元，分四十年还清。他表示要专心筑路，不问政治，总统可以十年不换。可他凭什么这样说呢？这样的口吻，很像在做交易。

而袁氏则老谋深算，他怀疑孙的宏伟计划里藏着革命党人的隐私，拥有那么一大笔资金，岂止可以要风得风，要雨得雨，简直可以掀天揭地。但当务之急是权力，只要孙不来争大总统的权力，他便表示同意，岂止同意，还要敲锣打鼓地送孙出国考察去，让天下人皆知孙要搞民生主义。

袁氏本无共和思想而为共和总统，是欲以共和之名行王朝禅让之实。袁氏先举起立宪的旗帜，以责任内阁逼摄政王载沣退位，再打着共和的旗帜，以南北和谈为由逼清帝退位。

李鸿章曾说过袁氏"胆大妄为"，李不敢为总统，而袁氏敢为之。

袁氏任总统后，又请严修出任民国教育总长，严修再辞。可袁氏这回不轻易罢休，坚持要严修出任，一而再，再而三来请，严修找了个借口，带着袁家诸公子到欧洲留学去了。

对于袁氏，他有原则，态度很明确：国事绝不参与，家事可以尽教育之力。

严修在英国，又接袁氏电，要他速归就职："两年以来，国是未定，不敢强迫高贤。今幸统一，渐可实行，挽救吾华，时不可失。凡为政治，根本教育，咸谓斯人不出，如苍生何？众论如出一辙，时贤首数我公。务乞眷怀祖国，不忘故人，命驾遄返，同舟共济，至为企盼。袁世凯。"

其意至诚，可严修依然不为所动，为郑重起见，他亲自拟电致袁世凯。

"北京大总统鉴：电谕祇悉。知遇之隆，衔感没齿。唯才力本短，近益怯弱，断难再任职事。去岁面陈，蒙允勿强，仍乞始终矜宥，别简贤能。无几余生，悉出钧赐。严修。"

可袁氏还不罢休，命属下一一来劝，一时，电传纷纷，劝声如雨。

袁氏幕僚张仲仁来电，曰："自公高蹈，论者至以公之去就，卜国之存亡。"

国务总理孙宝琦电："公长教育，已奉明令，时局艰难，务望早日返国，共肩巨任。"

中国驻英国刘公使，送阅电稿又到，曰："奉大总统命，改革以来，民德堕落，将欲巩固共和，唯有注重教育。海内人望，无过范孙。前经任命，电劝就职。昨据电复，仍复辞让，高风亮节，太息固深。但共和国之官吏，本是义务性质，贤人伏处，谁任巨艰？勿奄兹土，致拂舆情。"

严修自称是"面软"之人，可他一辞再辞，不动如山，简直就是铁面。这就难免要引起种种猜测和议论，使他不得不作解释了："顾区区下忱，似有未蒙鉴察者，谨为左右缕陈之。"

有人责他清朝遗老，他说："来信以首阳采薇及一姓一国之轻重责严修，似疑严修于共和政体尚有异义。为此，严修自明心迹：大总统保全清室，保全中国之苦心，皆修所目击。即以全球之时会论，二十世纪中，帝制决难存在。修虽浅陋，略知其义，岂犹惓惓于君主之国体而自处于殷顽？"

有人说他想做隐士以沽名钓誉，对此，他很不以为然，说道："巢许洗耳，后世艳称，以修论之，殊无足取。人处其劳，已处其逸，既适懒散之性，复攘高洁之名，此修所不屑也。"

有人以"为个人计，不为国家计"责他，他说：我也常常这么想，想明白了，才这样做。又说："大总统所以牺牲生命、名誉以支柱国家者，欲国家之存在与安全也。欲国家存在而安全，则必胜任者进，不胜任者退。若明知已不胜任，恬然就职，其视大总统之生命、名誉不已轻乎"？

有人以他"与大总统相知之深，忧患之时不能致"责他，他回答说："此义往来修之胸中尤有日矣。两年以来，对于非议大总统之人，则思力去其惑。欲其知吾国今日决无第二可以救国之人，拥护犹恐不及，何忍非议。但他对于总统用人，还是提了两点建议：一曰不限旧人，一曰速宽党禁。"

他说，旧人虽有贤者，然在全国，究居少数，不够用，勉强用之，就不得不降格迁就。当然，也有人会说，政府曾破除畛域，广求人才，可人才来了就想走，"始也三征三聘而姗姗其来，继也三让三辞而望望然去"，大总鉴于此，始不得不作求旧之想。事实如此，可为什么会这样？

他指出："前日之去，或苦为议院之所持；近日之去，或怵于阁制之将变。"

他这样一说，就说到了关键，其根源，就在于袁氏别有用心的"搞共和"。袁氏对于共和制那一套，一来不懂，二来也不认同，对于共和制的议院和内阁，总想置于掌股，为我所用。

作为共和国总统，他从来不做共和功课，却热衷于祭天、祭孔，能倒退就倒退。这不，《大总统选举法》修订完毕，竟然规定：总统改任七十年，连任亦无限制，新总统应由现总统推举，名额以三人为限，由总统亲书置于嘉禾金简，钤盖国玺，藏之金匮石室，届时选举，方可取出交与选举。根据此法，总统已成为终身职务，世袭总统亦成为可能，尤为可笑的是，清朝立储制度居然在民国复活了。

袁氏得寸进尺，当真利令智昏了？非也！是整个社会的"绥靖"

气氛，将袁的野心推到了帝制的边缘，仅一年多时间，袁世凯就从内阁制的虚位总统，变成了一个集权化的终身制元首。

当天下英雄进入袁氏彀中，被袁氏玩于掌股间时，唯有严修雷打不动。

严修的不合作，虽然消极，但其不为袁氏所用，就已向袁氏表明，这世上还有既不与他作对也不与他合作的自由君子，还有与他保持友谊而决不与他共事的独立个体，还有与他肝胆相照但绝不与他同流合污的纯洁人格，这一切，都使袁氏权力黯然失色，严修以此，捍卫共和国的国格。

# 120. 国体兴亡国民有责

袁氏“搞共和”，得寸进尺，没想适可而止。

先将内阁制搞成了总统制，再将自己搞成了终身总统。

这还不够，他还要改变国体，再接再厉，将民主搞成君主。老子奸雄儿亦盗，父子窃国各有谋，袁氏之子袁克定，这位总统衙内，为国体变更事四处活动，奔走不休。

梁启超匆匆来津，约会严修、张伯苓，言其此行缘由。

前些天，袁氏父子约见梁启超于京郊汤山，有杨度作陪，大谈一番共和制度“中国不宜”之后，袁克定便向梁启超征求变更国体的意见。突兀之间，如此迫切，使梁不知所措，梁吞吐道：我平生之研究政体而很少涉猎国体，不过值此内忧外患之际，贸然变更国体，恐非易事。

第二天，梁便携一家老小前往天津租界，自己则借故去了广州。而袁克定见梁启超闪烁其词，便放弃了利用国民党外第二大党——进步党的希望，转而向梁士诒和交通系下手。

袁克定送走梁启超后，仍在汤山接见梁士诒。与对待梁启超的拐弯抹角的办法不同，他开门见山，直问梁士诒，是否肯协助他改行帝制，报酬是他帮梁士诒缓解交通系的危机。

事关交通系的存亡，梁士诒当然不敢异议。当即在寓内召开交通系会议，声明：赞成帝制则不要脸，反对则不要头，何去何从？全体表决后，一边倒向袁克定——要头不要脸！

搞定了交通系，袁克定立即着手第二步谋划。当袁世凯安排的宪法起草委员会正式成立时，其政治顾问古德诺在袁克定的授意下，撰《共和与君主论》，鼓吹君主制优于民主制。

《共和君主论》不足五千字，该文在《亚细亚报》上一发表，中国一片哗然。虽然古德诺一再声明，自己并没有煽动中国人变更国体之意，但这篇文章确实成为复辟帝制的先声。

外来和尚会念经，让洋人来念帝王经，岂不正中了袁氏下怀？与此同时，杨度在京搞筹安会，盛称袁克定为当代秦王李世民。投桃报李，袁氏赠杨度匾额一副，题“旷代逸才”。

筹安会宣言其宗旨为议决君主、民主何者更适合国情而筹国安，杨度写《君宪救国论》，鼓吹：共和绝不能立宪，唯君主始能立宪，与其行共和而专制，不若立宪而行君主。据说，该文成，先呈袁氏，袁阅后说：“姑密之。然所论列，灼见时弊，可寄湖北段芝贵精印数千册，以备参考。”

此文之声名狼藉，已不待言，然亦自有其历史的价值和意义，则当言之。中国传统有讨论政体的，如《封建论》，讨论封建制和郡县制，却未有过讨论国体的。把君主和民主作为国体提出来讨论，杨度之前或许有过，但多为片言，涉猎而已，正式以国体问题提出来，当自杨度始。

宋儒有言：为天地立心，为生民立命，为往圣继绝学，为万世开太平。气象格局大得很，可其中就是没有国体。不过，那时国体是自明的，君主天经地义，何来国体问题？近代就不一样了，君主与民主相对，国体就成了问题。所以，就应当在“为万世开太平”之前，加一句“为江山立国体”。杨度便是近代史上第一位明确提出这一点并尝试着要加上这一句的人，应该说，他提出的问题，比他对问题的看法更重要。他的看法，现在看来价值不大，当时也有很多人反对，因为他是以袁家政治为纲的。可他提出的问题，自袁氏复辟帝制失败以后，一直未能解决，成为困扰中国近代化的一个根本问题。

筹安会还通电各省长官，请速派代表入京议决国体，对此，袁氏表示：以我所居地位，只知有民主政体，不应别有主张，帝王非所恋，总统非所恋。研究此义的人，作何主张，我并无嫌疑可虑，我与国人，均有身家产业子孙成族，人人都要谋求个永保安全之法，这也是人情所应有的。

冯国璋、梁启超同来谒见袁氏。袁氏曰：二人必是来谏我袁某不可做皇帝的。

我问二位，你们看我是要做一代皇帝就绝种吗？任公，你最善观人，鄙有犬子二十，都叫出来你看看，有谁能继我为帝？不败我家业？不累我祖坟者？若有？我一定称帝，还可延至二代。

冯、梁四目相对，袁又转向冯：华甫，我今天的权力，即使皇帝也未必及此。

我大儿克定是个瘸子，二儿克文志在名士，三儿克良绝难当事，其余诸儿皆幼稚，天下之重何以托付？自古皇帝世袭不数世，子孙往往受不测之祸，我又何苦将祸患加诸他们头上呢？袁世凯信誓旦旦，可冯国章仍不放心，说：届时天与人归，大总统虽欲逊位，也不可能了。袁道：华甫，听这话，你还是在打我的主意。我四儿克端、五儿克金在英国读书，我已命他们在英国购得少许田产，要日后有此相逼，必漂泊外邦以终老。



“华甫”是冯国璋的字，袁一口一个“华甫”，所言如出肺腑，冯为之感动。袁这一番话，应该是向接班人交底的，按湘淮军系的私军传统是传贤不传子的，曾国藩传李鸿章，李鸿章传袁世凯，都是传贤，袁若称帝，便是传子，反了军系传统，冯来袁处，即以接班人自居，来讨袁氏口风。

梁则半信半疑，揣在怀里的那篇反称帝万言书却拿不出来。再说严修，以数日准备，斟就进言书，急函总统秘书张一麐，托其进言。严修与张一麐亦为好友，张于变更国体一事也颇有诤言，爱国者不当如是耶？

严修说，自己曾“进谒一次，略陈鄙见”，袁氏“似持冷静态度，以为此特学理上之研究”。可他眼见得“一月以来，都下热衷之士，并日进行，不惜以私立团体，少数心理，代表全国，反对之论，报纸摈而不登，赞成之说，闻亦不无润色，名为研究，实执行耳”，故不知袁之宗旨毕竟如何。

于是，他托张一麐向袁氏进言：顾念国本关系之重与我总统缔造之难。为中国计，不改国体，存亡未可知；改则其亡愈速。为大总统计，不改国体而亡，犹不失为亘古唯一之伟人；改而亡，则内无以对本心，外无以对国民，上无以对清之列祖列宗，下无以对千秋万世。

话都说到这份儿上了！

进言后，袁氏无回音，严修决定进京，当面谏阻。家人惶骇，恐有不测。他坦然曰：为大局弭乱源，为故人尽忠告。生死无惧矣！严修见袁氏，话不投机。

严修谓：余论筹安会，总统意不谓然。

又旗帜鲜明道：若行帝制，则信誉为妄语，节义为虚言；为之则各派人士，相率解体矣。

袁氏根本听不进去，暗示严修应该退隐。据《蟫香馆别记》：公以故人谊，力阻项城洪宪称帝，袁不听，并改公所居曰，“先生乡”，意犹光武之于严子陵——严修远祖，以隐士名。严修亦不妥协，遂断袍绝交，挥手而去，与袁家不复通问。他以传统士人气节，捍卫着自由民主的尊严。

梁启超也发言了，《异哉所谓国体问题者》！斯文一出，各报转载，世人传诵。

梁开门见山，告于众曰：吾侪立宪党之政论家，只问政体，不问国体。盖国体之为物，既非政论家之所当问，尤非政论家之所能问。以政论家而插嘴国体问题，是太自不量力了，所以说不能问也。不但政论家不能问，即便从事实际政治活动的政治家，也只能在现行国体基础上，以谋政体之改进为其唯一天职，而不能有丝毫非分之想，如于此范围外越雷池一步，那便是革命家或阴谋家之所为。

梁以为中国现在不能立宪之原因，或源于地方情势，或源于当局心理，或源于人民习惯与能力。这些原因，并非由于共和才有，也不会因为非共和而消失。上自元首，下到各级官吏，都有讨厌受法律束缚之心，此为宪政一大障碍，可这与国体变不变，有何关系也？人民对政治不感兴趣，不能组织真正的政党，以运用神圣之议会，此又宪政一大障碍也，可这与国体变不变，有何关系也？

今有人言：与其共和而专制，孰若君主而立宪。梁曰，立宪与非立宪，为政体之名词；共和与非共和，为国体之名词也，而他持论，是只问政体不问国体的，政体诚能立宪，无论国体为君主为共和，都可以；政体如非立宪，无论国体为君主为共和，都不行。或曰变更政体，须先变更国体，天下哪有如此道理？以前说君主不能立宪，唯共和能立宪，现在又说共和不能立宪，唯君主始能立宪。

这样说来说去，导致变来变去，自辛亥以来，未盈四年，忽而满洲立宪，忽而五族共和，忽而临时总统，忽而正式总统，忽而制定约法，忽而修改约法，忽而召集国会，忽而解散国会，忽而内阁制，忽而总统制，忽而任期总统，忽而终身总统，忽而以约法暂代宪法，忽而催促制定宪法。一制度颁行，平均不盈半年，旋即有新制度起而代之，国民彷徨迷惑，莫知适从，政府威信，扫地尽矣。

读梁氏文，严修大为感动，叹为“中国第一人文字”，梁所言，深得其心。

# 121. 国体与民意捏成一团泥

“筹安会”成立后，以研讨“共和政治得失”为名复辟帝制。

杨度公开发表《君宪救国论》，正式发出帝制信号。筹安会通电各省，谓我国拨乱求治之法，莫如废民主专制而行君主立宪。并请各省将军巡按使派代表来京讨论国体问题。

袁的亲信段芝贵、梁士诒等紧锣密鼓，行动起来，帝制沸沸扬扬。

他们密电各省将军、巡抚使，以各省公民名义上改变国体请愿书；于是，十九省将军闻风而动，纷纷呈请总统，毅然舍民主而改君主。但袁氏还是心有余悸，他还要投石问路。

他派政事堂左丞杨士琦至参政院，声明改革国体应征求多数国民公议，表示改革国体，经纬万端，极应审慎，操急则难行，大总统有保持大局之责，自认为改国体为不合时宜。话一转，又云：至国民请愿，要不外乎巩固国基，振兴国势，如征求国民之公意，自必有妥善之上法。

大公子袁克定对老爷子的“不合时宜”的试探性宣言极为不满，当杨度赶到汤山向他汇报是严修作怪时，他气急败坏。“皇大储君”的金印早都刻出来了，怎能让一个不识时务的老头给搅和了。他大发雷霆，严修得知后，却气沉志定。此后，袁世凯多次具书，邀其入京，他就是不去。

严修不来，袁克定放心了，至少老爷子身边少了一位能够“耳谏”之人。

此时，连他的兄弟们也不敢多嘴，为敦促老爷子快下决心，他放出胜负手。

北京有一份报纸，叫做《顺天时报》，是日本外务省于1901年创办的汉文报纸，基本反映日本对华立场，“二十一条”以后，成为袁氏每天必读的报纸。袁克定纠集一班文人，每天编制一份假版《顺天时报》，按时送给袁世凯。袁家其他儿子虽然知道此事，但或因不关心政治，或惧大哥的威慑，都装作没看见。袁氏做梦也没有想到，从八九月间开始，他看的《顺天时报》，居然都是假的。

肃政厅呈请取消筹安会，袁批令内务部关于君主民主的议论应具有界说，明定范围，以示限制。于是政事堂知照内务部，筹安会只限于国体讨论，不得涉及其他。看来袁氏不急。

可他儿子急！袁克定的帝制步伐，已由“国民公议”进入“国民公意”阶段了。

在儿子的推动下，全国请愿联合会在北京成立，发起人梁士诒。随后，陆军总长王士珍、管理将军府事务段祺瑞等呈请袁世凯，谓中央及各省军界一致拥护君主立宪。朱家宝等各省巡抚联名电请改变国体；京师警察厅总监吴炳湘及各地警察厅长联名电请改行君主立宪。参政院将第一次、第二次请愿人数汇总后送总统秘书处，共 83 件，3530 人签名，并发表收到变更国体请愿书目录。



日首相大隈声称，中国国体还以君主立宪为宜，袁氏为中国皇帝，日本愿助之。

我们再来看张维翰《民初文献一束·袁世凯与朱尔典讨论君主立宪之笔录》。

英使朱尔典会晤袁氏，对中国实行君主立宪表示欢迎，且看两人一番对话。

朱说：君主立宪，不但英国欢迎，凡英国联盟诸国也欢迎。又说：中国现时政府，一人之政，仅系于大总统一身。现行之共和，即非共和，亦非专制，又非君主立宪。此种特别政体，断难永远持久。若早日议决正当君主立宪政体，则与中国人民思想习惯相符合。袁氏云：我曾发誓维持共和，如今一变君宪，岂不出尔反尔？朱说：国民议决共和，选你为大总统，当然发誓维持共和，倘议决君主立宪，再举你为皇帝，不仍然是顺从民意吗？袁氏云：即使改君主立宪，也须另选皇帝才行啊！朱说：再选满人为皇帝，除大总统外，各国必不承认。袁氏云：当时提倡共和，不知共和为何物，如今不知君宪为何物，又要改立君宪。然此问题仍得移归各省被选人员议决，方合正轨，若有人决于武力，余必以武力制之。

袁氏深谙中国传统，他要等，等“民意”推他做皇帝。于是，公布《国民代表大会组织法》，欲行“国体投票”，为他做皇帝，制造“民意”。又申令遵照约法，务得全国多数正确之民意，以定从违。并命文武官吏维持秩序，静候国民之最后解决。又命朱启钤、周自齐密电各省长官：

国民代表大会推戴电中须有“恭戴今大总统袁世凯为中华帝国皇帝”字样，对初选当选人需用种种方法，示以君宪要旨及中国大势，总以必达目的为止，国民代表大会为决定国体请愿事件而设，不能不密筹操纵之方。并一再告诫，往来协商之件，实为治乱安危所系，务派亲信严密保管。

朱、周再次密电各省长官，国民推戴书中须有“谨以国民大意恭戴今大总统袁世凯为中华帝国皇帝，并以国家最上完全主权奉之于皇帝，承天建极，传之万世”字样，勿丝毫更改为要。

袁命外交部密告各国公使，不料，各国公使出尔反尔，同至外交部劝阻。袁拒绝劝告，表示国体依民意决定，各省均能确保治安。朱、周密电各省：日、英、俄劝告乃干涉内政。改建帝制绝无缓办之理，请速推戴，以示决心。帝制犹在弦之箭，不能不发，可发出的后果，已不堪设想。

大典筹备处在天安门内成立，办理国民会议事务局通电宣布各省决定国体投票的结果：“一律赞成”君主立宪。准备得轰轰烈烈的“国体投票”，却如此简单地结束了，多少有些令人扫兴。

参政院举行国民代表大会全体投票，一致推戴袁氏为皇帝。于是，全体劝进上推戴书，袁退复推戴书，参政院再上，乞速正位登基。反复多次后，袁氏宣布受帝位，改国号为“中华帝国”。

同时，办理国民会议事务局通知各省，将有关改革国体的往来电文一律烧毁！因为函电中不免有出于法律之外的东西，倘为外人所悉，不免妄肆品评，更或史称流传遂留开国缺点。次日，袁氏于中南海居仁堂接受百官朝贺，申令改变国体，乃出于民意，若有好乱之徒生事，严惩不贷！

他很牛！因为他有枪杆子。可“民意”是个什么东西？妓女请愿团、乞丐请愿团……五花八门的请愿团都跑出来了，它们是群众团体，都自称民意。民意一团泥，被他捏来捏去……

# 122. 湘淮军系出政权不出皇权

1916年1月1日，袁氏登基，改元洪宪，改府为宫。

同日，中华民国护国军云南军政府成立，发讨袁檄文。

蔡锷、李烈钧、唐继尧军分三路，兵发川、黔、粤。

各国公使拒收加盖"洪宪元年"和皇帝印玺的公文。

袁氏只好下令，对外仍称民国，对内则书"洪宪"，暂时不加"帝国"字样。好不尴尬！可他仍不死心。对于信誓旦旦的日本政府，他还抱有希望，派周自齐为特使到日本去。

此前，日本是唯一一个通过官方途径向袁氏称帝表示支持的国家，然而，今非昔比，周自齐还未抵达日本，日本政府就发出拒绝入境的照会，理由是：中国帝制妨碍东亚和平。

袁氏自取其辱，周也自认倒霉，帝制变成了刍狗，成了不祥之物。

帝制开业没几天，新华宫就发现一枚炸弹，而主谋竟是本家袁乃宽的儿子袁英。袁英时任京师警察厅督察长，号称十三太保之一。同时被捕的还有内史沈祖宪、内尉瞿克明等。

随后，袁氏弟、妹联名在京津登报，声明与袁脱离关系。二公子袁克文写诗暗谏袁氏：绝怜高处多风雨，莫到琼楼最上层。最令袁氏揪心的是，袁军开始失利，时有倒戈发生。

日本亦反戈一击，警告袁氏延缓帝制，公然声称要以武力干涉。日内阁议决，为促袁氏下台，默许民间资助南军。云南军政府与竹内维彦签约，借了日币百万元，来反袁。

迫于内外压力，袁氏申令缓正大位，他还想再等一等，看一看。

还在休假的徐世昌，亦致函袁氏，提醒他：及今尚可转圜，失此将无余地。

直隶按察使朱家宝转来冯国璋、张勋、李纯、靳云鹏、朱瑞五将军联合各省督军请速取消帝制之密电。

看来北洋军人，不但见风使舵，还会落井下石，都在等待时机。

筹安会还在酝酿之时，段祺瑞便辞去了陆军总长一职，跑到西山做寓公。

而冯国璋一开始就对袁氏不满，鞍前马后追随袁氏，风闻帝制流传，又与梁启超赴京询问，居然上当受骗。袁氏称帝，传子不传贤，已不把北洋军人放在心上，而冯国璋也根本没把袁克定放在眼里，斥之曰曹丕。冯属下吴佩孚、曹锟等，对他的态度已了然，故按兵不动，以观后变。

不得已，袁氏宣布取消帝制。袁克定捶胸顿足，向老爹苦苦哀求：陛下，自筹安会至今七月，沤如此心血脑力，耗如此生命金钱，千回百折，始达成帝制，如今南面一独立，便自行撤销，前功尽弃，谁能保他们不会得寸进尺再要求陛下取消总统。为臣之计……

还没等说完，袁已怒不可遏，他本就"胆大妄为"，可没想到，他那瘸儿更是胆大包天。

他把两份同日，但内容不同的《顺天时报》摔在这个误己误国的不孝子面前，袁克定登时面若死灰，原来真的《顺天时报》，是宫里的一个小丫头在外买蚕豆时，包蚕豆包回来的。

袁氏申令撤销承认帝制案，发还各省推戴书，停止所有筹备事宜。至此，袁氏做了八十三天皇帝，既未行称帝大典，亦未发一道圣旨，帝制的招牌尚未挂起来，便匆匆忙忙结束了。

张一麐来访严修，对他说：总统亦不必自责，都为小人蒙蔽。

儿子尚且骗他，小人当然翻云覆雨。四川将军陈宧，这位曾经跪着哭求袁氏早正大位的陈二庵，竟带头致电蔡锷，赞成讨袁。而且一不做二不休，致电袁氏宣布独立，劝其退位，并与他断绝关系。

袁氏握电报的手在颤抖：二庵厚爱我如此，夫复何言？他决定退位，焚毁帝制文书八百余件。又急电蔡锷，请罢兵息民。仿效陈宧，各省督军乘机独立，袁氏众叛亲离，大势已去。

陈宧其人，素有君子之称，庚子乱起，联军攻北京，荣禄命他为军机处武卫军管带，率三百人守朝阳门，与日、俄两军力战，整个北京保卫战，此战最惨烈，毙日、俄士兵数百人后，始集余众，约八十余人，冲西直门，浴血而出。撤退途中，又得“遗弃兵饷十三万七千两”，护送至保定，交给荣禄。此乃袁氏派兵押送的勤王款——安徽送京饷银11.6万两，江苏送京饷银5.5万两。陈护驾西行，途中，“朝官奔赴行在，路途多阻，得宧将护，始免寇钞”，陈初历战阵，其淡定如此，荣禄为之惊叹。

辛亥以后，袁氏势力深入南方，除云贵川尚鞭长莫及，还有九省通衢——湖北被黎元洪占据，陈宧献计：纵观当今世界，各国副总统无一领兵驻扎地方，美国为共和楷模，副总统不仅驻京，而且又任上议院议长。应当将黎副总统请入京来，不妨也干个议长。现在乱党已灭，各省底平，不再须要由黎副总统坐镇地方，有一统兵大员就足够了。袁使陈往来于京、汉，充当说客，往返三次，拖延二月，收买了黎的得力干将从旁劝说，形同绑架，迫使黎由汉口乘车北上，从此湖北成为北洋地盘。

承办帝制，陈宧最积极，他治四川，曾大修成都皇城，为袁克定预备蜀王府，还召集一百四十六名将军，于将军公署举行国体投票，“一致赞成”君主立宪，并推戴“今大总统为皇帝”，以示“亿兆一心，国是已定”，以“民意不可拂逆，事机不可迁延”，带头发劝进电，恳请圣主袁氏“于明年元旦吉辰，践祚建极，布告天下，以正名分而奠人心”。可谁也没想到，还是他带头，反了袁氏。

人无信不立，袁氏曾宣誓效忠共和国，他不忠于共和国，谁还会忠于他呢？出尔反尔，以权术立国，不仅破了立国的底线，还破了做人的底线，不管他人如何对他，都是应该的。

说实在的，到了这里，我们才真正体会到了曾国藩治军的那一番苦心。曾氏一方面以私军色彩拒绝朝廷干预，湘军可以自己裁，但决不让朝廷插手；另一方面湘军内部传贤不传子，从根本上拒绝了帝制。曾氏不仅自己不想当皇帝，也不想让自己的接班人当皇帝。这支军队可以缔造共和国，可以产生总统，就是不能出皇帝，谁想当皇帝，谁就会被这支军队抛弃。袁氏不就尝到了被抛弃的滋味？

可总还有人在记挂袁氏，那人便是严修。袁氏宣布取消帝制的第二天，一大早，还不到六点，严修就起床了，外面小雨淅淅沥沥下个不停，他乘上马车赶赴天津车站，乘火车前往北京。

至前门站时，已近中午，儿智崇接站，引至北海，袁氏昆弟五人及其族人等俱在此恭迎。次日，往中南海见袁氏。随后，又往延庆楼与袁克定会晤，两人曾因帝制而反目，如今尽释前嫌。严修再尽朋友之道，力劝袁氏为国家计、为个人名利计，尽快辞去总统一职，并发表宣言，以谢天下。

他一向认为袁氏不宜于做总统，不如就此顺水推舟，交了总统的差，向国人表明自己没有个人野心。但袁氏仍抱有幻想，以为取消帝制，还能继续做总统，他再一次拒绝了严修的忠告。

不出严修所料，就在他力劝袁氏引退的同时，蔡锷也电复黎元洪、段祺瑞、徐世昌，力主袁氏引退，以熄战火。滇、桂、黔、粤四省都督发通电，宣布袁氏已丧失总统资格，应由副总统黎元洪继任。袁氏宣布恢复责任内阁制，还想着大总统做不成，做个小总统也行。然而，为时已晚，袁氏已无讨价还价的资格和本钱，他越是贪栈恋位，就越被人看不起。连他的老部下也觉得他不识时务，丢人现眼。袁氏密电冯国璋等挽回局面，冯致电段祺瑞、徐世昌，劝袁氏敝屣尊荣，亟筹自全之策，令袁绝望。

孙中山在沪发表《第二次讨袁宣言》。蔡锷提出袁立即退位、黎元洪继任解决时局的四项议案。十七省代表在南京举行第一次会议，一致主张袁氏退位。陕西、四川、东北先后宣布与袁氏划清界限，脱离关系。护国军通电，袁不退位，绝无调停可言，第二军总司令李烈钧率军北伐。而袁此时已病入膏肓。他召集段祺瑞、徐世昌、王士珍口述遗嘱：总统应该是黎宋卿，我就是好了，也准备回彰德了。

不久，袁氏就在中南海病亡，按新约法第二十九条，由副总统黎元洪代行总统。

严修赴京吊殓，哭袁氏于中南海居仁堂，犹未殓也。公子十二人环跪号泣，惨不忍睹。袁氏此去，可谓大解脱。袁氏灵柩由居仁堂移出，送灵柩专车由前门车站出发，远赴河南彰德，葬于洹上村东北太平庄。严修与徐世昌等由北京赴河南彰德，往袁宅吊祭。送袁氏灵柩下葬，观灵柩入穴，严修与徐世昌等行三鞠躬礼。一代枭雄，如今已悄然入土，唯二三知己，风尘仆仆，来吊祭故人。

趋炎附势之徒早已改换门庭，散作他客。而严修依然故我，避其炙手可热之时，趋其门庭冷落之际。严修挂念袁氏弟子，致信袁克权，言自已失一友则居常惘惘，如堕云雾，但每念袁家事，则尤刻不能忘，来日方长，不知其兄弟何以打算？于是，袁氏兄弟来津，与严修相会于小白楼袁宅。

严修又与儿子智崇商量接济袁克定款项以及为他安排工作一事。袁氏死后，并无多少家产留给子孙，然而他给子孙留下了这个朋友，这个朋友就是无比的财富。人生在世，得此一友足矣！

## 123. 南天军魂：为江山立国体

严修一劝，是为四万万人的人格而劝，以一劝而见士魂。

蔡锷一战，是为四万万人的人格而战，以一战而见军魂。

严修一劝，足见我汉文化人情之优美，有幸生于此文化中，而知君子之道，而得君子之交，而成人之美矣。蔡锷一战，足见我汉人，仍有掀天揭地之力，烈风雷雨弗迷之性。

袁氏复辟帝制不是没有可能，那时，离帝制未远，都觉得复辟不难，而事实上，在袁氏那位置上，一般老百姓多半也就把他当做皇上看。袁氏作为终身总统，他那一只脚，实际上已经迈过了共和制的界线，踩在了帝制的门槛上，对此，梁启超没有反对，反而赞美，不错，袁氏还躺在民国的卧榻上，可他要是翻个身就能做皇帝呢？到了这份儿上，不想做比想做还难，袁氏便动了贼胆。

袁氏的不幸在于，贼胆碰到了军魂，以军魂破贼胆，窃国者惨。

或曰，蔡锷被困京城时，慑于袁氏淫威，不亦于变更国体书上签名乎？

此乃伤心人别有怀抱！后来有人这样问他，他坦然言之：国体问题，在京能否拒绝署名，不言而喻。若问良心，则誓死不承。若云反复，以总统之信誓旦旦，尚且反复……

其时，梁启超在天津，与严修常来往，严修致函梁启超，劝其戒赌。

严修认为，北京是一大赌场，元勋、伟人中之赌魁，不可胜数，这些人，即庄子所谓心死，或孔子所谓无所不至者。为再造共和计，严修直言不讳：若先生则独清独醒之人也。《异哉所谓国体问题者》，比于朝阳鸿凤，泰西之人，交相赞颂，至谓为中国第一人文字，非过誉也。

而他却听说梁有“樗蒲打麻将赌博之好”，所以又说“修窃以为不可”。

"吾国人崇拜先生者众矣。言而以为仿，行而以为表，所系甚巨也。十年来，赌之流毒遍中国，明令不能禁，法语不能改。知文章志节如先生者，亦复为之，后生小子将何惮而不为耶?

"先生即不暇救国，宁不当修己?先生即不能改革政治，宁不欲变易风俗?先生即不欲造就国民，宁不肯防闲子弟?岂有智如先生而不能自察，勇如先生而不能自克之理耶?"

那时，蔡锷也常来天津看望他的老师——"造先生之庐，谘受大计"。

后来，他干脆请假，住进了天津共立医院，因"假期已满，病仍未愈"，呈文袁氏，要求续假三月，迁地疗养，袁氏"着给假两月"。不久，蔡锷便"航海东渡，赴日就医"去了。

行前，师生两人定下讨袁战略：袁氏一称帝，云南即独立，一月后贵州响应，两月后广西响应，再以云贵之力下四川，以广西之力下广东，约三四个月后，会师湖北，底定中原。

又约：事若败，一死而已，决不亡命；若成，则引退，决不在朝。

于是，蔡锷入滇，发起西南之役。本来此役，为其一生事业顶点，可经他一说，便说到兵者不祥上去了，以为大不幸也，从来不敢居功，总以忏悔说道："锷不幸乃躬与其事。"

西南之役，虽因一独夫称帝而起，但毕竟"动干戈于邦内，使无罪之人，肝脑涂地者以万计，其间接所耗瘁，尚不知纪极"，所以，在他看来，天下之不祥，竟莫过于此。这是"以良心为第一性命"的军人才会有的觉悟，我国从古到今，不缺抛头颅洒热血者，而难得有如此觉悟的人。

举义时，他向滇军将士泣血致辞："袁势方盛，吾人以一隅而抗全局，明知无望，然与其屈膝而生，毋宁断头而死。此次举义，所争者非胜利，乃中华民国四万万众之人格也。"

就这"人格"二字，将每一位军人的军魂，都呼唤出来，这是一支怎样的军队啊!"枪支破损，未能克日修理，衣服褴褛，未能换给；弹药未能悉加补充，而饷项已罄，乞灵无效"，"鏖战经月，日眠食于风雨之中，出入乎生死以外”，“平均每日睡觉不到三个钟，吃的饭是一半米一半砂硬吞”。

可就是这样一支“自滇出发以来，仅领滇饷两月。半年来，关于给养上后方毫无补充，以致衣不蔽体，食无宿粮，每月火食杂用，皆临时东凑西挪”的军队，一举打倒了袁氏。

此军，自出征以来，未滥招一兵，未滥收一钱，五月无饷，而将士不受馈一钱，师行所至，所部士兵未擅取民间一草一木，蜀人爱戴之如骨肉，自滇以达蜀地，无不箪食而迎。

这就是护国军，有军魂飞渡，得江山助，那关山有情啊，岂为险阻？重重关山，如翻江倒海，倒似追随他的军团，今朝一担好山河，英雄挑！入川南，越雪山关，自吟一联：

是南来第一雄关，只有天在上头，许壮士生还，将军夜渡；

作西蜀千年屏障，会当秋登绝顶，看滇池月小，黔岭云低。

雪山关，位于川南叙永县城南七十公里处，建于明代洪武年间，垒石筑关，濒临赤水河，隔河与黔岭相望，坐落在川南最高峰，锁钥滇黔，有“当关据一夫，万马应裹足”之险。

关山之险无惧，可人心之险则忧：“蜀道崎岖也可行，人心奸险最难平。”为此，他“军中夜半披衣起，热血填胸睡不安”。可一到“接壤云贵，鸡鸣三省”的叙永县城，他就放心了。

当时，川军第二师驻防川南门户叙永，刘存厚师长为蔡锷旧部，此人之向背，至为关键，锷知其为人反复——“刘存厚厚脸犹存”，说了不算，也是常有的事情，故叹人心之险。

可此次，刘慷慨愿以身许国，率部下歃血盟誓，开门迎护国军入川。

蔡锷入川，即以此为根据地，与袁军战。护国军出云南时，领了两月饷银，子弹每枪三百发，鏖战半年，战事惨烈，蔡锷屡电唐继尧接济，唐一概置若罔闻，好在有叙永民众。

飞渡的军魂，落脚在叙永这个聚宝盆，此处聚宝有二，江山富饶一宝也，山民重义二宝也，君不见雪山关上关帝庙有一联：“生蒲州，事豫州，守荆州，战徐州，神州万古，万古神州；兄玄德，弟翼德，擒庞德，纵孟德，智德千秋，千秋智德。”叙永山民，忠勇似关羽，有情有义亦似之。

据《四川盐政史》载，蔡锷云南护国军和刘存厚四川护国军在叙永提银款三十余万元，其中，叙永劝工局七千元，叙永绅商十余万元，叙永永边盐业公司二十余万元，“唯蔡锷将军提用永边盐业公司之银九万元，于民国八年经北京政府核准，饬由稽核总所转行川南分所，准将印收抵完盐税，其余本省提款则皆作变乱损失矣”。又据民国《叙永县志》，叙永民众为护国军筹集军粮二百余万斤，缝制军装近万套，“乡团之遥为声援者至七千余人”，还组织医生战地救护，组织运输队送弹药、送军粮……

护国军何有？吾以归之于天！此乃蔡锷于《护国岩铭序》所言。护国岩，在叙永县西一百四十里大洲驿侧，层峦叠翠，由叙永至纳溪必过其下。民国四年讨袁之役，蔡总司令锷驻节于此，策应指挥，扼制袁军，取消帝制，再造共和。事定，蔡锷题其石曰护国岩，天不可名，故镌石以名。岩下，永宁河奔流，贯穿全城，军书之暇，锷以一叶扁舟，携二三子，游于岩下，叹江山如故，顿见兴亡。袁固一时之雄也！挟熏天之势，以谋窃国，卒毙于护国军一击之余，乃叹诈力之不足恃，而公理可信矣。

重整四万万人人格打底子的江山，以铁血再造民国，铭曰：“护国之要，唯铁与血。精诚所至，金石为裂。嗟彼袁逆，炎隆耀赫。曾几何时，光沉响绝。天厌凶残，人诛秽德。叙泸之役，鬼泣神号。出奇制胜，士勇兵骁。鏖战匝月，逆锋大挠。河山永定，凯歌声高。勒铭危石，以励同胞。”

这正是“双手裂开鼷鼠胆，寸金铸出民权脑；算此生，不负是男儿，头颅好”。

此时，他还会想到些什么呢？会想到在凄风苦雨中度日的妻儿，袁氏派人去抄他老家，没想到他那么穷，居然会一无所获，还有他妻儿还有老母，到处藏到处躲；还会想到在刀光剑影里翘首企盼他的小凤仙，想起小凤仙临别前那三首歌，那侠女歌啊，胜于琵琶弦上说相思，句句在心里：

《柳摇金》

骊歌一曲开琼宴，且将子饯，你倡义心坚，不辞冒险，浊酒一杯劝，料着你食难下咽，你莫认作离筵，是我两人大纪念；

《帝子花》

燕婉情你休留恋，我这里百年预约来生券，切莫一缕情丝两地牵，如果谋未遂，或他日啊化作地下并头莲，再了前生愿；

《学士巾》

你须计出万全，力把渠魁殄灭，若推不倒老袁啊，休说你自愧生旋，就是侬也羞见先生面。要相见，到黄泉。

如今老袁已推倒，可蔡郎的命也将耗尽了——魂魄化成精卫鸟，血花溅作红心草。

可怜小凤仙，与她那蔡郎啊，只好到黄泉去相见了！在北京中山公园举行的追悼会上，她悄然而至，呈上挽联："不幸周郎竟短命，早知李靖是英雄。"当她随众步入会场，向遗像鞠躬时，被人发现，随即离去，人们寻访，竟不可得。此后数十年，她消失了，混在人群里，听人讲蔡郎故事……

蔡郎留下一担好山河，从头整，可谁来挑？有人叹曰：先生死矣！奸人快矣！大好河山，将何收拾？元首喜哉！股肱起哉！试问满目疮痍，孰与维持？问得好！为什么普天下的军阀没有一个像他主张军队国家化？为什么几乎所有军人都要抓军权而不能像他那样把军权说放下就放下？为什么想当皇帝的袁世凯要问莫理循"蔡锷会不会统治中国"，难道袁氏不知道英雄早已视帝制为腐鼠吗？此正所谓鸮得腐鼠而疑凤凰要来抢也！难怪莫理循要轻蔑地斥之为"愚蠢的问题"而"未加理睬"了。

英雄死后，结局如何呢？共和国的精神，终于立在文化的江山，立于四万万同胞的人格，成为我们文化传统的一部分了。人格问题，或因政治，但主要还是个文化问题，为四万万人争人格之正大光明，使曾国藩当年卫道都显得有些暧昧并显出几分猥琐。正是走在正大光明这一路上，蔡锷才能无比自豪地宣称"军人不党"，可革命党，对此却不予理睬，只管推动民转党，使民国转向党国了。

# 124. 立宪：挣扎在党国与民国之间

蔡锷于生前，曾一再表示：军人不党。

他不光这样说，还这么做了，放弃了自己的统一共和党。

宋教仁合并六党组成国民党，统一共和党也在其中，他便宣称脱党。

此后，他大力倡导军人不入党，并反对军人结社。他为什么要这样做？因为那时宋教仁极力鼓吹政党制的责任内阁政府，要搞出一个执政党来，这在中国历史上是从未有过的。

从表面看，宋热衷于建党，喜欢搞议会斗争，擅长通过竞选活动取得政权，就此而言，他是一位出色的宪政政治家，这与习惯于搞革命党的孙中山有很大的不同。搞革命党要抓枪杆子，要党指挥枪，而搞执政党，就不能去抓枪杆子，靠枪杆子里面出政权那一套，搞不了立宪政治。

搞宪政，要有两个自觉，一个是政党的自觉，另一个是军人的自觉。

那时，人们似乎都在回避这两个问题，只想着如何为自己争取权力，而没想过要付出，那些革命党人，想的都是如何夺取政权，使革命党向执政党转变，却不曾想过一个具有合法性的政党，首先要有军队国家化的自觉，要按照宪法的要求，交出曾经拥有过的军权，才有可能完成转变。

宋教仁虽然趋于政党政治，但他身上总还是缺了那么一点政党的自觉。当时，不是宋教仁，而是与政党政治保持了相当距离的蔡锷，一言道出了宪政的关键——军队国家化。

可谁会听他呢？反正袁氏没搭理他，孙文之流也没理他，宋顾左右而言他。应该说，他是一位有政治思想而且言必信的职业军人，当时，交出军队，到中央来的，只有他一人。

在这场政党运动中，我们没有看到政党的自觉，看到的，只有一位军人的自觉。有人曾经感叹，如果他们两位，一文一武联起手来推进中国的立宪运动，也许能开出一个新局面。

历史没有“也许”，更何况我们对其中的一位，说实在的，还不够有信心。

宋教仁是政党运动的高手，可他还是党性太强，单边认为，“我党”利益就是国家利益，例如，他坚持要搞责任内阁，在思想方面，就不是出于国家至上，而是基于“我党”需要。

南京临时政府是根据 1911 年 12 月 3 日各省代表会议制订的《临时政府组织大纲》成立的，那时，他就与孙中山唱反调，主张搞责任内阁制，可最后采用的，还是孙主张的总统制。

可三个月后，孙要让位于袁，让位之前，宋终于说服孙，这才由临时参议院制定《中华民国临时约法》，把总统制改为责任内阁制了，《约法》还规定，议会选举中胜选的多数党组阁，总理及阁员还要交议会投票通过。这样的政体设计，从党性出发，显然违背了南北和谈以袁为大总统的协议。

还在孙回国前，南北议和谈订立草约五条，就有“先推翻清政府者为大总统”一条，孙、黄等人也在不同场合说过“袁能令中国为完全民国，决举为大统领”，说过的话就要算数，哪有公开说一套背后又做一套的呢？国法不是兵法，当以神圣视之。而党人自身，难免有江湖习气，流寇属性，有意无意自觉不自觉就以兵法撄国法。改总统制为内阁制的做法，就很容易被人看做是兵不厌诈。

从国家利益出发，总统制要好于内阁制，孙中山就认为内阁制“断非此非常时代所宜”。帝制推翻，皇帝垮台，如果总统又被虚置，试问国权怎立？改制，为了对付袁氏：“内阁不善而可以更迭之，总统不善则无术更易之，如必欲更易之，必致摇动国本。此吾人不取总统制而取内阁制也。”

此乃以袁为敌，而非以之为总统也。民国初年之争，袁为迁都北京，在天津玩了一把火，孙为制约袁氏，而改总统为内阁，你来一拳，我回一脚，两家就这样博弈着，开办了共和国。

对宪法缺少必要的敬畏，对国体缺少起码的忠诚，动不动就以兵法乱国法，这民国的病根，是一生下来就有的。让我们来看一组统计数字，便可知先天不足的民国，病情如何发作：从 1912 年到 1928 年，16 年颁布 7 部宪法，换过 5 届国会和 10 任国家元首，更迭内阁 45 次，更迭总理 59 任。

蔡锷读法国史，发现从拿破仑到第三共和国，不过 50 年，宪法就变了 19 次，平均两年多一点的时间就要变一次，民国与之相似，皆因未有宪法时便有了党，“由政党所造而成之”。

袁伟时《从孙袁妥协到二次革命——政治策略与民初宪政的历史经验》一文谈到国民党的建党运动，从袁文所引用的一些材料来看，孙、黄的所作所为，实在令人啼笑皆非。他们都做了些什么呢？为了速成“国民党内阁”，他们去拉包括国务总理赵秉钧和各部总长在内的“国务员”入党。

更有甚者，黄兴还去拉袁氏入党，欲推袁为国民党领袖。袁小试牛刀，先遣杨度入党，杨以变更国民党的内阁主义为条件，使国民党为难，结果是，“杨不入党，袁亦罢入党议”。搞不搞内阁制，是一块试金石，可以试出国民党有没有诚意。然而，孙的感觉好极了：“余出京时，邀国务员加入国民党之议始起。今阅报，国务员已入加本党。是今日内阁，已为国民党内阁，民党与政府之调和，可谓跻于成功。嗣后国民党同志，当以全力赞助政府及袁总统。”此时孙、黄，似已动了党国一体化的念想。

黄还以威胁口吻，劝教育总长范源濂入党，略谓：“此次鄙人北来，专为调和意见而来。尤以国务员一律加入国民党，为调和之先声，且符政党内阁之主张……现在各国务员均先加入，公如固执，将来破坏吾政策者，实君一人。”如此口吻，已透出一党制的先声。财政总长周学熙对人说：“财政总长地位为一时的，周学熙三字为永久的，因一时之地位令永久之个人入党，昧良无耻，莫逾于此。”

孙、黄这般行事，实令党人蒙羞。若袁氏为之，必先掏银子，如市侩交易，虽庸俗，但总还算尊重了人的市场价值，比动辄宣称“革命潮流，浩浩荡荡，顺之则昌，逆之则亡”要好。

袁氏对于孙、黄，一举一动都看在眼里，很有些看不起，但他看重宋教仁，对宋搞的那一套政党政治，他不太懂，想收买宋来为他所用。所以，先请宋来做他的国务总理，宋不肯，不想做总统制下的总理，想做内阁制总理，鱼与熊掌不可兼得，宋作了一种选择。即便如此，袁也没有强迫，没有威胁，不想当官，那就给钱。于是，又派人送去一个五十万元的存折，宋没有笑纳，还给了袁氏。

但宋并未因此而贬袁，相反，他对袁开始有了好感，这主要是因为他自身有了转变。他若站在革命党的立场上，袁便是他革命的对象，他若转向执政党，袁便是他的合作伙伴。据说，孙、黄都愿意宋出任总理，这可以理解，因为宋一出任总理，所谓“国民党内阁”，就名正言顺，名至实归了，这比拉国务员入党要好得多。可宋没经过党的决议就擅自作了决定。看来，从“我党”需要出发的政党运动已经发生了改变。我们不好说，袁氏请宋出任总理，是孙、黄“调和”袁氏，袁氏呼应“国民党内阁”的一个重大成果，可结果却是，宋像钉子一样扎在那里，不仅让袁氏碰了钉子，还让孙、黄碰了钉子。

这样一根立宪的钉子，锋芒毕露地立在那里，坏了“孙袁统一”的好事。

据袁伟时文说，这一时期，孙与袁会谈过十三次。他们之间，除了谈修铁路，就是国家统一。修铁路要钱，搞统一要权，孙去修铁路，袁来搞统一，两人这样分工，也算是权钱交易？

不过，他倒是希望国民党来统一中国，为此目的，他表示，可以让袁来执国民党牛耳。而且他与袁氏几乎就已达成一致，可偏偏有个宋教仁，以立宪的名义，像钉子一样立在那里。

孙、宋二人，对于国民党，分别寄予了希望，一个希望统一，一个希望立宪，差别在于，何者为先，是在统一的前提下搞立宪，还是在立宪的基础上来统一？看来，差别还是蛮大的。

这涉及到权力的合法性来源。当时，君权已退，党权方兴，法权未立，相比之下，党权似乎最有可能成为统一的权力来源，可党权统一，必尊一党，故其合法性令人怀疑。孙有见于此，而有“训政”一说，然所谓“训政”，岂非一党专制乎？孙之误国，即在此矣。孙以十年为期，军政三年，训政六年，十年头上，方为宪政，预设如此，而结果却是国民党咬定训政不放松，一咬就咬了六十多年。

孙大概从未想到过，让一党专制退出历史舞台，会有这么难，居然会比让君主专制退出还难，如果他真的想搞宪政，而非拿宪政来忽悠人民，那么他一定会悔不当初的，其误国之大，不光近世以来无人可比，自古以来亦少有其匹。慈禧训政后，孙继起而训之，真乃“以九州铁铸成一大错”也！

以党权立国，还是以法权立国？孙以党权为宜，而有拉袁入党，以党训政之举，宋则趋于法权，欲以法权立国。土与民，国之本也；制与律，国之体也；夫宋教仁者，乃为民国立国体者！故其不欲于党权之下立宪，不想在训政的格局里立宪，其欲于法权之上矗立国权，而非党权。在国权与党权之间，国权至上，一切党权，都须服从国权；在国权与民权之间，国权优先，民权通过国权来体现。

率先喊出“国权至上”这时代最强音的，还是蔡锷。读史至此，我们分外惋惜此次历史的机遇，其时，蔡与宋俱在，此二人者，乃我国共和之凤毛与麟角，于此民国风云际会，或忙于建党扩党，或奉行军人不党，而未能珠联璧合。史之于人，或亦如此这般，往往留一杯差错的酒，让你喝。

国体未立身先死，常使后人泪满襟！宋死，死于暗杀，究竟谁要杀他？孙指责袁，袁反咬孙，具体的死因，还有待确证。可历史的死因，已不言自明：宋死于反对以多党制立宪的人。

## 125. 革命——通往奴役之路

拔掉了宋教仁这根立宪的钉子，孙、袁二人各得其所，一个成了民国的终身总统，一个成了党国的绝对领袖。

我们不好说这两人就是宋的死因，但刺杀宋的凶手，与孙、袁两方面都有联系则是事实。

宋案有线索，从应夔丞雇凶行刺，一路顺藤摸瓜，摸到洪述祖、赵秉钧头上就断了，再摸下去，可想而知，就要摸到袁的头上了，不管袁氏如何为自己辩白，都难逃罪孽。不说别的，就说谁能将应、赵二人都干掉，恐怕除了袁大头，还是袁大头吧！仅此一点，就可算是铁证了。

不过，近来有人指出了另外一条线索，还是从应夔丞摸过去，这一回摸到的却是陈其美。原来，应夔丞颇有来头，任过沪军都督陈其美的谍报科长，做过孙中山临时大总统府的卫队长和庶务长，还在黄兴麾下当过差，后来在陈其美批准立案并且登报发起的中华国民共进会任会长。

应在孙、袁之间，实为一双面人，尽管被袁氏手下洪述祖收买，但他还是被陈其美控制，还得听命于陈，很有可能还为陈反收买洪述祖。所以，应在下手前，要两面兼听。洪欲下手，陈若不肯，应岂敢？应敢于下手，是自以为摸清了两头，也许两头都没有给他明确指示，是他个人根据两头意向而自作主张，结果便是两头默认，但都未首肯。

正如张耀杰在《“二次革命”后的黄兴》中所言：“迄今为止的所有证据，远不足以证明袁世凯、赵秉钧直接参与了针对宋教仁的谋杀活动。”同样，人们也可以说，迄今为止的所有证据，远不足以证明陈其美直接参与了针对宋教仁的谋杀活动。但猜测是人之天性，历史亦多有“认为”。

孙、袁两头，都认为是对方下手。袁的第一反应是黄兴，认为黄兴想当总理，是黄兴派人刺宋。旁人一听，或谓无稽，而袁则实自有据。黄欲速成“国民党内阁”，故袁请宋任总理，孙、黄皆认可，而宋不买账，偏要通过竞选以执政党方式做内阁制总理，使速成“国民党内阁”流产。

袁氏想当然认为，黄兴如欲速成“国民党内阁”，最好的办法，是由黄本人来出任总理。黄拉袁氏入党，请袁以总统身份做国民党党魁时，也许就谈到过这方面的问题。所以，在袁氏看来，不是他的总统制与内阁制的对立，而是国民党内部的党权统一和法权统一之争，要了宋教仁的命。

袁氏之于党人，可谓知彼知己，他已知宋与孙、黄之隙，亦知党人内部反宋者大有人在，拉拢不成，便以党人毁之，俗语曰“苍蝇不叮无缝的蛋”，而其下手处，便是党人应夔丞。

后有署名白蕉者，据袁氏称帝前后文件，编成《袁世凯与中华民国》一书，袁的亲信张一麐于此书批注宋案曰：“宋案之始，洪述祖自告奋勇谓能毁之。袁以为毁其名而已，洪即嗾武刺宋以索巨金，遂酿巨祸。袁亦无以自白。小人之不可与谋也，如是。”本欲解脱袁氏，可如此一说，反使袁氏难脱干系，袁虽未令刺宋，但已授意毁之，从毁到刺，或被人利用，可宋之死，毕竟始于毁之。

然宋至死信任袁氏，临终前，还请黄兴代笔，椎心泣血，致电袁氏：“窃思自己受任以来，束身自爱，从未结怨于私人。如今国本未固，民福不增，遽而撒手，死有余恨。伏冀大总统开诚心布公道，竭力保障民权，俾国家得确定不拔之宪法，则虽死之日，犹生之年。临死哀言，尚祈鉴纳。”

宋之将死，而以人性优于党性，民权高于党权，超越革命党人而为宪政英雄，一如孟子所谓“圣之时者”，虽未能成为中国的杰佛逊，但也不失为中国的甘地，或中国的马丁·路德·金。可谁把他当做民族魂？请看国民党人！戴季陶在《孙文主义之哲学基础》中宣判：革命党的第一个罪人，就是“桃源渔父”——宋教仁。

至于宋的遗言——中华民族的宪政遗产，谁还把它当回事呢？临死之人，痴心一片，托宪政于袁氏，殷殷期望，人谓其“至死不悟”，闻者心酸。那时，在他心目中，袁还是宪政同路人，且两人所争，并非立宪，而是总统制和内阁制，政见不同，尚能磨合。而他与孙分歧，唯有各行其是，因孙欲为者，非多党制，乃一党专制，非分权之宪政，乃集权之训政，此正所谓“道不同不相为谋”者。

宋死，孙欲以武力讨袁，据章士钊《孙黄遗札密诠》言，当时，孙、黄“可用之兵力”唯南京第八师，该师人数不过三千，孙欲驱之北伐，然师出无名，官兵皆不欲战，孙竟派人“携番银两万”，声称要收买营连长，“令其屠杀师旅长自代而起义”。闻言，军心乱，恐以内讧毁，遂仓促讨袁。章氏指出，孙以贿买杀人，乃自乱步武，如孙所言，“则太平天国北王、东王自相残杀之往事，定然重演一遍。”

而北洋军人联名通电，则发出了共和最强音，在《民初政争与二次革命》中，我们看到：“要知四万万同胞为求幸福而革命，非为拥戴一二伟人而革命。我军人为保卫四万万同胞而赞成共和，非为推戴一二伟人而赞成共和……乱天下者，与天下共击之。我辈军人向不入党，只知有国，不知有党……如有倾覆政府，破坏共和之人，我军人枕戈而待，不敢言劳。”两军相比，北洋军人在政治上先赢了。

宋案后，党人有过三种意见，一是孙的武力解决，二是黄的法律解决，三是章太炎在《民主报》发表的“宋案当以政治解决为妥善，法律解决相提并进”的主张。我们认为，第三种主张比较好，一方面继承宋的政治遗产，在多党制和议会斗争的道路上积极进取，形成国民党执政的事实；另一方面，通过法律途径，按照司法程序，追查凶犯，牢牢地牵着袁的牛鼻子，应该说，这是袁最害怕的。

最重要的是，要坚决捍卫国民党竞选胜利的成果，须知，这是中国历史上“千年等一回”的第一个立宪之果，是宋以其三十二岁的宝贵生命为代价向中华民族奉献的最美丽的自由的花朵。然，孙、黄对此视若无睹。

二次革命，孙以失败告终，谈失败的原因，孙不谈大势所趋，不谈民心所向，不知“大革之役，天与人归，可一而不可再”，不知“对于民国而谋乱，即是自绝于国，罪在不赦”，不知“政府为恶”，还有“法律与国会”解决，而“谋乱之事，为商民所疾视，亦明达所屏弃也”，不知“万一有人发难”，即“当视为全国公敌”，不知中国君子“必不忍艰难缔造之民国，破坏于少数无耻小人之手也”。

而孙则以失败归咎于党人不听从指挥，欲另组一服从他的党，使全党以“愿牺牲一己之生命自由权利，附从孙先生”为宗旨，以“如有二心，甘受极刑”为誓，且以手印为证，还以入党先后，分党员为首义党员、协助党员、普通党员，并以此为分享革命红利的依据，而为元勋公民、有功公民、先进公民，分别享有与之相应的特权和权利，还规定“凡非党员在革命时期之内，不得有公民资格”。

请问，谁会入这样的党？不是走投无路者，不是流氓无产者，谁入这样的党！革命的理想被革命信仰取代了，在第三次革命的道路上，通往自由之路与通往奴役之路原来就是一条路。在这条路上，孙、黄二人分手了，黄认为硬要在誓约上打指印，同罪犯写供词一样，违背了革命初衷。

对此，孙的回答是，革命就要服从领袖，假使你黄先生愿意当领袖，我们就可以在誓约内写明“附从黄先生”，我当然也填誓约来服从你的。如果你不愿意当领袖，就由我来当领袖，那么你就应该服从我。第三次革命后，绝不会像第一次那样，以全国人民为国民，一定要有心赞成共和，而且宣誓注册者，才能成为国民。还有指模一道，那是迟早要盖的，今日为党人不盖，他日为国民亦一定要盖。如此说来，做国民难道也要宣誓“附从孙先生”？也要“如有二心，甘受极刑”？这样的国民不做也罢！

袁之立宪，本以君权，孙之立宪，趋于党权，宋一死，袁、孙各得其所，袁向君权回归，孙往党国奔去。江山也要伟人扶，无限风光我做主！袁氏复辟帝制，蔡锷起，只手打倒袁氏，民国赖以重立。蔡锷死，世无英雄，衮衮诸公皆竖子，从此，孙所向披靡，建党军，立党国，取民国而代之……

# 126. 五四运动的赢家

政治堕入黑暗，还有文化，光明从新文化中升起来。

在新文化运动的末端，终于又掀起了一次新的政治高潮。

对于“五四”运动，人们说得太多，赋予了太多的意义。

说得太多，不是运动本身说不完，而是总有人还要说一说。

这就是历史运动对于未来的感召力，说了孔子，说“五四”。



在金融危机里，我们刚刚学会了一个新词，叫做“杠杆率”。

这个词，似乎也适合历史研究领域，如果历史人物被说得特伟大，那就应该去高杠杆化。高杠杆化的祖师爷阿基米德说，给我一个支点，我能撬动地球。他这样说时，有如外星人。他的美国子孙说，给我一个华尔街，我能撬动世界。而我们中国人则说，给我孔子或者“五四”，我就能撬动中国的历史，以至于谈传统，必以孔子为“至圣先师”；论现代化，一定要从“五四”开始。

“五四”是什么？答案是现成的，狭义和广义兼而有之。

狭义“五四”运动，是指学生运动，也就是运动本身那些人和事。

而广义“五四”运动，则是被运动当事人和后来人“说”出来的运动。

所以，我们看五四运动，要看当事人怎样“做”和后来人怎样“说”。确认当事人“做”，是事实判断，理解后来人“说”，是价值判断。事实判断，虽有出入，但前因后果，大体清楚，而价值判断，则言者各取所需，“五四”是个好东西，大家都来说，说的人多了，难免起泡沫。

有一种说法，说五四运动，是在俄国革命号召下，是在列宁号召之下发生的。

这样一说，就把五四运动，说到国际共产主义运动中去了。这是站在共产国际的立场上来说的，后来共产国际被取消，这样的说法，也就变了。因为毕竟“十月革命”一声炮响，送来的是马列主义，不是五四运动，而且我们都知道，五四运动的起因是巴黎和会，不是苏俄革命。

那么马列主义，是不是五四运动的思想之因呢？看来也不是。

因为马列主义在中国广泛传播，不是在“五四”之前，而是在“五四”以后，是运动深入发展的需要。马列主义不是运动的种子，而是运动的养料，它适合中国天命观的胃口。

太史公早就说过，楚汉相争，汉据西北而有天下，列国兼并，秦以戎狄之人，亦据西北而并六国，如今苏俄也在西北，马列主义犹如天命观里的西北风，很快就在中国流行起来。

不过，五四运动的思想基础，不是从苏俄来的，是自家的，运动的当事人里，思想上还没有马列主义那一套，有的是北大和《新青年》那一套，那是在新文化运动中兴起来的一套。

那一套，当然是自家的，说它们形成了五四运动的思想基础和行动伦理，大体是可以说得过去。但是，自家的也要区分，是用了老家底里的传统文化，还是用了正好流行的新文化？当时，新旧文化都在救亡，都投入运动，可有历史意义的，偏偏只有新文化，而且是运动化的新文化，并非学理型的新文化。历史学为什么要采取这样的叙述策略？这分明是一种文化政治化的历史目的论的选择。

这一选择，仍使列宁居于历史目的论高端，而陈独秀则被文化政治化提撕起来，成了“五四运动的总司令”，他的司令部，难道是《新青年》？《新青年》作者都是个人主义者，读者多半也是个人主义者，其宗旨就是要造就个人主义者。在个人主义的大本营里，哪有“总司令”的位置。

他要是“总司令”，何至于亲自跑到街上去发传单以至于被捕？中国传统文化有圣人，没有“总司令”，新文化有个人，却没有圣人，也没有“总司令”，“总司令”是在运动中被运动出来的。

新文化运动和五四运动，通常被认为一前一后，其实是一个运动的两面，就启蒙而言，为新文化运动，就救亡而言，为五四运动。启蒙不需要“总司令”，所以“总司令”不是从新文化运动出来的。救亡需要“总司令”吗？这要看运动到了哪个阶段，到了政治化阶段，“总司令”才诞生。

运动的进程，居然沿着陈独秀的思想路线前进了，从言论自由化——《新青年》，到文化运动化——新文化运动，再到运动政治化——建党，在其思想路线的终端，运动的最后阶段，他终于完成了从一介书生向“总司令”的转变。可他本人，并未意识到这一点。他说，运动是必然的，无论是功是罪，都不应该专归到那几个人。是“哪几个人”？他后来在纪念蔡元培时写道，蔡先生、适之和我。

这是指启蒙那一面，他认为，还是“三驾马车”，并非一个“总司令”。而救亡那一面，学生跑到了先生的前面，傅斯年、罗家伦、段锡朋是当时公认的学生领袖，可陈并没有提起他们。陈这样说来，并不过分，青年毛泽东的态度，可以作为例证。毛曾表示，在他成为马列主义者以前，言论方面，对他影响大的有两人，一是胡适之，一是陈独秀。作为中共领袖以后，他就不再提胡适之了。对于陈独秀，毛用“中国革命战争和战略”的眼光来看，看到的不再是以笔为旗的书生，而是振臂一呼，万众响应的“总司令”，好像五四运动，不是因为“巴黎和会”而爆发，而是为了迎接中国共产党的诞生。



陈作为“总司令”，当然是笔杆子“总司令”，理应统帅一支言论大军，但言论却不是好统帅的，笔杆子的主义之争，不亚于军阀混战。运动期间，除了马列主义，杜威和罗素也跑来论战了。

笔杆子难免主义之争，枪杆子呢？也玩主义之争吗？清谈误国，党争误国，主义之争也误国。何谓主义误国？胡适在《三谈问题与主义》中写道：被人用几个抽象名词骗去赴汤蹈火，牵去为牛为马，为鱼为肉。历史上许多奸雄政客，懂得人类有这一劣根性，故往往用一些好听的抽象名词，来哄骗大多数的人民，去替他们争权夺利，去做他们的牺牲。人类受这种劣根性的遗毒，也尽够了。

吴佩孚是个主义玩家，其“主义”多，“主意”也多，如果说陈独秀能算得上笔杆子“总司令”，那么吴佩孚就可以说是当之无愧的枪杆子“总司令”了。当时用枪杆子参加五四运动只有他一人，是他在运动中放出了胜负手，“无日无时无吴之通电”，“凡所通电，皆中肯要”。一方面，他表示支持学生运动，抗日救国“愿效前驱”；另一方面，他主张因势利导，借助民意，不惜一战，打倒皖系政府。上海《时事新报》有评论指出：“于此之际，苟有人焉，起而代为国民为之，国民无不乐而赞成。”

吴氏出兵，一战而胜，自谓：实则非军队之力，全胜于民意。陈独秀肯定吴氏的胜利“是一种革命行动”，李大钊指出：我们认定，这次战争的胜利者，究竟是民众；这次战争的失败者，究竟是败于民众面前。于是，吴氏成了“中国当代第一号人物”，在西方观察家眼里，吴氏是“保障人权之伟人”，其“诚实和勇气是毋庸置疑的”。然而吴毕竟是军阀，一上来，便向总统徐世昌开出清单，要徐照办，不办，就倒徐，将“爱国主义”进行到底，而徐则要为“卖国主义”作解释，结果吴赢徐败。

吴赢了，赢在“主义”——爱国主义；徐输了，也输在“主义”——卖国主义。

呜呼！政党有政党之主义，军阀有军阀之主义，“主义”之争也，于此为甚焉。

吴氏和北伐军的胜利，奉直军阀以为是他的主义所致，遂仿效之。孙传芳以“三爱主义”，来对抗“三民主义”；张作霖则在“三民主义”之上加了一个“民德主义”，变成“四民主义”。

总之，五四运动，不光是笔杆子运动，还是枪杆子运动，以学生运动始，以军阀混战终。

直系军阀吴佩孚用枪杆子玩“爱国主义”，成了五四运动的赢家。

# 127. 国民党是如此“反动”

可以说，五四运动的第一个政治成果，就是吴佩孚。

不过，吴后来失败，被赶下了历史舞台，就被人遗忘了。

可他在五四运动中曾扮演的武生角色，最终还是被人发掘出来。

本来，五四运动，也是“文武之道，一弛一张”的，可没了吴佩孚，运动就变成了单纯的新文化运动。我们只看到了学生爱国运动的一面，而忽视了军人爱国运动一面。

只看到了北大和《新青年》的影响，而忽略了军阀亦有爱国立场。

作为运动本身一部分的吴佩孚出局了，对运动拥有话语权的，是国共两党。

然而，运动中，国民党并未介入，而共产党那时还没有成立，共产党的创始者陈独秀等人，投入运动都是以个人身份。“五四”期间，孙中山在上海，虽然发动社会各界支持运动，但那只是他个人的一种表态，国民党作为一派政治力量却没有跟着投入进来，没有吴佩孚的反应快。

国共两党，关于五四运动究竟由谁主导，一度引发了笔战。

当时，学生领袖罗家伦认为，运动没有任何政党或政团介入。但他又说，当初孙中山支持蔡元培接任北大校长，便伏有了运动的先机。这样说来，蔡就成了埋伏在京城里的卧槽马。

这样的话，傅斯年也说过，他说：“北洋政府请蔡先生到他的首都去办学，无异猪八戒肚子中吞了一个孙悟空。”本想站在国民党的立场上来抬举一下，这一抬，反而把蔡元培贬低了。

这倒不是蔡元培经不起这样的抬举，而是历史不能随便这样抬举。

这样一抬举，蔡元培的自由主义的主张，就变成了政治阴谋，堕人苏秦、张仪之流。如此说法，不仅提撕了蔡元培作为国民党党员的尴尬，更道出了国民党在新文化运动中的尴尬。

那时，蔡以南人居北方，常被人误解。有人说他是南方奸细，知南方力量不足以抵抗北方，乃不惜用苦肉计，提倡新文化，改用白话文，借以破坏北方历来之优美天性，因此，号召北方人，千万不要上他的当。而章太炎以浙江督军卢永祥为北人而欲驱逐之，蔡元培反对，章即斥之曰：公本南人，而愿北军永据南省，是欲作南方之李完用耶？蔡只好以“南人北人，同为中华民国国民”来辩解。

对于新文化运动，国民党一直都没有重视，作为一个党派，游离在运动之外，其个别党员投入运动，如蔡元培等，是以个体方式，而非以党派方式；他们所表现的是个体性，而非党性。

后来，戴季陶说，倘若那时国民党人肯一致赞成“文字革命”的主张，以革命党的党义来鼓吹起来，何至于要等到陈独秀胡适之来出风头？面对陈、胡之流，国民党尴尬得不得了。

也有尴尬之余，没有反省，反而大骂的，说“中国本来是一个由美德筑成的黄金世界”，自清朝以来，就被人搞坏了，不仅被皇帝和政客搞坏了，还被洋大人和买办搞坏了，从张献忠到共产党，全都挖坑，挖了一坑又一坑，令人难防。说这话者，是北伐后任国民党中央宣传部长的叶楚伧。

胡适读了叶的文章，很反感。叶虽然没有明说新文化运动是挖坑，也没有直截了当地说胡适便是挖坑者，但叶的字里行间是含有了这意思的。胡适眼明心亮，给了叶当头一棒：“我们从新文化运动者的立场，不能不宣告叶部长在思想上是一个反动分子，他所代表的思想是反动的思想。”

温文尔雅的胡适，居然抡起了言论的大棒子，用了宣战的口吻。

他先问：清朝以前，中国可是“一个由美德筑成的黄金世界”？这是一个基本判断，如果是，“那么，我们还做什么新文化运动呢？我们何不老老实实地提倡复古呢”？女子缠足，缠了一千多年，士子做八股缠脑，也缠了五六百年，而“饿死事极小，失节事极大”，又何止五六百年？

缠足，缠脑，都不能算美德，守节可悲，但也不能算美德。作了这样的判断以后，胡适表示“不能不进一步质问：叶部长所代表的反动思想究竟有几分可以代表国民党”？如果叶的代表性毋庸置疑，就必然要引发如下问题：国民党自命反封建，何以叶会如此拥护传统文化？又问：在新旧文化的问题上，国民党究竟抱着什么样的态度呢？在近年来的新文化运动史上，国民党能占什么地位呢？

于是，胡适来跟国民党算老账，其一，国民党当国，一切法令公文，都用文言，不用国语；其二，国共合作，造就绝对专制，使思想言论完全失了自由，上帝可以否认，而孙中山不许批评，礼拜可以不做，而总理遗嘱不可不读；其三，国民党有一种反新文化的倾向，说现在的思想紊乱和道德堕落，都是“陈匪独秀、胡适”两个人的罪恶。以此三点，胡适确认，国民党是反动的。

究其“反动”根源，在于极端民族主义，而根子就在孙中山。

胡适指出，孙氏三民主义里有两种东西作怪，一是“西学中源”，认定，凡是西方的好东西，都是我国几千年前的旧货，无政府主义和共产主义，我国古已有之；二是中国“道德优胜”，忠孝仁爱信义和平，可以“驾乎外人”。这两种东西，都是晚清遗物，被孙氏拿来做他的三民主义。以此眼光，来看新文化和旧道德，当然要着眼于旧道德了，因为新文化多是外来的，而旧道德是本民族的。

胡适说，中国的新文化运动起于戊戌维新运动，运动拥护两位先生，一位是赛先生——科学，一位是德先生——民治，后来加上一位穆拉尔姑娘——道德，中山先生既欢迎科学，又推崇民治，这与运动的方向一致。可孙氏三民主义，极力抬高旧道德，就与运动背道而驰，使读者真以为中山先生相信“欧洲的新文化都是我们中国几千年以前的旧东西”了。胡适骂叶楚伧反动，骂国民党反动，但他没有骂孙中山反动。在追查了国民党反动思想的历史根源以后，他想为国民党补上新文化一课。

他以国民党联俄、联共为标志，将“中国文艺复兴”分为两阶段，一是以西化为代表的新文化运动，二是以北伐为代表的国民革命；联俄是西化的结果，而联共则是北伐的需要。在联俄、联共的旗帜下，国民党吸收了大量的受新文化运动影响的青年，从而使国民党承接了“五四”前后的新思潮。

他特别提到了孙中山，以为孙氏能体验五四运动的真意义。

他说，孙氏曾言：自北京大学学生发生五四运动以来，一般爱国青年，无不以革新思想为将来革新事业之预备；于是蓬蓬勃勃，发抒言论，国内各界舆论，一致同倡，各种新出版物，为热心青年所举办者，纷纷之伪政府，犹且不敢撄其锋。此种新文化运动，在我国今日，诚思想界空前之大变动，推原其故，不过由于出版界之一二觉悟者，从事提倡，遂至舆论放大异彩，学潮弥漫，全国人皆激发天良，誓死为爱国之运动。倘能继长增高，其将来收效之伟大且久远者，可无疑也。吾党欲收革命之成功，必有赖于思想之变化，兵法攻心，语曰革心，皆此之故；故此种新文化运动；实为最有价值之事。

“五四”之前，孙氏三民主义抬高旧道德，贬低新文化。

“五四”以后，孙氏三民主义逐步向新文化运动靠拢。其“新三民主义”，在共产党看来，便是联俄、联共、扶助农工，在胡适看来，则是三民主义加上新文化运动。

# 128. 守住新文化的底线

国民党骂新文化运动，将陈独秀与胡适放在一起骂。

“陈匪独秀胡适之”，意思是，共匪陈独秀你往哪儿跑？

“往哪儿跑”，就是“胡适之”，就是打问号，胡适是个大问号。

当年，胡适写《新文化运动与国民党》，就希望国民党打“五四”牌，不要老是扛着旧道德的招牌来说事。通读此文，感觉胡适对于“五四”，还是有“主义”的企图，还指望他那套个人主义哲学，能变成自由主义政治。可国民党恰与他的希望相反，从民族主义走向了国家主义。



胡适指出，当时国家主义，有两种极权形态，苏俄式的和法西斯式的。

不幸的是，国民党在国共合作时，先采取苏俄式，清党以后，又采取法西斯式。

对于“以俄为师”，胡适曾经欢迎。他从向西方学习的角度，指出，孙中山“以俄为师”，符合中国向西方学习的大方向，国民党从俄国学到的组织方法，是中国自向西方学习以来的第一个认真成果，并以此肯定了个人主义。他说，近几年来，五四运动颇受批评，就是因为个人主义。

针对一班论者说的，个人主义的人生观就是资本主义社会的人生观，他以为是大笑话。问道：在社会主义的国家里就可以不用充分发展个人的才能了吗？在社会主义的国家里就用不着有独立自由思想的个人了吗？难道当时辛苦奋斗创立社会主义、共产主义的志士仁人都是资本主义社会的奴才吗？

而且发展个人主义，也不妨“以俄为师”，他说，我们试看苏俄现在怎样用种种方法来提倡个人的努力，就可以明白这种人生观不是资本主义社会所独有的了。还有一些人嘲笑个人主义，笑它是十九世纪维多利亚时代的过时思想。他指出，这种人根本就不懂得维多利亚时代是多么光华灿烂的一个伟大时代。马克思、恩格斯都生死在这个时代，都是这个时代自由思想和独立精神的产儿。由此可见，他把个人主义看做超越资本主义社会和社会主义社会的人类文明的奠基石。然而，随着国民革命运动的深入发展，运动日益显露出专制的倾向，扼杀了个人主义的理想，因此，胡适对于“师俄”大失所望。

国民党清党以后，胡适一度看好蒋介石，理由很简单，因为他的老朋友蔡元培，已经以国民党元老身份同蒋合作了，而他的另一位好友陈独秀，则在“师俄”之路上永不回头了。

胡适以为，“师俄”尚可，而法西斯化则破了新文化的底线。底线是什么？是文化上的个人主义，是政治上的自由主义。马列主义也好，三民主义也好，都要放在新文化的底线上来检验。

马列主义被他检验过了，由希望而失望，而三民主义，在他看来，被法西斯化了。

蔡、陈二人，同为新文化运动旗手，而今却因党争成为对手，胡适还坚守个人主义，而蔡与陈，已是党治中人了。蔡是“清党”运动的倡导者之一，陈是“清党”首当其冲的中共领袖。

学术可言“兼容并包”，政治岂能“思想自由”？“党化教育”也随“清党”接踵而来。蔡主持南京国民党政府教育行政委员会，根据该党“党化教育”精神，议定《学校施行办法草案》，开始在各校推行。国民党中政会通过变更教育行政制度决议，以“大学院”取代教育部，以大学区取代各省区教育厅，在江、浙两省试行三个月以后，中华民国大学院正式成立，由蔡出任院长。

蔡就任后，提出教育化、劳动化和艺术化三项教育方针。笼而统之的“教育化”，是以“党化教育”为前提呢？还是其本身就包含着“党化教育”，因而堪与“党化教育”并行不悖呢？

对此，胡适没有追问，他信赖蔡。然而，他却没有区分个人主义的蔡和党治主义的蔡，作为北大校长的蔡和作为大学院院长的蔡，两种不同的角色和身份，模糊了蔡的个体性。

蔡是要有北大的人文底色相衬，才光芒四射，光彩照人的，离开了北大，便黯然失色。北大的蔡，是以个人主义立校，以自由主义治校的。而在党国做官的蔡，参与“清党”，可又无法面对杀戮。对于舆论，他无言以对，只好装聋作哑，连朋友周作人也忍不住撰文，对他口诛笔伐：“最奇怪的是智识阶级的吴稚辉忽然会大发其杀人狂，而也是智识阶级的蔡、胡诸君身在上海，又视若无睹……”

蔡像鸵鸟一样，把头埋起来，专心做他的大学区实验。大学区，其实是一个教育的乌托邦，他的根本点，在于从行政区划上将政教彻底分开，以免大学受到行政的干预，欲以大学院的学术化管理，取代教育部的官僚化管理。依靠政治势力，而又想摆脱政治，天下哪有这等便宜事！

蒋介石北伐去了，留下教育的烂摊子任尔等折腾。北伐成功了，他便回来收拾。

收拾，从北大开始，国民政府决定，首先为北京大学正名。先将北大改名为“中华大学”，以体现党国统一性；不久，又将“中华大学”改为“北平大学”，以示平定北京。北大，是蔡的发祥地，还是中国自由主义的发源地，将北大的名字改来改去，此举逼蔡挺身而出。蔡要捍卫北大，就要与政府唱对台戏，其结果，必然辞职而去。蔡一去，大学院便消失，大学区就解体，教育部复辟。

其实当时中国教育最大问题已不在教育部，亦非官僚化教育，而在新兴的苏俄式的“党化”和“主义化”教育，使国民教育适应“党治”。官僚化教育多少有些“公务”的色彩，还不至于非要“定于一”，因而还能兼容一下自由主义，给自由主义留一点余地。而“党化”教育，则有着鲜明的“党务”色彩，它的目标非常明确，就是要“定于一”，就是要彻底否定所有的自由主义。

作为国民党党员和作为自由主义者是相矛盾的。一个真正的自由主义者，首先必须守住自己的文化个体性，而作为党员，他首先必须坚持党性。作为自由主义者的蔡元培，他立命于北大；作为党员的蔡元培，他还想在大学区留一根自由主义的尾巴，后来，他将尾巴带到了中央研究院。

蔡以大学区实验来续北大的自由主义，在我们今天看来，无疑是以狗尾续貂。

刚好，那时上海各报纷传，有个名叫陈德征的人，在国民党“三全大会”上提交了一份《严厉处置反革命分子案》，谴责法院审理“政治犯”时太重证据，使“反革命分子”漏网，主张有中央党部的证明，就可以定罪。而这位陈德正，正是当时国民党上海特别市党部的代表。

陈的提案一出，胡适就呼吁：我们要一个约法来规定政府的权限，过此权限，便是非法。我们要一个约法来保障人民的身体、自由及财产，有侵犯这人权的，人民都可以控告。还是这位陈德征，也写了一篇文章，名曰《胡说》，斥胡适：不懂得党，不懂得主义，不懂得法律，不容胡说博士来胡说。胡适看了《胡说》，批道：“可怜陈德征，生平只知有三民主义，只知总理及其遗教，只知有党治。”

本来，“政治犯”和“反革命罪”，就是党治主义的产物，是苏俄式的，对于苏俄，胡适曾有好感，对于法西斯，他是一点好感都没有，他曾希望，国民党清党以后，能乘着北伐胜利的东风，回到新文化运动，以个人自由为起点，推动社会进步，没想到反而堕落到法西斯里去了。

他再也忍不住了，带着希望和失望，他写了《人权与约法》、《我们什么时候才可有宪法？——对于〈建国大纲〉的疑问》、《新文化运动与国民党》、《知难，行亦不易——孙中山先生的‘行易知难说’述评》等一系列文章，陆续发表在《新月》杂志上，不仅在当时产生了广泛影响，即使在今日也有其深远影响，平心而论，它们确实是中国现代政治思想史上最有价值的文章。

在革命的时代里，个人主义难有立足之地，对革命的体认，胡适不及鲁迅，鲁迅继《狂人日记》后，发表《阿Q正传》，前者是文化革命的寓言，后者是社会革命的传奇；从“救救孩子”到“我要革命”，新的革命来临。新的革命，已不靠传统士人，也不由学生来发动，而是取决于农民。

农民革命将主宰历史，不管新文化还是旧文化，都要被踏在农民的赤脚下。

王国维和鲁迅，都认识到了革命的必然性，却作了不同的选择。王氏《殷周制度论》，大谈“殷周之际革命”，预示了革命时代来临，他多么希望即将到来的革命，是一场像文武周公那样的圣人革命，没想到革命召唤出来的却是农民，他不想在革命中偷生，不惜以一死捍卫其文化个体性。

而鲁迅的《狂人日记》，则预言了一代病态而觉悟的革命者——“狂人”来临。由“狂人”呼唤出来的，却是成千上万的“阿Q”，“阿Q”们在革命中“吃人”或被人吃。

鲁迅作为“狂人”之一，没有逃避这场“阿Q”式革命。但他却像“狂人”一样，对革命保持了高度的警惕性：如何能在革命中既不吃人也不被人吃？如何能在国民革命中既批判国民性而又不成为“人民公敌”？如何在压倒一切的群众运动中前进而又不放弃自己的文化个体性？这便是鲁迅！

鲁迅和胡适一样，一生警惕党化，与党化作斗争，从未成为党治中人。不同的是，鲁迅身处革命之中，而胡适并非革命中人。但胡适却为我们提供了另一种典型，即以个人主义者的身份在中国如何做一个持不同政见者，如何既批评执政党而又与其政府合作，既为国家服务而又不放下个人主义立场。

胡适晚年曾说，鲁迅是我们的人。他这样说，是超越党派的，并非要来争夺鲁迅。

其根据，就是两人毕其一生，都是纯粹的个人主义者，都捍卫着新文化的底线。

## 129. 五四运动中的个人

所有的运动，都是群众运动，可发动者，往往是个人。

发动的手段，并非运动本身，而是与运动无关的思想。

思想的星火，落在某个事件的导火索上，运动就发生了。

就此而言，运动是偶然的，是思想酝酿、传播到了一定程度的时候，以某一事件为契机找到的一个突破口，可一运动起来，思想就搁一边了。五四运动就是如此。评价“五四”，言必称陈、胡，就因为运动由思想所发起，以至于批评者，也将“五四”归咎于陈的激进和胡的放任。

陈的激进，是个人主义的激进，胡的放任，也是个人主义的放任。

被个人主义发动的个人要运动了，运动起来时才发现，群众运动排斥个人。

纯粹的个人主义者，其实是不适宜参与群众运动的，思想上的发动是一回事，参与到群众运动中去又是另一回事，个人之于运动，乃群众一分子，要个人主义者放弃了个体性，化作群众的一分子，除非他不再是个人主义者。因此，当运动真的来临时，清醒的个人主义者，反而束手无策，他们既不能成为运动的领导者，又不愿成为运动的追随者，更不能离开运动。有人说，五四运动的发动者，第一人当属蔡元培，因为没有北大精神就没有五四运动，而没有蔡元培就没有北大精神，这样说来也通。

但事实是，运动初起时，蔡并未以校长身份站出来领导运动，更未以国民党党员身份有计划有预谋地推动运动，使自发的群众运动走向政党运动，他把这两种角色和身份都放下了。

他只是以一个个人主义者的本分来面对运动。那时，他是唯一具备了领导运动资格的人，假如他来领导这场运动，运动很可能会有序得多，也许不会发生打人和放火的事件。可为什么身为大学校长就不能领导学生运动？当时没有人这样问过，后来也没有人这样问，今日不妨来问一问。

蔡元培在《我在北京大学的经历》中说："民国七年夏间，北京各校学生，曾为外交问题，结队游行，向总统府请愿；当北大学生出发时，我曾力阻他们，他们一定要参与；我因此引咎辞职，经慰留而罢"，但是，"到八年五月四日，学生又有不签字于巴黎和约而罢免亲日派曹、陆、章的主张，仍以结队游行为表示，我也就不去阻止他们了"。他没有去阻止，但他还是在校门口挡了一下，问学生有什么要求，他可以作为代表向政府转达，学生没理他，走出校门了。既然没有阻止学生的意思，为什么要去挡那么一下？是作为大学校长而不得不去那样表示一下？既不支持，又不反对，只好自居于尴尬。

让我们拿他和司徒雷登先生，就是被毛泽东"别了"的那一位，来比较一下，司徒雷登来燕京大学做校长，下车伊始，就碰上了五四运动，就职典礼，冷冷清清，学生都去欢迎出狱的同学，所剩寥寥无几，谁还来理他？可他反而倍感欣慰，给美国的同事写信说：中国正在生死关头，燕京大学何幸生逢如此意义深远的报国时机。还说中国的学生运动，是全世界民主运动的一环，学生是中国的希望。

如果不是运动已近尾声，他很可能自己举着旗帜，冲到运动最前列去。

后来的事实证明，他正是如此。"九一八"事变发生后，他亲自带领燕大师生走上街头游行，领头高呼"打倒日本帝国主义"。北京学生为反对政府对日不抵抗政策，宣布罢课，并组织请愿团赴南京，他闻讯从美国赶回。有人以为，作为校长，他是不会支持罢课的，可他却说：我在上海下船时，首先问来接我的人，燕大的学生是否也去南京请愿了。我听到答复"是"，这才放心。如果此次燕大学生没有参加请愿，那说明这些年来我的教育就完全失败了。他说：北平沦陷期间，我的学生在参加爱国活动之后，回校时总会兴奋地告诉我，他们是如何用实际行动报效祖国和人民的。这使我感到十分欣慰。尤为感人的是他们已在身体力行燕大的校训"因真理，得自由，以服务"。

这使我们想起毛泽东《纪念白求恩》所说的，“他是一个纯粹的人”，我们在司徒雷登身上，就看到了一个纯粹的自由主义者的光芒。

可运动中的蔡元培是怎样说和怎样做的呢？他的学生走出校门后，当天晚上，因火烧赵家楼，有三十二名学生被警察逮捕，其中有二十名是北大学生。蔡元培对学生们说：你们今天所做的事情我全知道了，我是全校之主，当尽营救学生之责，我保证在三天之内，把被捕同学营救回来。

过了三天，被捕学生果然释放回来。可蔡却递交了辞呈，悄然出京，他留给北大师生的便条上开头就说：“吾倦矣！‘杀君马者道旁儿也’。‘民亦劳止，汔可小休’。吾欲小休矣。”“杀君马者”出自《风俗通》，意为路旁小儿赞马快，乘者喜之，乃驱驰至死。他自喻为马，谁是“道旁儿”？

有人说指游行学生，有人说指北洋政府，其实都不是，是泛指群众。

作为清醒的个人主义者，他不愿倒在群众的欢呼中，被群众的喝彩喝死。

于是，他走了。顾颉刚《蔡元培先生、北京大学与五四运动》说他，剃掉了留长的胡子，混上了火车，又到了欧洲，校务由他的秘书长蒋梦麟维持了下去。可他难道不知，他的北大还有北大的师生们都处在风险之中？作为一校之长，他这时候难道不应该留在自己的岗位上？平安无事时，他不妨辞职，大难临头了，就不该走。顾颉刚说，5 月 4 日学生游行示威之后，段祺瑞的助手、陆军次长徐树铮就命令他的部队把大炮架在景山上，炮口对准北大示威……同样是自由主义者，同样是大学校长，司徒雷登内心单纯，充满了阳光，而蔡元培却不得不站在历史的幽暗处，显出老成，因为这是他的命。

蔡元培辞职南下，牵动了一个与运动无关的人，他就是严修。

严修为筹建南开大学正南下募捐，他一到上海，就有人来拜访，将教育部袁希涛次长来电出示严修。谓因五四风潮，深恐蔡元培校长地位动摇，严修德高望重，故欲请其速返北京，接任校长，助政府维持局面。阅后，严修请来人复电袁希涛，谓蔡的地位不至动摇，自己一时不能入京，婉拒政府请托。当时，内阁有免蔡之议，因教育总长傅增湘不肯副署，终未成议，傅因而辞职。

蔡行前，提醒学生该回学校上课了。作为教育家，他倡导学术救国，教育救国。他说：我国输入欧化，六十年矣，始而造兵，继而练军，继而变法，最后乃知教育之必要。他强调，学生救国在课堂，不在街头，救国要凭真才实学，而非贴标语，喊口号，作政治工具。可没想到，他一辞职，反而使“挽蔡”成了运动的口号，真是“为之仁义以制之，并与仁义而窃之”了，谁要他众望所归？

不管他个人愿意不愿意，他都必须接受群众为他喝彩，可他走了。

中国近代教育，有两位奠基者，一是严修，曾主持晚清学部，以新学推动立宪，而且自办新式教育，同张伯苓一起创建了南开新私学系列学校；还有一人，就是蔡元培，他是民国第一任教育总长，而眼下又是北大校长。可以这样说，中国近代教育从学制到教育方针，都是他们制定的。

袁任总统，欲以严修替代蔡元培，被严修一次又一次拒绝，一来，他不愿意介入北洋政治，二来，他确实看好蔡元培。后来，历任北洋总统，均邀其入阁，主持学政，也被他一一拒绝。

严修拒绝了教育部，但他必须面对罢课的学生。他约了胡适来，与张伯苓一起讨论，解决学生罢课问题。而南开学生则批评校方拿校董去募捐，要求将曹汝霖、杨以德等从校董会除名。对此，严修表示：盗泉之水，虽不能饮，洗洗脚还是可以的。张伯苓也说：美丽的鲜花不妨是由粪水浇出来的。把军阀、政客的钱，比作盗泉、粪水，实在有欠公允，亦非本意，可面对激进的学生，只好这样解释了。

北大陶孟和来电，言陈独秀被捕及营救事。五四运动中，陈独秀除了写文章、演讲，还上街头去散发传单。在当局看来，写文章和演讲，还是教授分内的事，上街去散发传单，就有些过“分”了。陈被捕，就因为在北京前门外新世纪游艺场五楼散发传单。京师警察厅总监吴炳湘要以“违警律处置”，而北京步军统领衙门统领王怀庆却要求“绳以军法”，双方争执不下，并报徐总统。

严修闻讯，即修书一封，命其子、时任直隶实业厅厅长的严智怡赶赴北京，面呈徐总统。起初，徐推说是司法部的事，后来，智怡破釜沉舟，以“文字狱”责徐，言者动情，闻者“动容”，徐遂承诺“维持”，留了陈一命。所有研究五四运动和中共党史者，几乎都没有注意到严修的作用。

陈独秀出狱时，蔡元培去迎接，当众宣布：“北京大学为有仲甫而骄傲!”

李大钊则献上诗作《欢迎独秀出狱》：你今天出狱了，我们很欢喜！他们的强权和威力，终究战不胜真理。什么监狱什么死，都不能屈服了你，因为你拥护真理，所以真理拥护你。

陈独秀与严修是老朋友，两人早年在日本时就已相识。后来，陈独秀办《新青年》，为真理而鸣，严修办教育，以真理立人。运动中，陈独秀为真理而舍命，严修为真理而救人。

严修从未标榜个人主义，也不自认为是个人主义者，但他却以教育与实业来推进中国的自由主义进程，并且完整地守住了自己的文化个体性——立人忠孝仁义，立国自由民主。我们没有必要分析严修的文化个体性，有多少民主性的成分，有多少封建性的成分，在党和枪、主义和强权的交错中，能完整地守住自己的文化个体性，本身就是个奇迹，它需要极高明而道中庸的政治智慧和文化定力。

蔡元培曾于南开发表演说，他特别强调了南开的自由主义：贵校于斯殊异于众。贵校董严先生于旧道德素称高贵，校长张先生又属基督徒，但二先生不因己之信仰强诸君以为从。校中各会会章不一，入会纯属自由，此种自由足为新道德开一新径。他称赞严修，不仅是旧道德模范，还是自由的表率。

作为表率之一例，我们可以举出周恩来。“五四”以后，恩来失学失业，往欧洲勤工俭学，实为严修赞助留学。当他听说周恩来热衷于共产主义运动时，只淡淡地说了一句“士各有志”。

他一直看好周恩来，称恩来有宰相貌，为天下才。后来，有人提到，恩来用严修的钱，“却成为了共产党人”。其实，“却”字是多余的，严修关心的是“人”，他的钱，是用来“立人”的，至于所立之

"人"要加入什么"党"，他根本就不过问，用阶级观点来看人，会看扁了"人"。

陈、胡倡导新文化，还要反封建，在"反"字上做文章，而他不言"反"，只言"通"，古今通，中西通，白话与文言通，旧道德与新文化通，他用一生来守住一个字，那就是"通"。

五四运动的历史之美，除了我们司空见惯的那个"反帝、反封建"的"反"字，在今天，是不是还应加上这个"通"字，才能得到全面展示？近代以来，"反"的高杠杆化，不断导致主义之争，党派之争，阶级斗争，如今要求和谐，在去"反"的高杠杆化的同时，是不是应该"通"一下呢？

光是以反骨的姿态，坚守新文化的底线是不够的，在英雄主义光芒四射的同时，我们的情操，是不是也可以让低调的圣徒般的光辉来照耀一下呢？当陈、胡、鲁、蔡等巨人般的身影笼罩了整个运动时，我们的目光在审美疲劳以后，是不是稍稍可以转移一下，去看看那个朴素而天下莫能与之争美却被人遗忘了的严修呢？重温"五四"，不是要奉献什么主义的添加剂，而是要原汁原味地去解读那些至今仍让我们心跳不已的思想，去眺望那些灿若日月丽若星空却与我们渐行渐远的面容……

# 十二　文化个体性自觉

# 130. 在思想解放的入口处

重读近代史，让我们想起了古希腊哲学里的一句箴言：认识你自己。

认识你自己，从哪儿开始？你应该找到属于你自己的“历史的起点”。

对于我们来说，二十世纪八十年代兴起的那场思想解放运动，应该是我们的“历史的起点”。可那场运动一开始就与我们无关，我们思想解放，丝毫没有沾那时“实践是检验真理的唯一标准”的光，那样抽象的“实践”，说来说去，都与我们无关。说实在的，迄今为止，我们都没搞清楚，它是什么意思，这句话本身，该怎样用“实践”来检验，或用怎样的“实践”来检验，那时就这样想过。

如今的体会是，把“真理”下放到“实践”中去，这样，“真理”就被相对化了，而“实践”又变成了绝对。谁的“实践”具有绝对性呢？当然是神！不过，神改了个名字，叫做“人民”。

“人民”，不仅作为价值观念存在，还要化作实在，即工具化的个体存在。

于是，难免一问：在实际生活中，“人民”作为个体如何存在？是作为“阶级性”而存在，还是作为“人性”而存在？对“人民”作阶级分析，使每一个人都成为“阶级成分”，这样的阶级观点，统治了中国几十年，到了八十年代，人们才开始发问：为什么人一生下来就要变成阶级成分？

这一问，就问出了人性论，问出人之所以为人。当时有一本小说流行，名叫《人啊，人》，作者戴厚英，我们一口气就读完了，可现在还记得的，也就这书名了，人啊，人！时代最强音。

人从哪里来，要往何处去？那本小说好像就是这样开头的。

问在这里，便是我们思想解放的开始，这时，我们遇到了一位好老师。

如果说，我们也曾有过思想解放，那是因为我们有幸选了一门课，课名叫做“先秦政治思想史”，主讲这门课的老师，就是刘泽华先生，先生上课，开口就问：政治思想史讲什么？

按照那时“为无产阶级政治服务”的要求，首先就要讲阶级和阶级斗争。

可先生一上来就讲阶级分析的局限，说阶级性是人的社会性的一部分，应该用人的社会性的广阔视野，来看政治思想史，而不要把眼光限定在狭窄的阶级性领域里。除了讲阶级分析的局限性，他还讲了阶级观点的时代性。说先秦时期，诸子百家谈人性，没有一家提出过阶级观点，所以，我们今天也没有必要给各家各派的思想贴上阶级观点的标签，尤其不要给先秦诸子划定阶级成分，例如，说庄子是没落的奴隶主阶级的代表，而韩非是新兴的地主阶级的代表等。但是，刘先生并没有否定阶级观点，他主张慎用而非滥用阶级观点，比如讲社会形态，他还是沿用了“阶级社会”一说，可具体到人和事，他就反对用划阶级成分和规定阶级属性的方法，用他的话来说，这叫做“大而化之”。

这样的智慧，有点像康德，康德把宗教信仰放到“自在之物”里去了，而“自在之物”又不可知，这样就把认识论从宗教信仰中解放出来，使认识论成为了哲学的主导，让哲学大放光彩。而刘先生则通过把阶级观点“大而化之”，将政治思想从阶级观点的统治下解放出来，还其本来面目。

请注意，是解放，而非平反。八十年代，拨乱反正，流行平反，以“为刘少奇平反”为代表，把在历次政治运动中沉浮的各种冤假错案，都拿出来平反，这样的政治倾向，同样反映在史学领域里，史学界亦忙于为古人平反。例如，林彪和孔子，风马牛不相及，可“批林批孔”硬把他们扯到一起，说林彪是野心家，孔子也是野心家，林彪想搞复辟，孔子也想搞复辟。平反伊始，就有人替孔子委屈，用阶级史观复查孔子，重新为孔子划成分，将孔子从没落的奴隶主阶级，划到了新兴地主阶级。

有人觉得这有拔高之嫌，就想在两种成分中间找到一个平衡点，富农和贫农之间不是还有中农吗？孔子以“中庸”处世，便基于他的中间成分。这样的研究，现在看来很无聊，也很可笑，可当时，却煞有介事，搞得很起劲。史学界批判“四人帮”搞“影射史学”，说“四人帮”古为今用，在历史上搞了许多冤假错案，因此，要平反，于是乎，又兴起了“平反史学”。而刘先生却跳出了这样的思维，以“文革史学”统言之，问道：难道还有“文革史学”吗？回答是：不但有，而且非常有特色，并影响了一个时代。他指出，“文革史学”，既是指“文革”时期的史学，如阶级史观、影射史学等，更主要的是指“文革”思维方式，这样，就将后“文革”时代出现的“平反史学”包括进去了，影射史学和平反史学如一体两面，在思维方式上具有统一性，他说，那种思维方式，远于“文革”，而又后于“文革”。

一个“远”字，一个“后”字，真是意味深长。“远”字，道出了“文革”有来历，“后”字，说明了他还有忧虑：“文革”真的一去不复返了？“文革”时，他很年轻，在阶级斗争的史学战线上，还是一个“史学革命”的小兵。在“史学革命”的大风大浪里，他曾竭尽全力，可不久，就发现，自己无论怎样努力，都不入流，其原因是思想，一想，就想出了问题。他想，为什么“史学革命”，要吹捧秦始皇？为什么唯物史观，要从阶级斗争转向儒法斗争？为什么一个革命党，会如此热衷于提倡帝王？带着这些问题，他告别了阶级史观，走出“文革史学”，领我们回到远古时期的三代，从甲骨文和金文中，去考察“人”字的来历，领我们进入生龙活虎的先秦诸子世界，从百家争鸣中，倾听古典人性论的声音。

“人”从哪里来？用阶级史观来看，当然是从阶级中来。例如，有人就认为，“人”之初，是指统治者和剥削者，被统治者和被剥削者只能称为“民”，而不能算作“人”。果真如此吗？

先生的回答是：否！他证明，“人”在殷周时代，就是超阶级的类概念，无论甲骨文还是金文，都强调了“人”之所以为人的形体方面的特征，是从视觉上即人的自然性上来确认“人”。

从社会性上来规定“人”的本质，始于春秋时代，以“人性”的觉醒为标志。

先生告诉我们，最早提出“人性”说的，是周朝的单襄公，在《国语·周语中》里，单襄公说：“夫人性，陵上者也，不可盖也。”“人性”是向上求发展，不能被压制的，所以又说“兽恶其网，民恶其上”，人民不愿意被统治者压迫，这样就为人民抗争，提出了一个正当理由——“人性”。

先生认为，春秋诸子并非从孔子开始，而是在孔子以前就开始了，正如“人”的发现与孔子无关，“人性”的提出，也早在孔子以前，孔子不是春秋时代那场伟大思想运动的开创者，但他却是运动的收获者，他收获了那个理性时代的“金苹果”。孔子出现，约在春秋中晚期，晚于《左传》、《国语》里出现的春秋诸子，《史记·仲尼弟子列传》载：“孔子之所严事：于周，则老子；于卫，则蘧伯玉；于齐，晏平仲；于楚，老莱子；于郑，子产；于鲁，孟公绰。数称臧文仲、柳下惠、铜鞮伯华、介山子然，孔子皆后之，不并世。”当诸子以人性论推动春秋时代的时候，孔子姗姗来迟，没有赶上那一轮风云际会。



还在殷周交替时，中国文化就开始了从神化向圣化的转变。西周之政教，为圣化之滥觞；到了春秋时代，有相沿而未变者，有发扬而光大者。周室虽然衰微，而周道却在复兴，神的地位下降，而民的地位却在上升，升到与天相对应，致使神秘莫测的天命，也终于被归结为民心。本来以为民心可用，民心可靠，可春秋时代社会大变动，民心所向，决定一国兴亡。“民为神主”，“民贵君轻”，这样的高调，越是被时人一唱再唱，统治者们就越来越发现，民心靠不住！于是，人性问题被提了出来。民心多变，而人性永恒。人性论的提出，是从对人本质的考察入手的，在民心叵测的背后，有没有相对稳定的人本质？这样的人性论，其根本，就在于以人性操纵民心，它一开始就是政治斗争的产物，是一种政治权术。

孔子以前的人性论，人性和人欲不分，强调人的欲望的重要性和合理性，以追求“利、富、乐、贵”为人本性，使人欲成为政治之本，因人欲而利导之，就有了“利民”、“惠民”、“安民”等主张，其说虽纷纭，概言之，亦无非人性好利而已，因此，孔子以一句“性相近”，就将它们打发了。

接下来，孔子又说了一句“习相远”，这个“习”字不得了，竟然扭转了先秦人性论的方向，使从人欲出发的人性论，转向以人伦规定人本质的人性论，孔子以后，儒家人性论，不在自然性的“性”上立论，而在社会性的“习”上下工夫，“习”的提出，表明先秦人性论发展到了一个新的阶段，不仅民心可被操纵，而且人性也能被操作，后来荀子“化性起伪”，便得了“习”的精髓。对于“习”的规范，就是“学习”，“学习”也是孔子提出来的。《论语》开篇就说：“学而时习之，不亦乐乎?”“习”在此，不是温习的习，而是与人性论有关的习，因此，“学习”乃“下学人事，上达天命”，这就是圣化了。先生将孔子以后的人性论一一列举出来，列了十几种，对每一种都作了深入分析和系统讲解，最后，他得出一个结论，说：这些人性论，都没有通往个性解放，没有走向认识自我，先秦诸子殊途同归，都归于君主专制。

先秦政治思想最基本的有两点，即人性学说与君主专制主义理论。这两点，互相补充，互为表里，构成先秦思想文化的内核，其他方面的思想和理论，都是包裹这个内核的皮肉。

也有例外，庄子就是个例外。除庄子外，其他各家各派，都没有寻求人的个性解放的道路，而是向统治者进献从实际出发对人民进行统治的办法，或者教育人民去容忍这种专制统治。他们虽然有过温情脉脉的言辞，有过对人民的同情怜悯和对暴政的批判，但这不是他们理论的归宿点，归宿点还是君主专制主义。即便庄子，在对君主专制主义进行了一阵快意无比的责骂之后，也临阵脱逃了。

为什么先秦人性论，其结局没有像西方近代启蒙思想那样，在思想上走向自由，在实践上走向民主?至此，我们的思想停留下来，一思再思。也正是从这里出发，我们开始了发现自我、认识自我、走向自我的思想历程。我们感激刘先生，是他将我们带到了这思想解放的入口处……

## 131. 中国权力运动大势

从人性论出发，走向君主专制主义，其症结究竟出在哪里？

我们顺着先秦诸子的人性论继续挖掘下去，试图挖出其核心价值。

而刘先生则领着我们，在更为广阔的历史视野里，去考察中国权力运动大势。他认为，先秦诸子的人性论，是与中国权力运动大势相应的，正是权力运动的趋势，决定了人性论的走向。

对中国传统权力如何定性？有人以为是中国式的民主，采取了宰相与君主分治并以士人为主体的所谓“三权分立”的政治形式，这一类观点的代表人物是钱穆。这样的观点，在我们看来，有过度解释之嫌，是用解释包装以后拿出来给我们看的，虽然很好看，但是不真实。而刘先生却把对权力的各种各样的包装都剥掉了，将权力赤裸裸地拿出来给我们看，让权力的本质一目了然。他指出，所有权力，都由王权派生，都被归结为王权，而王权的本质就是专制。专制的表现形式为“天子五独”：天下独占，地位独尊，势位独一，权力独操，决事独断。中国历史上的权力运动，就是围绕这“五独”展开的。

他说，君主“五独”是中国传统政治的基础和基本原则。帝王们自然不会放弃“五独”，臣民中除极少数无君论者外，几乎所有人都认同君主“五独”，连出家的和尚、道士也难逃其外。直到西方近代民主政治思想传入中国之前，君主“五独”观念从总的趋势上一直在强化，这应是一个无可否认的事实。在“五独”观念的控制下，权力结构的调整、政治制度的变迁大体与君主“五独”是相适应的。

当然，传统政治文化对“五独”的君主也提出了很高的要求，要求君主必须成为圣王。儒家就这样，要求君主们节俭，纳谏，把人民放在心上，以为人民服务作为崇高理想，有人很真诚，从道不从君，但他们往往扑空，本来要求君主“必须”成为圣王，结果，反而使君主“必然”成为圣王。

理想归理想，事实上，儒者的使命，并非真的以理想造就圣王，而是赋予现实的君主以理想的光芒，真正可行的，并非“致君齐尧舜”，而是“以君为尧舜”，将现实的君主包装成圣王。

有人认为，儒家的理论设计就已暗含了这样的虚伪性；也有人认为，这样的虚伪性并非儒家理论的本意，而是在实际运作过程中与王权妥协发生的，这样的妥协，在君主专制制度下是必然的；还有人强调了儒家道德英雄主义，认为儒家人物中，总还有为民请命，永不屈服，不惜牺牲生命来造就“圣王”的人。而刘先生却认为，不管儒家怎样高举圣人大旗，怎样高唱先王之歌，他们都改变不了中国权力运动大势，从总体上看，儒家的徒子徒孙们，大多是顺势而为者，不光君主“五独”，儒家同样很“独”，他们要求君主“罢黜百家，独尊儒术”，在这一点上，他们绝不含糊，其独占心态，不亚于君主。

君主“五独”，始于何时？刘先生引汉儒盖宽饶说：“三王家天下，家以传子。”这话出自《韩氏易传》，见于《汉书》。“家天下”自“三王”始，“五独”源于“家天下”，亦自“三王”始。故“五独”之用，当始于“三王”时。“三王”，指三代之王，夏、商、周三代，乃国家初创之时。本来，国家是社会公共权力，但“中国”形成之初，社会公共权力就被王权俘虏，成为了“家天下”，所谓“家天下”，就是以“家”为体，以“五独”为用的。关于君主用“独”，诸子多有论述，可言之最凶者是韩非子。

韩非告诉君主，要理直气壮地用“独”。因为，是个君主，就要专制，而专制者无不用“独”。“独”之用，权为贵，要法、术、势一手抓，一齐上。韩非老实，他看出了君权的本质如此，就要求君主直截了当，按权力的本质行事。但世上的事，有的能做不能说，不得不说时，要拐弯抹角地说，大而化之地说，甚至包装了说。这一方面，儒家最有本事，其理论也最为成熟，它能把帝王说成圣王，把“五独”说成“大公无私”，故历代帝王多奉行儒家学说。不过，历朝历代奉行的，多半是儒家的“说法”，而非其“做法”。说实在的，儒家的确也拿不出什么像样的“做法”，所以，统治者大都“阳儒阴法”。

儒家的主张，是能说不能做的，而“五独”，则能做不能说。喜欢说的法家，几乎都没有好下场，商鞅说法，吴起谈兵，韩非言法、术、势，此三人者，皆死于非命。尤其韩非，所言乃帝王心法，应当秘不示人，可他忍不住，偏要写成书，将君主“五独”一一道来，言如家常，结果，不仅被李斯妒忌，还使秦王动了杀机。秦朝法家人物，韩非是个失败者，秦王用其书而灭其人，李斯也不是赢家，最后的赢家，是“不著一字，尽得风流”的宦官赵高。孔子死后，儒家分化，有“儒分为七”之说，而且儒者因分化而异化，商鞅、吴起、韩非、李斯皆儒者之徒，从儒家里面异化出来，成为了兵家和法家。

战国时期，儒家有两条路线，一条是“圣王”路线，即以圣人为王的路线，这条路线，以孟子为代表；还有一条“王圣”路线，即以君王为圣的路线，荀子为代表。以圣人为王，说起来很响亮，但只是说法；以君王为圣，说起来难听，做起来踏实可行，因为圣人难觅，而君王就在头顶。

孟子的价值，是唐、宋以后才被人重视的，秦、汉以来所谓儒学，其实是荀学，正是荀学“王圣”路线，开出汉代“阳儒阴法”。近代谭嗣同叹曰：二千年之政，秦政也；二千年之学，荀学也。秦政，乃大盗之政，荀学，为乡愿之学，大盗利用乡愿，乡愿献媚大盗，两千年来相辅而行也。

由此深入，我们发现，中国权力运动大势，不仅在历史进程中，以革命方式，使权力越来越向王权集中，而且以圣人名义主宰了文化认同。宋代理学，看似扬弃荀学，直接孟子，不过是换了方式，即将外在的君主专制及其“化性起伪”，转化为对个体生命的内在专制，即消灭自我——“无我”。“无我”之人，便是造就圣人的材料，向圣人转化，既对君主，亦对人民，因为“人皆可以为尧舜”，使“六亿神州尽舜尧”，这便是圣化了。君王圣化成为圣王，人民圣化成为圣民，圣化看起来很美，其实很残忍。我们承认，“无我”在理论设计上有利他因素存在，但在实际上，一个消灭了自我的人，怎么可能去利他？顺着“无我”的逻辑发展下去，只能是“无他”，不可能利他。“无我”是灭自我之私，“无他”是灭他人之私，从灭自我之私到灭他人之私，便是从内圣向外王转化，从“圣人无我”向“圣王专制”转化了。

“无我”，乃天理要如此，圣人顺天理，为“天地之用”，其心代天意，口代天言，手代天工，身代天事，形骸虽是人，其实是一块天理，只看理当为便为，不当为便不为，所作所为，容不得一个“我”字。朱熹说，人生“只有天理、人欲两途，不是天理，便是人欲”。天理、人欲之争，胜负殊难预料，所以要“把定生死关头，扶起此心来斗”，斗则进，不斗则退，“天理、人欲，此胜则彼退，彼胜则此退，无中立不进退之理”，正是“存天理，灭人欲”的斗争，使圣人从杀“心中贼”走向圣王“一刀切”。

圣人的使命，是“启众生之蒙，去众生之昏”，“启蒙”和“去昏”都要“一刀切”，“犹如以刀切物，取其整齐”。“一刀切”，是以理杀人，以刑杀人，要杀尽人的私心，使人“齐入于圣人之域”，使“天下为一家，中国为一人”，只要杀得有理，杀人便是教化，且不失仁人之心，虽曰杀人，而仁爱之实已行，宋儒就这样，将中国权力运动大势，从外在的历史进程，导入到人的个体生命。

一句“存天理，灭人欲”，就是中国权力运动大势在自我世界里的反映。

## 132. 圣化——中国的王权主义

走向自我，还是走向无我？这样的选择，基于文化的质。

中国传统文化里难道就没有一条通往自我之路？有，但被王朝遮蔽。

在参与中国传统政治文化研究的过程中，我们感到用王权主义全面概括中国文化尚有局限，例如主张“民贵君轻”的民本主义，虽然与君主专制互补，却不能完全纳入君主专制；主张“从道不从君”的主体人格，也不能一律视为君主专制的补充，它们需要有一个更高的范畴来表达。

这更高的范畴，我们认为就是“圣化”。刘先生在《中国传统的人文思想与王权主义》一文中提过“圣化”，但它只是作为一个提法，在词的属性上来用它，并未作为更高的范畴提出来。

而我们，则沿着“圣化”的思路深入下去了，首先，对两个似是而非的概念作了区分，一个是“圣人观”的概念，而另一个就是“圣化”。这两个概念有什么不同？“圣人观”是对圣人的看法，它是传统人性论的终极追求，被古典伦理学确立为人格范式、人生理想，在古代政治思想中，它又被赋予了与最高政治权威“王”相结合的属性。而“圣化”的概念，则不对人性进行品分，也不在政治思想中为圣人确立坐标，而是在文化的总体框架即天人古今关系中，阐明圣人的主体性和主导作用，强调其核心理念民本主义和圣人革命的普世性功能，以及这一功能对于文化的价值取向的引导和评价作用，使被动的个人，自觉地将其个体性消解在“人民”这一虚拟的普遍性中，从而以“人民”的名义，去实施王权主义。

王朝文化的质，就包含在圣化模式里，以圣化来运营，以此经营出一个天地人大格局，对个体生命进行三座大山式的遮蔽，面对圣化两核心——人民性和革命性，即便当年那些打倒“孔家店”的英雄们，亦难以从民本主义的优美情感里走出来，更不敢独自放下对圣人革命的崇高认同。

我们从思想上走出了君主专制主义，从文化上能否走出圣化模式？

走出圣化，要找到通往自我之路，此路不在王朝，而在文化的江山里，乃生而自由者前赴后继所致。让思想自己认识自己，让思想回到思想者自身，通往自我之路就从此开始。

打开圣化的遮蔽，我们来看王朝文化，王朝文化的“质”究竟是什么？一句话，就是王权主义。王权主义在中国传统文化中，无时不在，无处不在，表现出如下的主流化姿态。

**其一，文化一元化。**

有人说王朝文化是多元的。先秦有诸子百家，汉有今古文经，唐有儒道释三教。更何况春秋战国时期，礼崩乐坏，处士横议，私学兴而百家起等，皆为我国王朝文化多元之表征也。

然而，果真如此吗？诸子之学，貌似多元，其神则“定于一”，“一”之者，乃王权主义也。诸子百家争鸣，均以王权主义为前提，其实质为百家争霸。争鸣，只是一种形式，自由化的形式；不过一个表象，多元化的表象，正是从这种形式和表象的整合中，诸子百家同归于王权主义。

两汉时期，罢黜百家，独尊儒术，实现思想大一统，使儒生经师盛极一时。然而，儒家内部，真经、伪经之辩，真孔、假孔之争，承诸子之流风遗韵，为争鸣之狗尾续貂。其气象格局，较之诸子百家，可谓每况愈下，日见其衰。从百家争鸣，到同室操戈，虽有大小之分，多寡之别，其本质则一以贯之。今古文两派之争，乃正统之争，骨子里仍然是王权主义在作怪。唐以后，儒、道、释三足鼎立，三教合一，合之者，王权主义也。中国历史上，有学派对立，思想对立，团体对立，没有主义对立，因此，这些对立，实际上有助于王权主义的发展，在王权主义一元化的调控下，文化不可能多元化。

**其二，人民空洞化。**

有人说王朝文化是重民的。“民贵君轻”，“民为邦本”，“天听自我民听”等，民本的花朵开得灿烂，而民权的果实却没有成熟。“民”从口号上提得很高，实际上没有任何权利，它特指作为群体的人民，而非作为个体的公民，是意识形态，而非政治实体；是政治身份，而非政治权利。

传统人民与现代公民的差别在于：人民是抽象而普泛的，公民是实在而具体的；人民是群体，是基于某种血缘和地缘原则而作的政治文化假设，是以国家利益为轴心而形成的利益共同体；公民是个体，是以权利和义务公平交易方式而形成的政治人格，是基于个人本位的自由平等原则的法权形式。

而公民则是不可分割的政治原子，它的存在不以任何对立面的假设为前提，它本身就是自在的政治实体，它的利益就是国家政治的前提和出发点。在王权主义的背景里，意识形态的人民不仅会异化为具体的臣民，而且这种缺乏个体意义的类概念的民，往往只是君主自我的投影，是君主自我的对象化。在王朝文化中，意识形态的人民和具体存在的臣民，以对立统一的方式畸形地结合在一起，根本就没有公民的立足之地。根据意识形态的人民谈文化的民主性，是一种非历史的片面的观点。

**其三，人本性异化。**

有人说王朝文化是人性的。不仅先秦诸子的政治思想大都以人性论为基础，而且后世儒生经师及政客论政治也无不从人性出发，人性论成为中国传统政治思想的基点。但是，从人性出发的思想，不一定就是肯定人性的，先秦诸子的人性论与其说是人性的，而毋宁说是人性异化的。

孟子论“人性善”，荀子论“人性恶”，他们与其说是论人本性，而毋宁说是规定人本质，他们通过对人本性作价值判断来规定人本质，然后将人本质作为政治的基础。在他们的论断中，人之所以为人的，不是人本性，而是人本质。孟子认为，人本性中有大体大性和小体小性，大体大性即人民性，小体小性即个体性，而人本质则建立在大体大性的基础上，是对小体小性的根本否定。荀子干脆就将人本性断定为恶，然后用道德与政治合而为一的力量，来“化性起伪”，改造人本性，建立人本质。韩非子肯定“人性好利”，但他既没有在理论上把它规定为人本质，更没有在法权的意义上肯定人本性，而是从王权主义的利益出发，策略性地运用人本性作为政治斗争的利器。王朝文化，只是在道德上规定人本质，从策略上运用人本性，从来就没有在法权上肯定人本性，使人性论中具有现代意义上的“人权”。

**其四，理性王道化。**

有人说王朝文化是理性的。“道高于君”，“从道不从君”，颇有几分理性至上的味道。在“治统”上设有“道统”，在王法上耸立天道，从表面看，这确是道、王二分，要王服从于道，而实际上，这样的“二分法”，还是要为王权提供天道的梯子，让王爬上去，天人合一，君道同体。

“道”如绝对理念，存在于思想范畴，理论上说，一切现实对应物，都是它的摹本。天道对应人道，而以王道为代表，王之所以为王，“一贯三”——通天、地、人，“通”乃王道也！道是必然性，是宇宙的基本规律。王与道同体，可运天下于掌，参天地，化万物，成人伦，而为宇宙之心。

庄子说：“圣王不死，大盗不止”，“为之仁义以矫之，则并与仁义而窃之”。同样，为之天道以制之，并与天道而窃之。用天道批判君主，结果却使君主成为天道的化身。在王权的铜墙铁壁面前，理性碰得焦头烂额，变得面目全非，王权一旦实现了对天道的垄断，所有的理性都将化为乌有。天道是一种虚拟的理性，它高高在上，发出虚幻的光芒，它照亮了王权，却把人权抛在黑暗之中。

**其五，个体无我化。**

有人说王朝文化是超越的。文化的超越性主要表现为两点，一是内在超越——“内圣”，一是外在超越——“外王”。正是这种超越性，表现了王朝文化的终极关怀——“天人合一”，决定了中国文化的发展方向——“圣王合一”。而这一超越的过程，就是所谓圣化。

圣化作为一种理性范式和文化精神，从形式上看，它是形而上的绝对理念——王权主义，与形而下的普遍规范——百姓日用的统一；从内涵上看，又是道化、王化、神化的三位一体。

圣化的核心是“无我”。“无我”是一个不断从自身排除自我的过程，即不断排除主体性心理要素知、情、意的过程。具体来说，无我表现为无心、无情、无为。无心是在认识中排除自我，无情是在情感中排除自我，无为是在行为中排除自我。从这三方面消解了自我，就完成了道化的内圣过程，就可以进入外王的操作程序。这样，圣化的主体就从排除自身个体性的自我操作转向排除他人个体性的人际操作，从对自我的圣化专制走向对社会的王化专制。先秦诸子中，道家弱用之术，儒家中庸之道，法家斗争哲学，从三个不同侧面阐明了王化的基本原理，它们的人性论基础及其价值取向，无一例外的，都指向从无我到无人的一体化过程。此过程，不仅贯穿了个人与社会，而且普及于万物，当圣化的形名操作，将无人的政治伦理化原则延伸到自然界时，物相对于人的独立性与物自身的规律性都被政治伦理化了——无物，王朝文化的自然观关闭了人们对自然的认识，抑制了中国传统文化中科学精神的生长。



圣化的自我操作、人际操作、形名操作，通过不断从自身排除自我、从社会排除个体、从自然界排除物自性，实现天人合一、圣王合一。如果我们以无我、无人、无物对应于内圣外王，那么无我为内圣，无人、无物为外王；无我是立己成己，无人、无物则是成人成物。圣王对人专制，对物独裁，均源于其无我人格，是其无我人格的外化和放大。就此而言，中国传统文化，与其说是超越的，毋宁说是异化的，超越是文化对自我的提升，而异化则是文化对自我的泯灭。内圣外王的圣化，是王权主义文化背景下人性异化的表现，是专制制度对社会化个体的一种必然选择。

以前，我们把这“五化”都归结为中国文化，现在，我们修正了一下，准确地说，它们都属于王朝文化，是中国传统文化的一部分，与它们相对应的，还有民生文化，个体文化，还有江湖文化，山海文化，还有自由之思想，独立之精神，都自立于王朝之外，同王朝文化区别开来。

我们认为，刘先生讲的“君主五独”是政治思想，而我们说的“圣人五化”是政治文化，中国的王权主义，就是“君主五独”加上“圣人五化”，然后，才是一代又一代王朝叠加。

## 133. 走出圣化走向自我

圣化有两个核心，一个是圣人革命观，一个是人民价值论。

走出圣化，就要从圣化的内核里走出来，首先要走出革命。

中国历史，从三代开始，就是一部“革命”史。三代以前，流行着各种版本的“禅让”传说，然而有文献可据的，却是不断“革命”的历史。三代的历史，以“汤武革命”为核心，“汤”革命是“神化革命”，“武”革命是“圣化革命”，殷周之际的革命，发生了从神化向圣化的转变。文、武、周公，是率先从“神化”中走出来的人物，他们从上帝走向天命，从尊神走向重民，王国维《殷周制度论》说：“中国政治与文化之变革，莫剧于殷周之际。”很显然，他指的不是改朝换代，而是文化转型。

王国维是近代人，他生活在“三千年来未有之大巨变”中，于是，用了这样“巨变”的眼光去读古史，就看出了殷周之际发生的文化转型。巨变前所未有，国人“怕”字当头，怕改了朝代，来救清王朝，怕亡了国，来救中国。幸有圣人革命为先导，世界潮流与中国传统，终于会合了！

还在《瀛环志略》里，徐继畬就为华盛顿欢呼，以华氏革命与三代圣王革命为一辙，尤以革命理想之于我国历史，留下的只是记忆，而美国则以民主制将革命理想坐实，故徐氏以“天下为公”赞美华盛顿，以圣人革命为普世精神。孙中山亦以圣王为榜样，满怀革命理想。

我们从文化个体性自觉走向文化中国，这一路径，其实还是接着新文化运动往下走的。我们认为，新文化运动本身也有它的局限，它以激进的方式打倒了“孔家店”，却未能走出儒家传统的圣化怪圈，他们从思想上走出了王权主义，却没有从文化上走出圣化模式。儒家圣化两核心，一是圣人革命观，一是人民价值论，新文化运动的英雄们一路高歌猛进，可在两核心跟前，都停止了脚步。

在高举“革命救国”的时代，他们怎能从“革命”的洪流里走出来？

在高呼“人民神圣”的时代，他们怎能从“人民”的口号中走出来？

新文化运动，一度席卷中国，使文化转型，可圣化大势依旧，虽然一改旧貌，但其内核尚存。“反封建”，反掉了“三纲五常”，反不掉圣王，因为圣王，是人民之王，是革命之王，无论启蒙或救亡，都要靠圣王。中国文化，从神化到圣化，靠了圣人革命，从圣化转向公民化，还要靠革命？

如果不靠革命，那还靠什么？民本主义行不行？我们回答：不行！

圣人革命，革不出公民，造就了圣王的人民，其实都是被圣化了的臣民，人民作为整体无穷大，作为“无我”的个体却等于零，无穷大的一面被圣王代表了，等于零的命运属于个人。

用圣化模式“一刀切”造就的圣民，有着“六亿神州尽舜尧”的特征，“六亿人民”在圣化的大熔炉里冶炼，在一个统一的人格模子里成型，从这样的模式里培养出来的圣民，不光千人一面，有着标准的“无我”的精气神，还万众一心，把灵魂淘得干干净净——“无情”、“无意”、“无心”。

如此圣民，便是最高尚的臣民，没有权利意识，唯有奉献精神，让你热泪盈盈。然而高尚的背后，正如马克思所说，专制制度必然具有兽性，它的唯一原则就是轻视人，使人不成其为人。

马克思在批判旧世界中，发现了什么？他发现了“人”！自由平等的“社会性的人”。我们在对圣化的王权主义的批判中发现了什么呢？发现了“我”，独立自主的“个体性的我”。从对封建主义作社会形态的批判，到对王权主义作文化模式的批判，反映了人们对自身及社会认识的深化。如果说对封建主义的批判完成了人的社会存在性的自觉，那么对王权主义的批判则启发了人的文化个体性的自觉。

要实现文化个体性自觉，就要走出圣化，走向自我。走向自我的起点，不在圣化传统中，而在现实中。个体性自觉的文化背景是什么？是市场经济和文化转型，中国当代文化建设，固然要重视开发利用传统文化资源，但更为重要的是，在民主法治的自明前提下，在市场经济的现实基础上，进行文化个体性建设，使自我获得自由。而自由就是以法权形式确立自我，自我的法权形式是公民。

自由的形式，具体来说，表现为思想自由、言论自由、信仰自由等，它是对人性的肯定，赋予了自然的个体以合法的人权形式，使个体从自然存在转化为法权存在，从与生俱来的自然人转化为法权人——“公民化”。“公民化”，就是以个人为本位确立人本质，以个人为中心重建人民性。

“公民化”与圣化迥异。圣化，以王为体，以圣为用；以“无我”为体，以人民为用。公民化，以自我为体，以公民为用；以自由为体，以法治为用。圣化之用是王权，公民化之用为人权；圣化之用以民为“蒙”，故教化不离“启蒙”，公民化之用以自我为“圣”，故教育要在“自觉”，从文化的人民性启蒙到文化的个体性自觉，从整体性的人民到个体性的公民，乃“公民化”之谓也。

在“公民化”这一点上，刘先生主要强调了“从臣民到公民”，而我们则于此之外，另辟一条“从人民到个人”的走向自我通往自由的新路径。我们认为，“公民化”不仅是“从臣民到公民”的“民”的政治身份的转变，它更是从文化的人民性向文化个体性的文化质的转变。没有文化个体性的参与及其主导作用，从“人民”的观念中，不可能转化出“公民”来。对于“公民化”而言，个体性比人民性更为重要，有了文化个体性的自觉，我们才能从思想上走出圣化两核心。走出革命性，用民主取代专制，用选举取代革命；走出人民性，不仅用公民取代臣民，更以一人一票权取代人民。一人一票权，是文化个体性的在政治上的集中反映，而人民则是一人一票权的权利共同体，是一人一票权集合的自我意志。

自我，以自觉、自律、自由，确立了文化个体性。自觉，是自我意识的觉醒；自律，是自我本质的确定；自由，是自我价值的实现。自我通过社会化的法权形式转化为公民，自我意识、自我本质、自我价值亦以法权形式确立其个体存在的合法性，使自我意识转化为公民意识，自我本质转化为社会本质，自我价值转化为文化价值。借“内圣外王”言，“内圣”即确立自我，“外王”则培育公民。